2021
年度版

日商簿記検定
模擬試験
問題集

2級

模試 8 回

Ⓢネットスクール出版

日商簿記　2級
模擬試験問題集

━ CONTENTS ━

2級　出題傾向と対策 …………………………………………………… 1

解答・解法のポイント

出題傾向と対策 …………………………………………………… 32

〈模擬試験問題〉

第1回 …………………………………………………… 62

第2回 …………………………………………………… 74

第3回 …………………………………………………… 88

第4回 …………………………………………………… 102

第5回 …………………………………………………… 116

第6回 …………………………………………………… 130

第7回 …………………………………………………… 144

第8回 …………………………………………………… 158

別冊 問題・答案用紙編

解き直しのさいには…
答案用紙ダウンロードサービス

ネットスクール HP （https://www.net-school.co.jp/） ➡ 読者の方へ
をクリック

◈ 出題傾向と対策 ―重要論点チェック問題― ◈

商業簿記

● 第1問　傾向と対策 ●

| 問1 | 有価証券の購入・売却 | 解答・解説…P.32 |

1. マツ社の株式8株を売買目的で1株 ¥84,000 で購入し、代金を売買手数料 ¥8,000 とともに小切手を振り出して支払った。

2. 当期に売買目的で3回にわたって購入したマツ社の株式20株(第1回目は8株、取得原価は@ ¥85,000、第2回目は5株、取得原価は@ ¥80,000、第3回目は7株、取得原価は@ ¥90,000)のうち10株を@ ¥85,000 で売却し、代金は小切手で受け取った。なお、株式の記帳は移動平均法によっている。

3. 当期に売買目的で購入したハギ社社債(額面総額 ¥2,000,000、額面 ¥100 につき ¥98 で購入、年利率7.3%)のすべてを額面 ¥100 につき ¥99 で売却し、代金は端数利息 ¥91,200 とともに小切手で受け取った。

4. ×2年9月1日に、ウメ社社債(発行日×1年1月1日、期間5年、年利率1.46%、利払日は6月30日と12月31日の年2回、額面総額 ¥5,000,000)を満期まで保有する意図で額面 ¥100 につき ¥99 で購入し、この代金と売買手数料 ¥42,000 のほか、前回利払日の翌日から購入日までの端数利息を加えた合計金額を小切手を振り出して支払った。なお、端数利息は、1年を365日として日割で計算する。

5. サクラ社の発行済株式の60%(6,000株)を ¥7,200,000 で購入し、同社を子会社とした。なお、代金は月末に支払うこととなっている。

6. フジ社との提携関係を強化するため、同社株式1,000株を1株 ¥4,000 で購入し、代金は売買手数料 ¥40,000 とともに現金で支払った。

7. 取引先の発行済株式の10%を長期投資目的で所有していたが(取得原価 ¥3,000,000)、追加で60%を取得し取引先に対する支配を獲得した。代金 ¥20,000,000 は当月末に支払うこととした。

	仕		訳	
	借　方　科　目	金　　額	貸　方　科　目	金　　額
1				
2				
3				
4				
5				

不許複製・禁無断転載

6			
7			

問2	固定資産の取得	建設仮勘定	固定資産の修繕	解答・解説…P.32
	固定資産の買換え	固定資産の除却	固定資産の減失	

1．期首に自社利用目的でソフトウェア ¥300,000 を購入し、代金は月末払いとした。

2．決算にあたり、上記1．のソフトウェアについて定額法により償却する。なお、このソフトウェアの利用可能期間は3年と見積もられている。

3．月初に事務処理用コンピューター ¥225,000 を購入し、代金は毎月末に期限の到来する ¥50,000 の手形を5枚振り出して支払った。なお、利息相当額は前払利息勘定で処理するものとする。

4．月末となり、上記3．の手形 ¥50,000 が当座預金口座より引き落とされた。また、当月分の利息を前払利息勘定から支払利息勘定に振り替えた。

5．和歌山物産株式会社は当期首に下記の条件によって愛媛リース株式会社とコピー機のリース契約を結んだ。なお、このリース取引はファイナンス・リース取引に該当し、利子抜き法により処理する。

　　リース期間　5年間

　　リース料　　年額 ¥50,000（毎年3月末日払い）

　　リース資産　見積現金購入価額　¥225,000

6．3月31日、和歌山物産株式会社は上記5．の1回目のリース料を契約どおりに小切手を振り出して支払った。また、本日決算日にあたり、コピー機は耐用年数5年、残存価額ゼロとして定額法で減価償却（記帳は間接法による）を行う。なお、リース料に含まれている利息は毎期均等額を費用として処理する。

7．上記5．の取引がオペレーティング・リース取引である場合、リース料支払日（3月31日）の仕訳を行いなさい。なお、リース料は小切手を振り出して支払ったものとする。

8．かねて建設中であった倉庫が完成し、引渡しを受けた。なお、そのさい建設請負金額 ¥5,000,000 のうち未払分 ¥1,000,000 を約束手形を振り出して支払い、支払額全額を建物勘定に振り替えた。

9．機械の修繕を行った。この代金 ¥250,000 は月末に支払う約束とした。なお、修繕引当金の残高が ¥130,000 あった。

10．事務処理用コンピュータの定期修繕と改修を行い、代金 ¥100,000 を現金で支払った。なお、そのうち ¥40,000 は改良（資本的支出）とみなされ、またすでに修繕引当金が ¥35,000 設定されていた。

11．営業用の自動車（取得原価 ¥2,000,000 減価償却累計額 ¥1,500,000）を期首に下取りさせて、電気自動車（購入価額 ¥2,500,000）を購入した。なお、旧車の下取価額は ¥300,000 であり、購入価額との差額は月末に支払うことにした。

12．上記11．の取得した電気自動車に対して補助金 ¥400,000 を現金で受け取り、同車両については補助金に相当する額の圧縮記帳（直接控除方式）を行った。

13．当社（年1回3月末日決算）は、×1年4月1日に購入した事務処理用コンピューター（取得原価 ¥225,000）を×4年7月31日に除却し、処分価額は ¥20,000 と見積もられている。なお、このコンピューターは、耐用年数は5年、残存価額ゼロ、定額法（記帳方法　間接法）により減価償却を行ってきており、当期分の減価償却費は月割計算による。

14．期首に当社の倉庫で火災が発生し、建物が焼失した。この建物については、損害保険会社と火災保険契約 ¥40,000,000 を結んでいたため、直ちに保険金の請求をするとともに、火災未決算勘定で処理していた。

　　本日、保険会社より ¥26,000,000 の保険金を翌月末に支払う旨の連絡があった。なお、焼失した建物は次のとおりであり、取得から火災まで22年が経過していた（残存価額は取得原価の10%である）。

　　取得原価 ¥80,000,000（耐用年数30年）、償却方法　定額法、記帳方法　間接法

不許複製・禁無断転載

	仕		訳	
	借 方 科 目	金 額	貸 方 科 目	金 額
1				不許複製・禁無断転載
2				
3				
4				
5				
6				
7				
8				
9				
10				
11				
12				
13				
14				

問3	売上原価対立法	売上割戻	仕入割引・売上割引	解答・解説…P.34
	売上の計上基準	役務収益・役務原価		

1. 商品250個（仕入原価@￥1,800）を@￥3,000で売り上げ、代金は掛とした。なお、当社では商品の仕入時に商品勘定に記入し、販売時にそのつど売上原価を売上原価勘定に振り替える方法で記帳している。

2. 一定数量以上の大口の注文に対し、代金の1％の支払いを免除するという条件を満たした得意先に連絡を入れ、割戻し分の金額￥5,000を掛代金と相殺した。当社は商品売買を3分法で記帳している。

3. 広島商店は徳島商店に対する買掛金￥400,000を支払うにあたり、期日の1か月以上前であれば代金を2％割り引くとの条件にもとづき、割引後の金額の小切手を振り出した。

4. 徳島商店は広島商店に対する売掛金￥400,000を回収するにあたり、期日の1か月以上前であれば代金を2％割り引くとの条件にもとづき、割引後の金額の小切手を受け取った。

5. 得意先より、当社が掛けで販売した商品￥620,000の検収が完了した旨の連絡を受け、そのうちの￥15,000については品違いであったため返品された。なお、当社は、売上の計上基準は引渡基準、商品売買の記帳方法は3分法を採用している。

6. 得意先より、当社が掛けで販売した商品￥620,000の検収が完了した旨の連絡を受け、そのうちの￥15,000については品違いであったため返品された。なお、当社は、売上の計上基準は検収基準、商品売買の記帳方法は3分法を採用している。

7. 資格の受験指導を行っている当社は、決算にあたり、ある講座の受講料について役務収益を計上した。当期に受講料の全額￥2,800,000をあらかじめ受け取っており、決算日現在この講座全体の5分の4の授業が終了している。また、この講座に関わる原価は仕掛品勘定に記帳されており、終了した授業に関わる原価は￥1,450,000であった。

8. 当社は、建築物の設計・監理を請け負っているが、過日支払い、記帳済みの給料￥500,000および通信費￥20,000のうち給料￥100,000および通信費￥5,000が、次年度に完成予定の案件のために費やしたものであったため、これらを仕掛品勘定に振り替えた。

	仕　　　　　　　　訳			
	借　方　科　目	金　　額	貸　方　科　目	金　　額
1				
2				
3				
4				
5				
6				
7				

8			

| 問4 | 手形 | クレジット売掛金 | 電子記録債権 | 解答・解説…P.35 |

1. 大阪商店に商品 ¥900,000 を売り渡し、代金のうち ¥500,000 は神戸商店振出の約束手形の裏書譲渡を受け、残額は掛けとした。

2. 上記1.の手形を NS 銀行で割引に付し、割引料 ¥8,000 を差し引かれ、手取金を当座預金とした。

3. 上記2.の手形が不渡りとなり、NS 銀行から手形金額と共に、満期日以降の利息 ¥1,500 の請求を受け、小切手を振り出して支払った。不渡りとなった手形については、直ちに大阪商店へ償還の請求をした。

4. 商品 ¥300,000 をクレジット払いの条件で販売した。なお、信販会社への手数料(販売代金の5%)は販売時に認識する。

5. 大阪商店に対する売掛金 ¥400,000 について、取引銀行より、電子債権記録機関における債権の発生記録が行われたとの通知を受けた。

6. 上記5.の電子記録債権のうち ¥200,000 を銀行で割り引き、割引料 ¥1,000 を差し引かれた残額が当座預金口座に振り込まれた。

7. 兵庫商店に対する買掛金 ¥100,000 の支払いを電子債権記録機関で行うため、取引銀行を通して債務の発生記録を行った。

8. 奈良商店に対する買掛金 ¥150,000 の支払いを電子債権記録機関で行うため、取引銀行を通して電子記録債権の譲渡記録を行った。

	仕		訳	
	借 方 科 目	金 額	貸 方 科 目	金 額
1				
2				
3				
4				
5				
6				
7				
8				

| 問5 | 株式の発行 | 剰余金の配当等 | 合併 | 解答・解説…P.35 |
| | 株主資本の計数の変動 | | | |

1. 東都株式会社は、発行可能株式総数 40,000 株のうち、会社設立にさいしてその4分の1の 10,000 株を発行し、払込金額（1株あたり ¥ 6,000）は当座預金とした。払込金額のうち会社法規定の最低額を資本金に組み入れることとした。また、株式の発行その他会社設立のための費用 ¥ 1,200,000 を現金で支払った。

2. 広島商業株式会社は、×5年6月20日の定時株主総会において、繰越利益剰余金を原資とした配当およびその他の処分について次のとおり決議された。

   利益準備金の積立：会社法の規定による額　配当金：¥ 5,600,000　別途積立金：¥ 1,100,000

   なお、資本金、資本準備金、利益準備金、繰越利益剰余金の勘定残高は、それぞれ ¥ 10,000,000、¥ 1,000,000、¥ 900,000、¥ 8,650,000 であった。

3. 東西株式会社は、株主総会決議にもとづいて、繰越利益剰余金の借方残高 ¥ 1,650,000 のうち ¥ 1,200,000 を別途積立金を取り崩すことによって処理した。

4. 千葉産業株式会社は、京浜商事株式会社を吸収合併して、株式 1,000 株（時価@ ¥ 60,000）を交付し全額を資本金に組み入れた。なお、京浜商事株式会社の諸資産の額は時価 ¥ 120,000,000、諸負債の額は時価 ¥ 65,000,000 であった。

5. 八重山商工株式会社は、株主総会決議にもとづいて、資本準備金 ¥ 1,000,000 および利益準備金 ¥ 500,000 を資本金に振り替えた。

	仕　　　　　　　　　　　　　　　　訳			
	借　方　科　目	金　　額	貸　方　科　目	金　　額
1				
2				
3				
4				
5				

| 問6 | | 外貨建取引 | | 解答・解説…P.36 |

1. 6月1日　アメリカの仕入先より商品100ドルを掛けで購入した。この時の為替相場は1ドル￥110であった。
2. 7月1日　上記1.の商品代金100ドルを支払うために、取引銀行でドルに両替し、当座預金口座より仕入先に送金した。支払時の為替相場は1ドル￥100であった。
3. 8月1日　7月25日の輸入取引によって生じた外貨建て買掛金200ドル（決済日は9月30日）について、1ドル￥110で200ドルを購入する為替予約を取引銀行と契約した。振当処理を行い、為替相場の違いによる差額は、すべて当期の損益として処理する。なお、各日付における直物為替相場は、7月25日は1ドル￥105、8月1日は1ドル￥107である。
4. 2月1日　アメリカの取引先に対して、製品300ドルを3か月後に決済の条件で輸出した。輸出時の為替相場は1ドル￥110であったが、500ドルを3か月後に1ドル￥108で売却する為替予約が輸出直前に結ばれていたため、この為替予約により振当処理を行う。

	仕		訳	
	借　方　科　目	金　　額	貸　方　科　目	金　　額
1				
2				
3				
4				

| 問7 | | 研究開発費 | | 解答・解説…P.37 |

1. 研究開発に従事している従業員の給料￥500,000および特定の研究開発にのみ使用する目的で購入した機械装置の代金￥1,200,000を普通預金口座から振り込んで支払った。
2. 研究開発部門を拡張することになったため、実験専用の機器￥220,000を追加購入し、代金は翌月末払いとした。また、研究開発のみの目的で使用するために備品￥140,000も小切手を振り出して購入した。さらに、研究開発部門で働く研究員への今月分の給料と諸手当￥340,000を普通預金口座から振り込んで支払った。
3. K商事から、商品￥1,000,000と研究開発専用で使用する測定機器備品￥800,000を、翌月末払いの条件で購入した。これらに対する消費税の税率は10％であり、取引は税抜方式により記帳する。

	仕		訳	
	借　方　科　目	金　　額	貸　方　科　目	金　　額
1				
2				
3				

| 問8 | 税金 | 解答・解説…P.37 |

1．前期の法人税等および消費税の未払額を小切手を振り出して納付した（法人税等 ¥ 250,000、消費税 ¥ 32,000）。

2．商品（本体価格 ¥ 22,000）を仕入れ、10％の消費税を含めて代金は掛けとした。なお、消費税の会計処理は税抜方式によっており、商品売買の記帳方法は三分法によっている（下記3．についても同様）。

3．商品（本体価格 ¥ 45,000）を販売し、10％の消費税を含めて代金は掛けとした。

4．法人税等および消費税の中間申告を行い、小切手を振り出して納付した（法人税等 ¥ 120,000、消費税 ¥ 15,000）。なお、仮払法人税等勘定、仮払消費税勘定を用いて処理するものとする。

5．定期預金（1年満期、利率年0.5％）¥ 2,000,000 が満期となったため、全額を普通預金口座に振り替えた。また、仮払法人税等に計上する源泉所得税（20％）控除後の受取利息手取額についても普通預金口座に入金された。

6．保有する甲社株式の配当金 ¥ 57,600 （仮払法人税等に計上する源泉所得税（20％）控除後）が当座預金口座に入金された。

7．固定資産税の第4期分を銀行にて現金で納付した。なお、この固定資産税 ¥ 86,000 （これを4期で分納）の納税通知書を受け取ったさいにその全額を未払固定資産税勘定で処理している。

8．決算にあたり、納付すべき当期の消費税を計上した（中間申告納付については上記4．を参照）。なお、当期の消費税の仮払額は ¥ 194,000 （中間申告納付額を除く）、仮受額は ¥ 222,000 であり、消費税の会計処理は税抜方式によっている。

9．決算により、当期の負担に属する法人税等は ¥ 300,000 と計算された（中間申告納付については上記4．を参照）。

	仕 訳			
	借 方 科 目	金 額	貸 方 科 目	金 額
1				
2				
3				
4				
5				
6				
7				
8				
9				

| 問9 | 賞与引当金 | 売上割戻引当金 | 商品保証引当金 | 解答・解説…P.38 |
| | 返品調整引当金 | | | |

1. 決算にあたり、翌期に支給予定の賞与のうち当期負担分 ¥80,000 について引当金を設定した。

2. 決算にあたり、当期の売上高 ¥1,000,000 に対して、3%の売上割戻引当金を設定した。なお、当社では売上割戻引当金繰入勘定を用いている。

3. 上記2.の翌期において、売上割戻 ¥25,000 を現金で支払った。なお、このうち ¥20,000 は前期の売上にかかるものであった。また、商品売買の記帳方法は三分法を採用している。ただし、売上割戻勘定を用いること。

4. 上記3.の後、期末の決算をむかえ、当期の売上高 ¥1,100,000 に対して、3%の売上割戻引当金を差額補充法により設定した。

5. 決算にあたり、当期の売上高 ¥1,500,000 に対して1%の商品保証引当金を設定する。

6. 上記5.の翌期において、前期に販売した商品につき、無償修理の要望があり、貯蔵品 ¥3,000 のほか ¥10,000 の現金支出をもって修理し、引き渡した。

7. 上記6.の後、期末の決算をむかえ、前年度に販売した商品に付した品質保証期限が経過したため、商品保証引当金の残高 ¥2,000 を取り崩すとともに、当期の売上高 ¥1,650,000 に対して1%の商品保証引当金を、洗替法により設定する。

8. 決算にあたり、返品調整引当金を設定した。なお、翌期に返品が予想される金額は ¥240,000 であり、原価率(売上高に対する売上原価の割合)は70%とする。

	仕　　　　　　　訳			
	借　方　科　目	金　　額	貸　方　科　目	金　　額
1				
2				
3				
4				
5				
6				
7				
8				

● 第2問　傾向と対策 ●

| 問1 | 銀行勘定調整表の作成と勘定記入 | 解答・解説…P.40 |

　決算にあたり、取引銀行から当座預金の残高証明書を取り寄せたところ、その残高は ¥1,490,300 であり、企業側の当座預金勘定の残高 ¥1,250,900 とは一致していなかった。そこで、不一致の原因を調査した結果、下記の①から④の事実が明らかとなった。そこで、答案用紙の銀行勘定調整表を完成し、当座預金勘定の記入を示しなさい。当月（3月）には資料から判明するもの以外の当座預金取引はなかったものとする。

　なお、銀行勘定調整表の［　　］には、①から④の番号を記入し、（　　　　）には、金額を記入すること。また、当座預金勘定は英米式決算法によって締め切り、赤字で記入すべき箇所も黒で記入すること。決算整理仕訳は仕訳帳の15ページに記入されたものとする。

① 仕入先岐阜商店に対する買掛金を支払うために作成した小切手 ¥158,000 が、決算日現在未渡しのまま金庫に入っていた。

② 仕入先愛知商店に振り出した小切手 ¥195,200 が決算日現在、銀行に呈示されていなかった。

③ 得意先石川商店から他店振出小切手 ¥63,800 を受け取り、当座預金の増加として処理していたが、決算日現在金庫に入れたままであった。

④ 決算日において、銀行の営業時間終了後に ¥50,000 を当座預金に預け入れた。

銀 行 勘 定 調 整 表
×8年3月31日
（単位：円）

企業の当座預金勘定の残高	（　　　　　　）	銀行の残高証明書の残高	（　　　　　　）
加算：［　　　　］	（　　　　　　）	加算：［　　　　］	（　　　　　　）
減算：［　　　　］	（　　　　　　）	減算：［　　　　］	（　　　　　　）
	（　　　　　　）		（　　　　　　）

当 座 預 金　　　　4

×8年		摘　要	仕丁	借　方	貸　方	借または貸	残　高
3	1	前 月 繰 越	✓	1,490,300		借	1,490,300
	7	買 掛 金	5		158,000	〃	1,332,300
	16	仕 入	8		195,200	〃	1,137,100
	28	売 上	10	63,800		〃	1,200,900
	31	現 金	15	50,000		〃	1,250,900
	〃						
	〃						
	〃						
4	1						

| 問2 | 商品売買 | 解答・解説…P.40 |

　次の商品売買に関連する取引の［資料］および［注意事項］にもとづいて、下記の問に答えなさい。

［資料］

×8年	取引の内容
4月1日	前 期 繰 越　甲商品　数量300個　@¥4,000　　乙商品　数量200個　@¥1,500

不許複製・禁無断転載　　　　— 10 —

5日	仕 入	①	仕入先A商店より甲商品を@￥3,700にて300個、乙商品を@￥1,800にて300個仕入れ、代金のうち￥650,000は前期に支払っていた手付金を充当し、残額を掛けとした。
10日	売 上	①	得意先B商事に甲商品550個を@￥5,000にて売り渡し、代金は掛けとした。
15日	仕 入	②	仕入先C商店より甲商品を@￥3,600にて350個、乙商品を@￥2,000にて300個仕入れた。代金は手許にあった他社振り出しの約束手形￥900,000を譲渡し残額は掛けとした。
16日	売 掛 金 回 収		10日に売り渡した商品の掛け代金には、1週間以内に支払えば、代金の0.1％を割り引く条件が付されていたので、B商事振り出しの小切手で割引控除後の金額を受け取った。
20日	売 上	②	得意先D商事に甲商品を@￥5,500にて250個、乙商品を@￥3,000にて650個売り渡し、代金は掛けとした。運送会社に発送を依頼し、当店負担の発送運賃￥8,000は現金で支払った。
25日	売 掛 金 回 収		E商事に対する売掛金￥1,000,000の回収に関して、電子債権記録機関から取引銀行を通じて債権の発生記録の通知を受けた。
30日	月 次 決 算		甲商品の当月末の実地棚卸数量は150個、正味売却価額は@￥3,500であった。また、乙商品の当月末の実施棚卸数量は140個、正味売却価額は@￥2,000であった。

［注意事項］
1．当社は、売上収益を認識する基準として出荷基準を、払出単価の決定方法として先入先出法を採用している。
2．当社は、商品売買の記帳に関して、「販売のつど売上原価勘定に振り替える方法」を採用している。
3．当社は、毎月末に実地棚卸を行って棚卸減耗損および商品評価損を把握している。棚卸減耗損および商品評価損はいずれも売上原価に算入する。
4．上記の［資料］以外に商品売買に関連する取引は存在しない。
5．月次決算を行うにあたり、便宜上、各勘定を英米式決算法にもとづき締め切っている。

(1) 売掛金勘定および商品勘定に必要な記入を行い、締め切りなさい。
(2) 当月の売上高と、当月の売上原価は、それぞれいくらになるか答えなさい。

(1)

総 勘 定 元 帳

売 掛 金

4/1	前 期 繰 越	1,200,000	4/16	(	)	(	)
(	) (	) (	)	(	) (	) (	)
(	) (	) (	)	30	次 月 繰 越	(	)
		(	)			(	)

商 品

4/1	前 期 繰 越	(	)	4/10	(	) (	)
5	諸 口	(	)	20	(	) (	)
15	(	) (	)	30	棚 卸 減 耗 損	(	)
				30	商 品 評 価 損	(	)
				30	(	) (	)
		(	)			(	)

(2)

当 月 の 売 上 高	￥	当 月 の 売 上 原 価	￥

| 問 3 | 固定資産 | 解答・解説…P.42 |

次の固定資産に関連する取引（×8年4月1日から×9年3月31日までの会計期間）の[資料]にもとづいて、下記の問に答えなさい。ただし、減価償却に係る記帳は直接法による。

[資料] 固定資産関連取引

取引日	摘　要	内　　　容
4月1日	前　期　繰　越	建物（取得：×0年4月1日　取得価額：¥8,800,000 　　　残存価額：ゼロ　　　耐用年数：50年）
同上	リース取引開始	自動車のリース契約を締結し、ただちに引渡しを受け、使用を開始した。 　・リース期間：5年　　　・年間リース料：¥576,000（後払い） 　・リース取引の会計処理：所有権移転外ファイナンス・リース取引に該当 　　　　　　　　　　　　　利子抜き法を適用する 　・見積現金購入価額：¥2,400,000 　・減価償却：残存価額ゼロ　定額法　　　・耐用年数：6年
6月30日	国庫補助金受入	機械装置の購入に先立ち、国から補助金¥750,000が交付され、同額が当社の普通預金口座に振り込まれた。
10月1日	機械装置購入	機械装置（残存価額：ゼロ　200%定率法（償却率0.400））¥1,500,000を購入し、ただちに使用を開始した。代金のうち、¥600,000は現金で支払い、残額は約束手形を振り出して支払った。
10月2日	圧縮記帳処理	上記機械装置に関して、6月30日に受け取った国庫補助金に係る圧縮記帳を直接控除方式にて行った。
3月31日	リース料支払	上記のリース取引につき、年間のリース料を普通預金口座から振り込んだ。
3月31日	決算整理手続	決算に際して、固定資産の減価償却を行う。ただし、期中に取得した機械装置については月割計算にて減価償却費を算定すること。

(1) 当期の諸勘定（一部）に必要な記入を行い、締め切りなさい。
(2) ×9年3月31日におけるリース料の支払いに関する仕訳を示しなさい。

(1)

総 勘 定 元 帳

建　物

4／1　前 期 繰 越（　　　　）	3／31（　　　　）（　　　　）
	3／31（　　　　）（　　　　）
（　　　　）	（　　　　）

機 械 装 置

10／1（　　　　）（　　　　）	10／2（　　　　）（　　　　）
	3／31　減 価 償 却 費（　　　　）
	3／31（　　　　）（　　　　）
（　　　　）	（　　　　）

リース資産

4／1（　　　　）（　　　　）	3／31　減 価 償 却 費（　　　　）
	3／31（　　　　）（　　　　）
（　　　　）	（　　　　）

不許複製・禁無断転載　　　　　　　　　　　— 12 —

(2)

仕		訳	
借 方 科 目	金 額	貸 方 科 目	金 額

問 4 　　　**有価証券**　　　　　　　　解答・解説…P.44

次の有価証券に係る一連の取引についての[資料]により、売買目的有価証券勘定および有価証券利息勘定の記入(残高式)を示しなさい。なお、利息を計算するにあたり、本問では便宜上すべて月割りによることとする。

[資料]

日　付		取　引　の　内　容	仕訳帳のページ数
×6年	5月1日	売買目的で額面総額￥2,000,000の国債を額面￥100当たり￥98.60にて証券会社を通して購入し、代金は購入日までの経過利息￥2,400を含めて後日支払うこととした。なお、この国債は、×6年1月1日に発行され、利払日は毎年6月および12月の各月末日、利率は年0.36％、償還予定日は×10年12月31日である。	3
	6月30日	上記国債の利払日を迎え、当社の普通預金口座に所定の金額が振り込まれた。	6
	10月31日	上記国債のうち額面総額￥600,000分を額面￥100当たり￥97.50にて証券会社を通して売却し、代金は売却日までの端数利息￥720を含めて後日当社の普通預金口座に振り込まれることとなった。	10
	12月31日	上記国債の利払日を迎え、当社の普通預金口座に所定の金額が振り込まれた。	14
×7年	3月31日	本日決算日を迎えた。上記国債の時価は、額面￥100当たり￥98.80であった。また、利息に関する決算整理仕訳とともに、必要な決算振替仕訳を行った。	18
	4月1日	開始記入を行う。あわせて経過勘定項目について、再振替仕訳を行った。	1

売　買　目　的　有　価　証　券　　　　　　　　　　7

日　付			摘　要	仕丁	借　方	貸　方	借または貸	残　高
年	月	日						
×6	5	1						
×7	4	1						

有　価　証　券　利　息　　　　　　　　　　38

日　付			摘　要	仕丁	借　方	貸　方	借または貸	残　高
年	月	日						
×6	5	1						
×7	4	1						

— 13 —

不許複製・禁無断転載

| 問5 | 株主資本等変動計算書 | 解答・解説…P.46 |

次に示した栃木物産株式会社の[資料]にもとづいて、答案用紙の（　　　）に適切な金額を記入し、株主資本等変動計算書を完成しなさい。金額が負の値であるときは、金額の前に△を付すこと。なお、会計期間は×1年4月1日から×2年3月31日までの1年間である。

[資料]
1．×1年6月25日に定時株主総会を開催し、剰余金の配当および処分を次のように決定した。
　①　株主への配当金について、その他資本剰余金を財源として￥750,000、繰越利益剰余金を財源として￥2,250,000、合計￥3,000,000の配当を行う。
　②　会社法で規定する金額を準備金（資本準備金と利益準備金）として積み立てる。
　③　繰越利益剰余金を処分し、別途積立金￥180,000を積み立てる。
2．×1年9月1日に新株を発行して増資を行い、払込金￥2,100,000は当座預金とした。なお、会社法が規定する最低限度額を資本金とした。
3．当期末に保有しているその他有価証券（前期末の時価は￥2,000,000、当期末の時価は￥2,500,000）について時価評価を行い、全部純資産直入法により処理する。ただし、税法では、その他有価証券の評価差額の計上は認められていないので、税効果会計を適用する。法定実効税率は30％とする。当期中にその他有価証券の売買は行われていない。
4．決算の結果、当期純利益￥3,000,000を計上した。

株　主　資　本　等　変　動　計　算　書
自×1年4月1日　至×2年3月31日　　　　　　（単位：千円）

| | 株　　主　　資　　本 | | | |
| | | 資　本　剰　余　金 | | |
	資本金	資本準備金	その他資本剰余金	資本剰余金合計
当 期 首 残 高	30,000	2,500	1,200	3,700
当 期 変 動 額				
剰 余 金 の 配 当		（　　　）	（　　　）	（　　　）
別途積立金の積立て				
新 株 の 発 行	（　　　）	（　　　）		（　　　）
当 期 純 利 益				
株主資本以外の項目の当期変動額（純額）				
当 期 変 動 額 合 計	（　　　）	（　　　）	（　　　）	（　　　）
当 期 末 残 高	（　　　）	（　　　）	（　　　）	（　　　）

（下段へ続く）

（上段より続く）

	株　　　　主　　　　資　　　　本					評価・換算差額等		純資産合計
	利　益　剰　余　金					その他有価証券評価差額金	評価・換算差額等合計	
	利益準備金	その他利益剰余金		利益剰余金合計	株主資本合計			
		別途積立金	繰越利益剰余金					
当 期 首 残 高	500	200	4,000	4,700	38,400	140	140	38,540
当 期 変 動 額								
剰 余 金 の 配 当	（　　）		（　　　）	（　　　）	（　　　）			（　　　）
別途積立金の積立て		（　　）	（　　　）	―	―			―
新 株 の 発 行					（　　　）			（　　　）
当 期 純 利 益			（　　　）	（　　　）	（　　　）			（　　　）
株主資本以外の項目の当期変動額（純額）						（　　　）	（　　　）	（　　　）
当 期 変 動 額 合 計	（　　）	（　　）	（　　　）	（　　　）	（　　　）	（　　　）	（　　　）	（　　　）
当 期 末 残 高	（　　）	（　　）	（　　　）	（　　　）	（　　　）	（　　　）	（　　　）	（　　　）

不許複製・禁無断転載

| 問 6 | | 合併 | | 解答・解説…P.47 |

次の合併の取引について仕訳しなさい。ただし、勘定科目は次の中から最も適当と思われるものを選び、正確に記入すること。

鹿児島物産株式会社は、長崎商事株式会社を当期末に合併し、長崎商事の株主に自社（鹿児島物産）の株式 40,000 株（1 株当たりの時価@ ￥ 300）を交付した。合併時の長崎商事の諸資産は ￥ 32,000,000、諸負債は ￥ 15,000,000 であり、ともに時価と帳簿価額は一致していた。なお、資本金は 1 株につき ￥ 200 とし、残額は資本準備金とした。

諸　　資　　産	の　　れ　　ん	子　会　社　株　式
諸　　負　　債	資　　本　　金	資　本　準　備　金
繰　越　利　益　剰　余　金	非　支　配　株　主　持　分	負　の　の　れ　ん　発　生　益

(単位：円)

借　方　科　目	金　　額	貸　方　科　目	金　　額

— 15 —

不許複製・禁無断転載

| 問7 | 連結精算表 | | 解答・解説…P.48 |

次の資料にもとづいて、×3年度(×3年4月1日から×4年3月31日まで)の答案用紙の連結精算表を作成しなさい。また、[　　]内には適切な語を記入しなさい。なお、(　　　)内の金額は貸方金額を示しており、P社およびS社の決算日は3月31日である。

[資料]
1．P社は、×2年3月31日にS社の発行済株式総数(5,000株)の60%を160,000千円で取得して支配を獲得し、それ以降S社を連結子会社として連結財務諸表を作成している。なお、P社のS社に対する持分の変動はない。のれんは、支配獲得時の翌年度から10年間にわたり定額法により償却を行っている。
2．×2年3月31日(支配獲得時)におけるS社の純資産項目は、資本金120,000千円、資本剰余金40,000千円、および利益剰余金20,000千円であった。
3．S社は当期中に、利益剰余金から16,000千円の配当を行い、また、当期純利益56,000千円を計上した。
4．連結会社間の債権債務および取引高は、次の通りであった。

P社からS社		S社からP社	
売　掛　金	18,000 千円	買　掛　金	18,000 千円
売　上　高	50,000 千円	仕　入　高	50,000 千円

5．P社はS社に対して、売上総利益率20%で商品を販売している。年度末にS社が保有する商品のうちP社から仕入れた商品は、×2年度末は7,000千円、×3年度末は10,000千円であった。
6．S社は×3年度中に、P社に土地(帳簿価額18,000千円)を20,000千円で売却した。P社は×3年度末において、この土地を保有している。

×3年度　　　　　　　　　　連　結　精　算　表　　　　　　　　　（単位：千円）

科　　目	個別財務諸表		修正・消去		連結財務諸表
	P　社	S　社	借　方	貸　方	
貸 借 対 照 表					連結貸借対照表
売 掛 金	378,000	280,000			
商 品	80,000	20,000			
土 地	1,382,000	120,000			
S 社 株 式	160,000	－			
[　　　　　　　]					
資 産 合 計	2,000,000	420,000			
買 掛 金	(200,000)	(180,000)			( )
資 本 金	(1,000,000)	(120,000)			( )
資 本 剰 余 金	(500,000)	(40,000)			( )
利 益 剰 余 金	(300,000)	(80,000)			( )
非 支 配 株 主 持 分					( )
負債・純資産合計	(2,000,000)	(420,000)			( )
損 益 計 算 書					連結損益計算書
売 上 高	(1,440,000)	(1,000,000)			( )
売 上 原 価	1,080,000	702,000			
販売費及び一般管理費	240,000	277,000			
[　　　　　] 償 却					
営 業 外 収 益	(54,000)	(56,600)			( )
営 業 外 費 用	74,000	23,600			
固 定 資 産 売 却 益		(2,000)			
当 期 純 利 益	(100,000)	(56,000)			( )
非支配株主に帰属する当期純利益					
親会社株主に帰属する当期純利益	(100,000)	(56,000)			( )

● 第3問　傾向と対策 ●

| 問1 | 売上原価と役務原価の算定 | 解答・解説…P.51 |

　当社は機器Aの販売と、機器Aに関する設置工事、修繕等のサービスを行っている。次の［資料］にもとづいて、精算表（一部）に記入しなさい。なお、会計期間は1年、決算日は×2年3月31日である。

［資料］決算整理事項等

1．商品の期末棚卸高は次のとおりである。なお、収益性の低下による評価損は売上原価に算入し、棚卸減耗損は売上原価に算入しない。売上原価の算定は「仕入」の行で行うこと。

　機器A：帳簿棚卸数量　2,000個　　　　　実地棚卸数量　1,900個

　　　　　　単位あたり原価：原価@￥100　　　　単位当たり正味売却価額@￥95

2．仕掛品の残高は、前月の月次決算において作業が完了していない工事、修繕等に対して支払った金額である。このうち、￥300,000分は当期中に作業が完了し、請求（売上計上）がなされたが、役務原価への振替が未処理であった。また、当期末において未完成の工事、修繕等に対し、当月中に一部作業を行い、支払った金額を役務原価に￥430,000計上しているため、適切に処理する。

精算表

勘定科目	試算表		修正記入		損益計算書		貸借対照表	
	借方	貸方	借方	貸方	借方	貸方	借方	貸方
繰越商品	182,500							
仕掛品	970,000							
仕入	896,000							
役務原価	5,200,000							
棚卸減耗損								
商品評価損								

不許複製・禁無断転載　　　　　　　　　── 18 ──

| 問 2 | 貸倒引当金の設定 | 解答・解説…P.51 |

次の［資料１］［資料２］にもとづいて、精算表(一部)に記入しなさい。また、損益計算書(一部)と貸借対照表(一部)にも記入しなさい。なお、会計期間は１年、決算日は×２年３月31日である。

[資料１] 決算にあたっての修正事項
１．売掛金の中に、前期発生と当期発生で回収が遅延していたものが、それぞれ￥60,000と￥50,000含まれており、回収の可能性がないものと判断して貸倒れ処理することとした。
２．×２年３月30日に商品の掛け代金400ドルの送金があり、取引銀行で円貨に両替し当座預金口座に入金していたが未記帳であった。なお、３月30日の為替相場は１ドル￥108、売上時の為替相場は１ドル￥110であった。

[資料２] 決算整理事項等
１．売掛金の中に、ドル建売掛金￥21,400（200ドル、売上時の為替相場１ドル￥107）が含まれており、決算時の為替相場は１ドル￥105だった。
２．売掛金の残高のうち、得意先甲社に対する￥200,000については、売掛金額から担保処分見込額￥120,000を控除した残額の50％の金額を貸倒引当金として設定する。その他の売掛金については、貸倒実績率１％として差額補充法により貸倒引当金を設定する。
３．長期貸付金は、期中に取引先A社に貸し付け、計上したものである。長期貸付金に対して３％の貸倒引当金を設定する。なお、受取利息については処理済みである。

精　算　表

勘 定 科 目	試 算 表		修 正 記 入		損 益 計 算 書		貸 借 対 照 表	
	借 方	貸 方	借 方	貸 方	借 方	貸 方	借 方	貸 方
現 金 預 金	666,800							
売 掛 金	674,400							
貸 倒 引 当 金		62,000						
長 期 貸 付 金	105,000							
貸 倒 引 当 金								
為 替 差 損 益		500						
貸 倒 損 失								
貸倒引当金繰入								

損 益 計 算 書

Ⅲ 販売費及び一般管理費
 貸 倒 引 当 金 繰 入　（　　　　　　）
 貸 倒 損 失　（　　　　　　）
Ⅴ 営 業 外 費 用
 貸 倒 引 当 金 繰 入　（　　　　　　）
 （　　　　　　）（　　　　　　）

貸 借 対 照 表

Ⅰ 流 動 資 産
 現 金 預 金　　　　（　　　　　）
 売 掛 金（　　　　　）
 貸 倒 引 当 金（＿＿＿＿＿）（　　　　　）
Ⅱ 固 定 資 産
 長 期 貸 付 金（　　　　　）
 貸 倒 引 当 金（＿＿＿＿＿）（　　　　　）

— 19 —

不許複製・禁無断転載

| 問3 | 有価証券 | 解答・解説…P.53 |

次の決算整理事項にもとづいて、精算表(一部)に記入しなさい。また、損益計算書(一部)および貸借対照表(一部)にも記入しなさい。

有価証券の内訳は次のとおりであり、有価証券の保有目的によって適切に処理する。

	簿　価	時　価	保有目的
甲　株　式	¥20,000	¥15,000	売　　買
乙　株　式	¥8,000	¥10,000	売　　買
A社社債	¥9,800	¥9,500	満期保有[注1]
B社株式	¥15,000	¥17,000	支配目的
C社株式	¥6,500	¥7,000	そ の 他[注2]

(注1)　当期首に @¥100 につき @¥98 で取得した。償還期間は5年であり、額面との差額は償却原価法(定額法)により適正に処理する。

(注2)　法定実効税率を30%とする税効果会計を適用の上、全部純資産直入法を採用している。

精　算　表

勘　定　科　目	試　算　表		修　正　記　入		損　益　計　算　書		貸　借　対　照　表	
	借　方	貸　方	借　方	貸　方	借　方	貸　方	借　方	貸　方
売買目的有価証券	28,000							
満期保有目的債券	9,800							
子 会 社 株 式	15,000							
そ の 他 有 価 証 券	6,500							
有価証券評価(　)								
有 価 証 券 利 息		200						
繰越税金(　　)								
その他有価証券評価差額金								

損　益　計　算　書	貸　借　対　照　表	
Ⅳ 営業外収益	Ⅰ 流動資産	Ⅱ 固定負債
有 価 証 券 利 息 (　　　　)	有 価 証 券 (　　　　)	繰延税金(　)(　　　　)
Ⅴ 営業外費用	Ⅱ 固定資産	
有価証券評価(　)(　　　　)	投 資 有 価 証 券 (　　　)	Ⅱ 評価・換算差額等
	関 係 会 社 株 式 (　　　)	その他有価証券評価差額金 (　　　　)

不許複製・禁無断転載

| 問4 | 固定資産 | | 解答・解説…P.54 |

次の決算整理事項にもとづいて、精算表(一部)に記入しなさい。また、損益計算書(一部)および貸借対照表(一部)にも記入しなさい。なお、決算日は×6年3月31日である。

	取得原価	耐用年数	残存価額	減価償却方法
建　　物	¥200,000	20年	取得原価の10%	定額法
構　築　物	¥ 80,000	10年	ゼロ	定額法
備　　品	¥120,000	8年	ゼロ	200%定率法(償却率年25%)
車　　両	¥100,000	5年	ゼロ	生産高比例法(総走行可能距離 100,000km、当期の走行距離 20,000km)

前払費用は、×5年10月1日に向こう3年分の保険料を支払ったものであり、当期分の費用を計上する。なお、長期前払費用への振替えも併せて行う。

精　算　表

勘定科目	試算表		修正記入		損益計算書		貸借対照表	
	借方	貸方	借方	貸方	借方	貸方	借方	貸方
建　　　物	200,000							
構　築　物	80,000							
備　　　品	120,000							
車　　　両	100,000							
前　払　費　用	162,000							
建物減価償却累計額		108,000						
構築物減価償却累計額		32,000						
備品減価償却累計額		30,000						
車両減価償却累計額		36,000						
減　価　償　却　費								
保　　険　　料								
長　期　前　払　費　用								

損益計算書

Ⅲ 販売費及び一般管理費

　　減価償却費 （　　　　　）

　　保　険　料 （　　　　　）

貸借対照表

Ⅰ 流動資産

　　前払費用　　　　　（　　　　　）

Ⅱ 固定資産

　　建物　　　　　　（　　　　　）

　　　減価償却累計額（　　　　　）（　　　　　）

　　構築物　　　　　（　　　　　）

　　　減価償却累計額（　　　　　）（　　　　　）

　　備品　　　　　　（　　　　　）

　　　減価償却累計額（　　　　　）（　　　　　）

　　車両　　　　　　（　　　　　）

　　　減価償却累計額（　　　　　）（　　　　　）

　　長期前払費用　　　　（　　　　　）

問5 本支店会計の決算振替

次の、個別の残高試算表(一部)から本店および支店の損益勘定を作成しなさい。なお、当社は、総合損益勘定は設けずに支店の純損益は決算日において本店の損益勘定に振り替え、本店の損益勘定において会社全体の純損益を算定している。

決算整理後残高試算表(一部)

借　方	本　店	支　店	貸　方	本　店	支　店
支　　店	70,000	—	本　　店	—	70,000
⋮			⋮		
仕　　入	1,000,000	400,000	売　　上	1,500,000	500,000
販　売　費	100,000	20,000	受取手数料	12,000	—
一般管理費	120,000	30,000			
支払利息	27,000	8,000			
	○○○○	◇◇◇◇		○○○○	◇◇◇◇

本店の損益勘定

損　益

3/31 仕　　入 (　　)	3/31 売　　上 (　　)
〃 販　売　費 (　　)	〃 受取手数料 (　　)
〃 一般管理費 (　　)	〃 (　　) (　　)
〃 支払利息 (　　)	
〃 (　　) (　　)	
(　　)	(　　)

支店の損益勘定

損　益

3/31 仕　　入 (　　)	3/31 売　　上 (　　)
〃 販　売　費 (　　)	
〃 一般管理費 (　　)	
〃 支払利息 (　　)	
〃 (　　) (　　)	
(　　)	(　　)

工業簿記

● 第4・5問 傾向と対策 ●

問1　費目別計算　　解答・解説…P.56

次に示す、当月の取引を仕訳しなさい。
(1) 材料を消費した。（直接材料 10,000 円　間接材料 2,000 円）
(2) 賃金を消費した。（直接賃金 15,000 円　間接賃金 3,000 円）
(3) 経費を消費した。（直接経費 2,000 円　間接経費 8,000 円）
(4) 製造間接費 13,000 円を各製造指図書に配賦した。
(5) 製品 100 個が完成した。（製造原価 @400 円）
(6) 製品 80 個を販売し、売上原価勘定へ振り替えた。（製造原価 @400 円）

	仕　訳			
	借方科目	金額	貸方科目	金額
(1)				
(2)				
(3)				
(4)				
(5)				
(6)				

問2　費目別計算　　解答・解説…P.56

下記の取引を、次に示す勘定科目を用いて、仕訳しなさい。
使用する勘定科目：材料、賃金、製造間接費、仕掛品、賃率差異、製造間接費配賦差異

(1) 素材の消費額を、その受払記録により、先入先出法で各指図書に直課した。月初有高 200 個 @150 円；当月仕入高 2,000 個 @165 円；当月消費高 2,100 個
(2) 直接労務費は、直接作業 1 時間あたり 90 円の予定賃率で、各指図書に直課した。当月の実際直接作業時間合計は、800 時間であった。
(3) 製造間接費は、直接作業時間を基準にして、各指図書に予定配賦した。年間予定直接作業時間は、9,000 時間、年間の製造間接費予算は、900,000 円である。
(4) 直接労務費の賃率差異と、製造間接費の配賦差異を計上した。直接賃金の前月未払高 2,000 円；当月支払高 70,000 円；当月未払高 7,000 円；製造間接費実際発生額 79,000 円

― 23 ―

	仕		訳	
	借 方 科 目	金 額	貸 方 科 目	金 額
(1)				
(2)				
(3)				
(4)				

問3　本社工場会計　　　　　解答・解説…P.56

　工場が独立会計制度をとっているとき、次の勘定科目を用いて、下記の取引につき、本社の仕訳と工場の仕訳をそれぞれ示しなさい。なお、仕訳がなければ、借方科目欄に「仕訳なし」と記入すること。

　　本社の勘定科目……買掛金、未払賃金・給料、設備減価償却累計額、売上原価、工場
　　工場の勘定科目……材料、仕掛品、製品、製造間接費、賃金・給料、本社

(1)　材料 5,000 円を掛けで購入した。
(2)　直接材料 4,000 円、間接材料 1,000 円を消費した。
(3)　直接工賃金 20,000 円と間接工賃金 9,000 円を未払賃金・給料に計上した。
(4)　工場設備の減価償却費として 500 円を計上した。
(5)　販売した製品の製造原価は 8,000 円であった。

	本　社　の　仕　訳			
	借 方 科 目	金 額	貸 方 科 目	金 額
(1)				
(2)				
(3)				
(4)				
(5)				

	工　場　の　仕　訳			
	借 方 科 目	金 額	貸 方 科 目	金 額
(1)				
(2)				
(3)				
(4)				
(5)				

| 問4 | 部門別計算 | 解答・解説…P.57 |

(1) ①から③の一連の取引について仕訳を示し、製造間接費部門別配賦表を完成しなさい。なお、勘定科目は下記のものを使用すること。

製造間接費　　切削部門　　組立部門　　動力部門　　修繕部門　　仕掛品　　材料　　賃金　　経費

① 当月の工場全体で発生した間接材料費4,000円、間接労務費6,000円、間接経費5,000円を製造間接費勘定へ振り替えた。

② 集計された製造間接費について製造部門および補助部門の各勘定へ振り替えた。部門個別費および部門共通費は[資料1]のとおりである。

③ 動力部門費と修繕部門費を直接配賦法により切削部門と組立部門へ配賦した。なお、動力部門費は切削部門と組立部門に対して6：4の割合で配賦し、修繕部門費は切削部門と組立部門に対して5：5の割合で配賦する。

(2) 製造部門費実際額を指図書#300と#301に配賦した。なお、配賦基準は切削部門、組立部門どちらも直接作業時間とし、各製造部門の製造指図書別の直接作業時間は[資料2]のとおりであった。指図書別の製造間接費実際配賦額を求めなさい。

[資料1]

	切削部門	組立部門	動力部門	修繕部門
部門個別費	2,100円	1,600円	1,200円	1,100円
部門共通費	9,000円で、切削部門、組立部門、動力部門、修繕部門に対して4:3:2:1の割合で配賦する。			

[資料2]

	#300	#301
切削部門	30時間	20時間
組立部門	15時間	10時間

(1)

	借 方 科 目	金 額	貸 方 科 目	金 額
①				
②				
③				

製 造 間 接 費 部 門 別 配 賦 表

摘　　　要	合　　計	製 造 部 門		補 助 部 門	
		切削部門	組立部門	動力部門	修繕部門
部 門 個 別 費	6,000	2,100	1,600	1,200	1,100
部 門 共 通 費	9,000				
部 門 費	15,000				
動 力 部 門 費					
修 繕 部 門 費					
	15,000				

(2)　#300 ＿＿＿＿＿＿＿＿＿＿ 円　　　　　　#301 ＿＿＿＿＿＿＿＿＿＿ 円

| 問5 | 等級別総合原価計算 | 解答・解説…P.58 |

(1) 次の資料から、平均法によって総合原価計算表を完成しなさい。完成品の単位原価を計算すると円未満の端数が生ずるが、これは、小数第2位を四捨五入のうえ小数第1位まで求めなさい。

【製品Aの当月生産データ】

月初仕掛品	200kg (1/2)
当月投入	3,800
投入量合計	4,000kg
完成品	3,500kg
副産物	100
月末仕掛品	400 (1/4)
産出量合計	4,000kg

(注) 1. 原料は工程の始点で投入される。
2. 左記仕掛品の( )内は、加工費の進捗度を示す。
3. 副産物は工程の終点で発生した。なお、その評価額は9,600円であり、完成品の製造原価から控除する。

総 合 原 価 計 算 表 　　　（単位：円）

	原 料 費	加 工 費	合 計
月 初 仕 掛 品 原 価	4,000	5,000	9,000
当 月 製 造 費 用	60,000	69,000	129,000
合 計			
差引：月末仕掛品原価			
差引：副産物評価額	——	——	9,600
完 成 品 総 合 原 価	——	——	
完 成 品 単 位 原 価	——	——	

(2) 上記データについて、単一の製品Aの完成品を3,500kgとしていたが、実は同種の等級製品である製品X 2,000kg、製品Y 1,500kgとに区別できることが判明した。ここで、製品Xの等価係数を1、製品Yの等価係数を0.8としたとき、製品Xおよび製品Yの完成品総合原価を計算しなさい。なお、原価計算の方法は、等価係数を各等級製品の一期間における完成品数量に乗じた積数の比をもって、一期間の完成品総合原価を一括的に各等級製品に按分して製品原価を計算する方法によること。

製品Xの完成品総合原価 ＿＿＿＿＿＿＿円　　製品Yの完成品総合原価 ＿＿＿＿＿＿＿円

不許複製・禁無断転載 　　　　　　　　　　　　— 26 —

| 問6 | 単純総合原価計算 | 解答・解説…P.58 |

単純総合原価計算を採用しているG工場の当月の完成品原価と月末仕掛品原価はいくらになるか計算しなさい。なお、次に示す(A)と(B)のそれぞれの場合について答えること。また当月に生じた減損はすべて正常なものであり、良品の原価に負担させるものとする。

(A) 正常減損が工程の始点で発生した場合(正常減損を完成品と月末仕掛品の両方に負担させる場合)
(B) 正常減損が工程の終点で発生した場合(正常減損を完成品のみに負担させる場合)

【資　料】

1．生産および原価データ

		原料費	加工費	
月初仕掛品量	100kg（50%）	72,000 円	30,000 円	※（　）内は、加工費の進捗度。
当月着手量	900	648,000 円	420,000 円	
合　計	1,000kg	720,000 円	450,000 円	
月末仕掛品量	200　（50%）			
正常減損量	100			
完成品量	700			
合　計	1,000kg			

2．原料は工程始点で投入された。
3．原価配分の方法は平均法による。
4．正常減損の負担は正常減損度外視の方法によって行う。

(A) 当月完成品原価 ＿＿＿＿＿＿円　月末仕掛品原価 ＿＿＿＿＿＿円
(B) 当月完成品原価 ＿＿＿＿＿＿円　月末仕掛品原価 ＿＿＿＿＿＿円

| 問7 | 工程別総合原価計算 | 解答・解説…P.59 |

次の資料により、工程別総合原価計算表を完成しなさい。ただし、第1工程は平均法により、第2工程は先入先出法によること。また、完成品単位原価は、原価要素別にも算出しなさい。なお、計算上の端数は小数第2位を四捨五入し、小数第1位まで求めること。

【製品Dの当月生産データ】

	第　1　工　程	第　2　工　程
月初仕掛品	1,000kg　（1/2）	4,000kg　（1/2）
当月投入	50,000	49,000
投入量合計	51,000kg	53,000kg
差引：月末仕掛品	2,000　（1/4）	4,000　（3/4）
完成品	49,000kg	49,000kg

原料はすべて第1工程の始点で投入される。また、上記仕掛品の（　）内は、加工費の進捗度である。

工 程 別 総 合 原 価 計 算 表 （単位：円）

	第　1　工　程			第　2　工　程		
	原料費	加工費	合　計	前工程費	加工費	合　計
月初仕掛品原価	65,000	94,000		255,000	85,000	
当月製造費用	700,000	500,000			400,000	
合　計						
差引：月末仕掛品原価						
完成品総合原価						
完成品単位原価						

— 27 —

不許複製・禁無断転載

| 問8 | 標準原価計算 | 解答・解説…P.59 |

当社A工場はA製品を連続的に生産しているが、前月に引き続き標準原価計算制度を採用している。当月のデータ(1)〜(4)を、下掲勘定に記入しなさい。なお、仕掛品勘定の借方には実際発生額を記入し、貸方には標準原価を記入する方法(パーシャルプラン)によること。

(1) A製品1台あたり原価の標準

直接材料費	2 kg	@2千円	4千円
直接労務費	3 時間	@2千円	6千円
製造間接費	3 時間	@3千円	9千円
			19千円

※ 直接材料は工程始点で投入されているものとする。

(2) 製造に関するデータ
a. 月初仕掛品　なし、月末仕掛品　10台(仕上り度1/2)
b. 当月製造開始数量　100台、完成品数量　90台

(3) 実際原価に関するデータ
a. 直接材料　@2.5千円、200kg、500千円
b. 直接賃金実際発生額　　580千円
c. 製造間接費実際発生額　860千円

(4) 製品月初在庫10台、月末在庫30台、月間販売数量70台

仕 掛 品　　　　　　　(単位：千円)

材　　　料		製　　　品	
賃　　　金		月 末 有 高	
製 造 間 接 費		原 価 差 異*	

＊原価差異は一括して示すこと。

製 品　　　　　　　(単位：千円)

月 初 有 高		売 上 原 価	
仕 　掛 　品		月 末 有 高	

| 問9 | 標準原価計算 | 解答・解説…P.60 |

問8において、原価要素の各勘定の借方には実際発生額を記入し、貸方には標準原価を記入する方法(シングルプラン)によった場合の勘定記入を行いなさい。

材　　　料　　(単位：千円)

諸　　口		仕 掛 品	
		原 価 差 異	

仕 　掛 　品　　(単位：千円)

材　　　料		製　　　品	
賃　　　金		月 末 有 高	
製 造 間 接 費			

賃　　　金　　(単位：千円)

諸　　口		仕 掛 品	
		原 価 差 異	

製　　　品　　(単位：千円)

月 初 有 高		売 上 原 価	
仕 　掛 　品		月 末 有 高	

製 造 間 接 費　　(単位：千円)

諸　　口		仕 掛 品	
		原 価 差 異	

※ 直接材料は工程始点で投入されているものとする。

不許複製・禁無断転載

| 問 10 | 直接原価計算・Ｐ／Ｌ作成 | 解答・解説…P.60 |

製品Ｘを量産するＹ社の資料にもとづき、当月の損益計算書を、(A)全部原価計算方式と、(B)直接原価計算方式により作成しなさい。なお、(C)固定費調整を行い、(B)直接原価計算の営業利益から(A)全部原価計算の営業利益が導けることを確認しなさい。

【当月の資料】

(1) 生産量と販売量　当月製品生産量　90kg　　当月製品販売量　80kg　　　月末製品在庫量　10kg

(2) 製品１kgあたり実際製造原価　　原料費（変動費）　　100円
　　　　　　　　　　　　　　　　　変動加工費　　　　　80円
　　　　　　　　　　　　　　　　　固定加工費　　　　　70円
　　　　　　　　　　　　　　　　　合　　計　　　　　250円

(3) 月初仕掛品、月末仕掛品はなかった。

(4) 製品１kgあたり売価　　500円

(5) 製品の倉出単価（したがって売上原価）の計算法は、先入先出法による。

(6) 実際販売費及び一般管理費
　　　変動販売費　製品１kgあたり　10円　　固定販売費及び一般管理費月額　500円

(A)	全部原価計算方式	（単位：円）
売上高………………………………	(	)
差引：売上原価……………………	(	)
売上総利益…………………………	(	)
差引：販売費及び一般管理費………	(	)
営業利益……………………………	(	)

(B)	直接原価計算方式	（単位：円）
売上高………………………………	(	)
差引：変動費（製造および販売）……	(	)
貢献利益……………………………	(	)
差引：固定費………………………	(	)
営業利益……………………………	(	)

(C)　（　　　　　　　　　）　＋　（　　　　　　　　　）　－　（　　　　　　　　　）　＝　（　　　　　　　　　）
　　　　直接原価計算の　　　　　　期末在庫品に　　　　　期首在庫品に　　　　　全部原価計算の
　　　　営業利益　　　　　　含まれる固定加工費　　含まれる固定加工費　　　　営業利益

（注）（　）の中に、計算した金額を記入しなさい。

| 問 11 | ＣＶＰ分析 | 解答・解説…P.60 |

当社は製品Ｘを製造・販売している。製品Ｘの販売単価は500円／個であった（当期中は同一の単価が維持された）。当期の直接原価計算による損益計算書は下記のとおりであり、売上高営業利益率は15％であった。なお、期首と期末に仕掛品および製品の在庫は存在しないものとする。

直接原価計算方式の損益計算書

	（単位：円）
売　上　高	700,000
変　動　費	420,000
貢　献　利　益	280,000
固　定　費	（　？　）
営　業　利　益	（　？　）

(1) 損益分岐点における販売数量を計算しなさい。

(2) 営業利益150,000円を達成するために必要であった売上高を計算しなさい。

(3) 売上高が何％落ち込むと損益分岐点の売上高に達するか計算しなさい。

(4) 売上高が120,000円減少するとき営業利益はいくら減少するか計算しなさい。

(5) 損益分岐点の売上高を60,000円引き下げるためには固定費をいくら引き下げる必要があるか計算しなさい。

(1)	(2)	(3)	(4)	(5)
個	円	％	円	円

— 29 —

問 12 個別原価計算（製造原価報告書）　　　　解答・解説…P.61

次の資料によって、3月中の月次製造原価報告書を作成しなさい。

a．月初棚卸高　　原材料　5,000 円　　　　仕掛品　2,000 円
b．3月中の取引
　　原材料購入高　30,000 円
　　直接賃金　　　月初未払額　5,000 円　　　当月支払額　28,000 円　　　月末未払額　7,000 円
　　間接賃金消費高　5,000 円　　　補助材料費　4,000 円　　　水道光熱費（測定額）　2,500 円
　　減価償却費（月割額）　1,500 円
c．月末棚卸高　　原材料　8,000 円　　　　仕掛品　1,000 円
d．製造間接費は直接賃金を基準にして、その 40 ％にあたる額を各指図書に予定配賦した。

製　造　原　価　報　告　書

原　材　料　費		
月　初　棚　卸　高	（　　　　　　　）	
当　月　購　入　高	（　　　　　　　）	
計	（　　　　　　　）	
月　末　棚　卸　高	（　　　　　　　）	（　　　　　　　）
直　接　賃　金		（　　　　　　　）
製　造　間　接　費		
間　接　賃　金・給　料	（　　　　　　　）	
補　助　材　料　費	（　　　　　　　）	
水　道　光　熱　費	（　　　　　　　）	
減　価　償　却　費	（　　　　　　　）	
小　　計	（　　　　　　　）	
製造間接費配賦差異	（　　　　　　　）	（　　　　　　　）
当　月　製　造　費　用		（　　　　　　　）
月初仕掛品棚卸高		（　　　　　　　）
計		（　　　　　　　）
月末仕掛品棚卸高		（　　　　　　　）
当　月　製　品　製　造　原　価		（　　　　　　　）

日 商

簿 記 検 定

模 擬 試 験 問 題 集

2 級

解答・解法のポイント

出題傾向と対策　重要論点チェック問題　解答および解説

●第１問　傾向と対策　解答・解説●

問１

	仕		訳	
	借方科目	金額	貸方科目	金額
1	売買目的有価証券	680,000	当座預金	680,000
2	現金 有価証券売却損	850,000 5,000	売買目的有価証券	855,000
3	現金	2,071,200	売買目的有価証券 有価証券売却益 有価証券利息	1,960,000 20,000 91,200
4	満期保有目的債券 有価証券利息	4,992,000 12,600	当座預金	5,004,600
5	子会社株式	7,200,000	未払金	7,200,000
6	その他有価証券	4,040,000	現金	4,040,000
7	子会社株式	23,000,000	その他有価証券 未払金	3,000,000 20,000,000

◈解　説◈

1．付随費用（売買手数料）も含めた金額が有価証券の取得原価です。
　取得原価　@￥84,000 × 8 株＋￥8,000 ＝￥680,000

2．移動平均法による単価　{(@￥85,000 × 8 株)＋(@￥80,000 × 5 株)＋(@￥90,000 × 7 株)} ÷ 20 株＝￥85,500
　売却した株式の原価　@￥85,500 × 10 株＝￥**855,000**

4．取得原価　$￥5{,}000{,}000 \times \dfrac{@￥99}{@￥100}$ ＋￥42,000 ＝￥**4,992,000**

　端数利息　$￥5{,}000{,}000 \times 1.46\% \times \dfrac{63日(×2年7月1日〜×2年9月1日)}{365日}$ ＝￥**12,600**

6．「提携関係の強化」は、売買目的や支配目的などの特定の保有目的に当たらないため、その他有価証券勘定で処理します。

7．株式の保有割合（10％＋60％＝70％）が50％を超え、支配を獲得したので、子会社株式勘定で処理します。元々所有していた10％の株式の取得原価もその他有価証券勘定から子会社株式勘定に振り替えます。

問２

	仕		訳	
	借方科目	金額	貸方科目	金額
1	ソフトウェア	300,000	未払金	300,000
2	ソフトウェア償却	100,000	ソフトウェア	100,000
3	備品 前払利息	225,000 25,000	営業外支払手形	250,000
4	営業外支払手形 支払利息	50,000 5,000	当座預金 前払利息	50,000 5,000
5	リース資産	225,000	リース債務	225,000
6	リース債務 支払利息 減価償却費	45,000 5,000 45,000	当座預金 リース資産減価償却累計額	50,000 45,000
7	支払リース料	50,000	当座預金	50,000
8	建物	5,000,000	建設仮勘定 営業外支払手形	4,000,000 1,000,000
9	修繕引当金 修繕費	130,000 120,000	未払金	250,000
10	備品 修繕引当金 修繕費	40,000 35,000 25,000	現金	100,000

11	車両運搬具減価償却累計額 固定資産売却損 車両運搬具	1,500,000 200,000 2,500,000	車両運搬具 未払金	2,000,000 2,200,000		
12	現金 固定資産圧縮損	400,000 400,000	国庫補助金受贈益 車両運搬具	400,000 400,000		
13	備品減価償却累計額 減価償却費 貯蔵品 固定資産除却損	135,000 15,000 20,000 55,000	備品	225,000		
14	未収入金 火災損失	26,000,000 1,200,000	火災未決算	27,200,000		

（別解）13．（減価償却費）　　15,000　（備品減価償却累計額）　15,000
　　　　　　（備品減価償却累計額）150,000　（備　　　　　品）225,000
　　　　　　（貯　蔵　品）　20,000
　　　　　　（固定資産除却損）55,000

◆解　説◆

1. 自社利用目的でソフトウェアを購入した場合には、ソフトウェア勘定（資産）で処理します。

2. ソフトウェアは無形固定資産であり、利用可能期間にわたって償却します。
　　¥300,000 ÷ 3年 = ¥100,000

3. 固定資産を割賦購入した場合の代金に含まれる利息は、固定資産の取得原価とは区分して処理します（本問では、前払利息として処理することが指示されています）。
　　営業外支払手形　¥50,000 × 5枚 = ¥250,000
　　前払利息　¥250,000 - ¥225,000（備品の取得原価）= ¥25,000

4. 当月分の利息を前払利息勘定から支払利息勘定に振り替えます。
　　¥25,000 ÷ 5 = ¥5,000

5. ファイナンス・リース取引（利子抜き法）
　　リース契約締結時の処理
　　利子抜き法の場合、リース資産の見積現金購入価額が取得原価となり、「リース資産」として計上します。また、同額の借入れを行ったと考え、「リース債務」として計上します。リース料総額と見積現金購入価額との差額は利息相当額になります。
　　リース資産：¥225,000（見積現金購入価額）
　　リース料総額：¥50,000 × 5年 = ¥250,000
　　利息相当額：¥250,000 - ¥225,000 = ¥25,000

6. リース料支払時および決算時の処理
　　リース料総額に含まれている利息は、毎期均等額を費用として処理します。年額のリース料¥50,000のうち利息¥5,000を除いた金額は、リース債務の返済に充てたと考えます。
　　支払利息：¥25,000 ÷ 5年 = ¥5,000
　　リース債務：¥50,000 - ¥5,000 = ¥45,000
　　減価償却費：¥225,000 ÷ 5年 = ¥45,000

＜参考＞利子込み法
　　利子込み法の場合、利息を含んだリース料総額を「リース資産」、「リース債務」として計上します。そのため、リース料支払時における支払利息についての処理は必要ありません。問題5、6について利子込み法を採用していた場合の解答は次のとおりです。
　　問題5　（リース資産）　250,000　（リース債務）　250,000

　　問題6　（リース債務）　50,000　（当座預金）　50,000
　　　　　　（減価償却費）　50,000　（リース資産減価償却累計額）50,000

7. オペレーティング・リース取引
　　オペレーティング・リース取引の場合、リース料を支払ったときに「支払リース料」として費用処理します。

8. 請負金額のうち、すでに支払済の¥4,000,000は建設仮勘定で処理されています。また、固定資産等の購入や売却に伴う手形のやりとりは、通常の営業取引（商品売買取引・掛代金の決済取引）で発生する手形と区別して営業外受取手形勘定（資産）または営業外支払手形勘定（負債）で処理をします。

9. 修繕にともなう支払いのうち、すでに修繕引当金が設定されている額については、同勘定を取り崩します。

10. 改良による支出は、その資産の価値を高める支出（資本的支出）ですから、固定資産の取得原価として処理し、残額については、修繕にともなう支出として処理します。

11. 取得原価 ¥2,000,000 − 減価償却累計額 ¥1,500,000 = 帳簿価額 ¥500,000
    売価(下取価額) ¥300,000 − 帳簿価額 ¥500,000 = △¥200,000……固定資産売却損

12. 圧縮記帳の処理
    国庫補助金の受取り
    国より交付された補助金を受け取った場合、「国庫補助金受贈益」として収益計上します。
    （現　　　　金）　400,000　（国庫補助金受贈益）　400,000
    圧縮記帳(直接控除方式)
    補助金に相当する額の圧縮記帳(直接控除方式)を行います。「固定資産圧縮損」として費用計上することにより、収益(国庫補助金受贈益)と費用(固定資産圧縮損)が相殺されます。
    （固定資産圧縮損）　400,000　（車両運搬具）　400,000

13. 固定資産を除却したときは、処分価額を貯蔵品勘定として処理し、帳簿価額と貯蔵品勘定の差額を固定資産除却損勘定で処理します。

14. 火災未決算(焼失時点の建物の簿価) ¥80,000,000 − ¥80,000,000 × 0.9 ÷ 30年 × 22年 = **¥27,200,000**

問3

	仕訳			
	借方科目	金額	貸方科目	金額
1	売掛金 売上原価	750,000 450,000	売上 商品	750,000 450,000
2	売上	5,000	売掛金	5,000
3	買掛金	400,000	当座預金 仕入割引	392,000 8,000
4	現金 売上割引	392,000 8,000	売掛金	400,000
5	売上	15,000	売掛金	15,000
6	売掛金	605,000	売上	605,000
7	前受金 役務原価	2,240,000 1,450,000	役務収益 仕掛品	2,240,000 1,450,000
8	仕掛品	105,000	給料 通信費	100,000 5,000

◆**解説**◆

1. 商品の販売のつど、商品の原価を商品勘定から売上原価勘定に振り替える方法を売上原価対立法といいます。
2. 売上戻戻は売上(収益)の減少で処理します。
3. 仕入割引は、営業外収益として、仕入割引勘定(収益)で処理します。
   割引額　¥400,000 × 2% = **¥8,000**
4. 売上割引は、営業外費用として、売上割引勘定(費用)で処理します。
5. 売上の計上基準には、出荷基準(または発送基準)、引渡基準、検収基準があります。
   本問の場合、引渡基準を採用しており、すでに引渡時に¥620,000の売上が計上されていますので、解答は¥15,000の返品の仕訳のみとなります。
6. 検収基準では、得意先の検収結果にもとづいて売上を計上しますので、本問では返品分を差し引いた額を売上として計上します。
   売上計上額　¥620,000 − ¥15,000 = **¥605,000**
   なお、仮に出荷基準や引渡基準を採用していれば、すでに出荷時や引渡時に¥620,000の売上が計上されていますので、解答は¥15,000の返品の仕訳のみとなります。
7. 役務(本問では受験指導の授業)を提供している企業では、当期末までに役務提供が完了している分に対応する役務収益を計上し、すでに役務の対価全額を受け取っている場合には、役務提供完了分を前受金の減少として処理します。

   $¥2,800,000 × \frac{4}{5} = ¥2,240,000$

   また、役務提供の原価を仕掛品勘定に記録している場合には、役務提供完了分の原価を役務原価勘定に振り替えます。
8. 役務の提供が完了し役務収益を計上するまで、当該案件に直接関わる原価は仕掛品勘定(資産)に計上しておきます。

問 4

	仕		訳	
	借方科目	金額	貸方科目	金額
1	受取手形 売掛金	500,000 400,000	売上	900,000
2	当座預金 手形売却損	492,000 8,000	受取手形	500,000
3	不渡手形	501,500	当座預金	501,500
4	クレジット売掛金 支払手数料	285,000 15,000	売上	300,000
5	電子記録債権	400,000	売掛金	400,000
6	当座預金 電子記録債権売却損	199,000 1,000	電子記録債権	200,000
7	買掛金	100,000	電子記録債務	100,000
8	買掛金	150,000	電子記録債権	150,000

◈解　説◈

1．手形の裏書譲渡を受けたときは、受取手形勘定で処理します。なお、その手形が自社が振り出した約束手形のときは、支払手形の減少として処理します。

3．不渡りとなった手形金額だけでなく、不渡りに関係する利息などの費用も含めて、手形の譲渡人である大阪商店に請求します。この請求額を不渡手形勘定(資産)で処理します。

4．クレジット払いの条件で商品を販売したときは、クレジット売掛金勘定(資産)で処理します。なお、信販会社への手数料を売掛金の回収時に認識する方法も考えられます。

5．売掛金について、電子債権記録機関において債権の発生記録が行われたときには、電子記録債権勘定(資産)に振り替えます。

6．電子記録債権は、手形の割引と同様に銀行で割り引くことができます。仕訳も手形の割引と同様ですが、割引料は電子記録債権売却損勘定(費用)で処理します。

7．買掛金について、電子債権記録機関において債務の発生記録が行われたときには、電子記録債務勘定(負債)に振り替えます。

8．電子記録債権は、買掛金などの支払いに充てることができます。この場合、電子記録債権を仕入先などに「譲渡する」という表現を用います。

問 5

	仕		訳	
	借方科目	金額	貸方科目	金額
1	当座預金 創立費	60,000,000 1,200,000	資本金 資本準備金 現金	30,000,000 30,000,000 1,200,000
2	繰越利益剰余金	7,260,000	利益準備金 未払配当金 別途積立金	560,000 5,600,000 1,100,000
3	別途積立金	1,200,000	繰越利益剰余金	1,200,000
4	諸資産 のれん	120,000,000 5,000,000	諸負債 資本金	65,000,000 60,000,000
5	資本準備金 利益準備金	1,000,000 500,000	資本金	1,500,000

◈解　説◈

1．資本金組入額の会社法規定の最低額は、払込金額の２分の１です。
設立時の株式発行等の費用は、創立費勘定で処理します(増資時には株式交付費勘定で処理)。

2．会社法の規定による利益準備金の積立額は、次の2つのうち、いずれか小さい方です。

① 配当金の10分の1：¥5,600,000 × $\frac{1}{10}$ ＝ ¥560,000

② 資本金の4分の1 −（資本準備金＋利益準備金）＝ ¥10,000,000 × $\frac{1}{4}$ −（¥1,000,000 ＋ ¥900,000）＝ ¥600,000

よって、①＜②より、利益準備金の積立額は ¥560,000 です。

なお、本問では、繰越利益剰余金を配当原資としていますが、その他資本剰余金を配当原資とする場合には利益準備金ではなく、資本準備金を積み立てます。

3．繰越利益剰余金勘定は、当期純損失の計上により借方残高となることがあります。この場合、株主総会の承認を得てから別途積立金などを用いて、その借方残高を処理する（減額したり、貸方残高にする）ことができます。

4．他社を吸収合併した場合、資産と負債を時価で引き継ぎます。そして、「資産−負債」と増加した純資産（本問では資本金）とを比較し、借方差額であればのれん勘定（資産）、貸方差額であれば負ののれん発生益勘定（収益）で処理します。

5．資本準備金や利益準備金から資本金に振り替えるためには、株主総会の決議が必要となります。このように、株主資本の項目間で金額を振り替えることを「株主資本の計数の変動」といいます。上記3．もこれに該当します。

問6

	仕		訳	
	借 方 科 目	金 額	貸 方 科 目	金 額
1	仕　　　　入	11,000	買　　掛　　金	11,000
2	買　　掛　　金	11,000	当　座　預　金 為　替　差　損　益	10,000 1,000
3	為　替　差　損　益	1,000	買　　掛　　金	1,000
4	売　　掛　　金	32,400	売　　　　上	32,400

◆解　説◆

1．取引発生時の処理

仕入時の為替相場を用いて、円建てに換算します。

買掛金：@ ¥110 × 100ドル＝11,000

2．代金決済時の処理

支払時の為替相場でドルに両替しています。100ドルの支払いに変わりはありませんが、為替相場の変動により、円建てに換算すると、買掛金 ¥11,000 に対し、実際に支払った金額は ¥10,000 となります。支払いが少なく済んだので、差額は「為替差損益」として貸方計上します。

当座預金：@ ¥100 × 100ドル＝ ¥10,000

為替差損益：¥11,000 − ¥10,000 ＝ ¥1,000（益）

3．為替予約の処理

買掛金は輸入取引時の直物為替相場で計上されていますが、為替予約によって、将来の買掛金決済時の換算額が固定されるので、差額を「為替差損益」として借方計上します。

輸入取引時：@ ¥105 × 200ドル＝ ¥21,000

為替予約：@ ¥110 × 200ドル＝ ¥22,000

為替差損益：¥22,000 − ¥21,000 ＝ ¥1,000（損）

4．為替予約の処理（事前・同時予約）

為替予約を取引の発生前、あるいは同時に行った場合、取引の金額を予約のレートで換算します。為替予約のレートで換算すると、決済の時にその金額で決済されるため、為替差損益は生じなくなります（決算時の換算替えも不要です）。

@ ¥108 × 300ドル＝ ¥32,400

問7

1	研 究 開 発 費	1,700,000	普 通 預 金	1,700,000
2	研 究 開 発 費	700,000	未 払 金 当 座 預 金 普 通 預 金	220,000 140,000 340,000
3	仕 入 研 究 開 発 費 仮 払 消 費 税	1,000,000 800,000 180,000	買 掛 金 未 払 金	1,100,000 880,000

◆**解　説**◆

1．研究開発目的の支出は、すべて研究開発費で処理します。２．も同様です。

3．商品と、研究開発目的で使用する測定機器備品は分けて処理をします。消費税の処理を忘れないようにしましょう。

問8

	仕	訳		
	借 方 科 目	金 額	貸 方 科 目	金 額
1	未 払 法 人 税 等 未 払 消 費 税	250,000 32,000	当 座 預 金	282,000
2	仕 入 仮 払 消 費 税	22,000 2,200	買 掛 金	24,200
3	売 掛 金	49,500	売 上 仮 受 消 費 税	45,000 4,500
4	仮 払 法 人 税 等 仮 払 消 費 税	120,000 15,000	当 座 預 金	135,000
5	普 通 預 金 仮 払 法 人 税 等	2,008,000 2,000	定 期 預 金 受 取 利 息	2,000,000 10,000
6	当 座 預 金 仮 払 法 人 税 等	57,600 14,400	受 取 配 当 金	72,000
7	未 払 固 定 資 産 税	21,500	現 金	21,500
8	仮 受 消 費 税	222,000	仮 払 消 費 税 未 払 消 費 税	209,000 13,000
9	法 人 税 等	300,000	仮 払 法 人 税 等 未 払 法 人 税 等	120,000 180,000

◆**解　説**◆

1．会社の法人税等や消費税の最終的な納付期限は、原則として決算日後２か月以内です。よって、前期の法人税や消費税の未払額は当期に納めることになります。

2．税抜方式では、消費税の仮払額を仮払消費税勘定（資産）で処理します。

3．税抜方式では、消費税の仮受額を仮受消費税勘定（負債）で処理します。

4．法人税等の中間申告納付額は仮払法人税等勘定（資産）、消費税の中間申告納付額は仮払消費税勘定（資産）で処理します。仮払金勘定を用いることもありますが、本問では勘定科目が指定されています。

5．受取利息は源泉所得税控除前の金額で計上し、源泉所得税は仮払法人税等勘定で処理します。

　　源泉所得税控除前の利息　￥2,000,000 × 0.5% = ￥**10,000**

　　源泉所得税　￥10,000 × 20% = ￥**2,000**

6．源泉所得税控除前の配当金　￥57,600 ÷（100% − 20%）= ￥**72,000**

　　源泉所得税　￥72,000 × 20% = ￥**14,400**

7．￥86,000 ÷ 4 = ￥**21,500**

8．仮払消費税　￥194,000 ＋ ￥15,000（中間申告納付による仮払）= ￥**209,000**

　　未払消費税　￥222,000（仮受消費税）− ￥209,000（仮払消費税）= ￥**13,000**

9．未払法人税等　￥300,000 − ￥120,000（中間申告納付による仮払）= ￥**180,000**

問 9

	仕		訳	
	借方科目	金額	貸方科目	金額
1	賞与引当金繰入	80,000	賞与引当金	80,000
2	売上割戻引当金繰入	30,000	売上割戻引当金	30,000
3	売上割戻引当金 売上割戻	20,000 5,000	現金	25,000
4	売上割戻引当金繰入	23,000	売上割戻引当金	23,000
5	商品保証引当金繰入	15,000	商品保証引当金	15,000
6	商品保証引当金	13,000	貯蔵品 現金	3,000 10,000
7	商品保証引当金 商品保証引当金繰入	2,000 16,500	商品保証引当金戻入 商品保証引当金	2,000 16,500
8	返品調整引当金繰入	72,000	返品調整引当金	72,000

◈解　説◈

2．¥ 1,000,000 × 3% = **¥ 30,000**

なお、損益計算書では、売上高から売上割戻引当金繰入の金額を控除します。よって、次のように仕訳することもあります（本問では売上割戻引当金繰入勘定を用いることが指示されています）。

（売　　上）　30,000　（売上割戻引当金）　30,000

3．前期の売上にかかる売上割戻については売上割戻引当金の減少として、また、当期の売上にかかる売上割戻については問題の指示により売上割戻勘定（費用）で処理します。

4．¥ 1,100,000 × 3% −（¥ 30,000 − ¥ 20,000）= **¥ 23,000**

引当金残高

5．¥ 1,500,000 × 1% = **¥ 15,000**

6．商品保証の対象となっている商品に修理依頼があった場合には、修理にかかった金額（貯蔵品の消費額や現金支出額）について、商品保証引当金の減少の処理をします。

7．洗替法によるため、前期に設定した商品保証引当金は取り崩し、商品保証引当金戻入勘定で処理します。

8．返品調整引当金は、翌期に予想される返品に含まれる利益額を当期の利益の減少として処理するために設定する引当金です。その金額は返品予想額に利益率（売上総利益率）を掛けて求めます。

¥ 240,000 ×（100% − 70%）= **¥ 72,000**

利益率 30%

・・・・・・ Memorandum Sheet ・・・・・・

●第2問　傾向と対策　解答・解説●

問1

銀行勘定調整表

×8年3月31日　　　　　　　　　　　　　　　　　（単位：円）

企業の当座預金勘定の残高	（	1,250,900	）	銀行の残高証明書の残高	（	1,490,300	）
加算：［　①　］	（	158,000	）	加算：［　④　］	（	50,000	）
減算：［　③　］	（	63,800	）	減算：［　②　］	（	195,200	）
	（	1,345,100	）		（	1,345,100	）

当　座　預　金　　　　　　　　　　　　　　　　4

×8年		摘　要	仕丁	借　方	貸　方	借または貸	残　高
3	1	前　月　繰　越	✓	1,490,300		借	1,490,300
	7	買　　掛　　金	5		158,000	〃	1,332,300
	16	仕　　　　　入	8		195,200	〃	1,137,100
	28	売　　　　　上	10	63,800		〃	1,200,900
	31	現　　　　　金	15	50,000		〃	1,250,900
	〃	買　　掛　　金	15	158,000		〃	1,408,900
	〃	現　　　　　金	15		63,800	〃	1,345,100
	〃	次　期　繰　越	✓		1,345,100		
				1,762,100	1,762,100		
4	1	前　期　繰　越	✓	1,345,100		借	1,345,100

◈解　説◈

　銀行勘定調整表の作成と当座預金勘定への記入の問題です。銀行勘定調整表の作成では、帳簿残高と銀行残高の不一致原因について、企業側の調整項目なのか銀行側の調整項目なのかをすぐに判断できるようにしておきましょう。

不一致原因①：未渡小切手　　→　企業側の調整項目　　　　不一致原因③：誤記入　　　　→　企業側の調整項目
不一致原因②：未取付小切手　→　銀行側の調整項目　　　　不一致原因④：時間外預入　→　銀行側の調整項目

　決算整理仕訳が必要となるのは、上記のうち企業側の調整項目である①と③です。
　　①についての決算整理仕訳　　　　　　　　　　　③についての決算整理仕訳
　　当座預金　158,000　買掛金　158,000　　　　　現　金　63,800　当座預金　63,800

　これらの決算整理仕訳を当座預金勘定に転記し、英米式決算法により締め切ります。なお、前期繰越と次期繰越は、転記による記入ではないため、仕丁欄には「✓」を記入します。

問2
(1)

総　勘　定　元　帳

売　掛　金

4/1	前　期　繰　越		1,200,000	4/16	（　諸　　　　　口　）	（	2,750,000	）
（　10）	（　売　　　　　上　）	（	2,750,000	）	（　25）	（　電子記録債権　）	（	1,000,000	）
（　20）	（　売　　　　　上　）	（	3,325,000	）	30	次　月　繰　越	（	3,525,000	）
		（	7,275,000	）			（	7,275,000	）

不許複製・禁無断転載　　　　　　　　　　　　　　― 40 ―

		商	品		
4/1	前 期 繰 越	(1,500,000)	4/10	(売 上 原 価)	(2,125,000)
5	諸 口	(1,650,000)	20	(売 上 原 価)	(2,045,000)
15	(諸 口)	(1,860,000)	30	棚 卸 減 耗 損	(20,000)
			30	商 品 評 価 損	(15,000)
			30	(次 月 繰 越)	(805,000)
		(5,010,000)			(5,010,000)

(2)

当月の売上高	¥ 6,075,000	当月の売上原価	¥ 4,205,000

◆解　説◆
　商品売買に係る一連の取引に関する問題です。収益の認識基準（出荷基準）、払い出し単価の決定方法（先入先出法）、記帳方法（売上原価対立法）、棚卸減耗損・商品評価損の処理方法など、注意事項をよく確認して解答しましょう。各商品の動きと各取引の仕訳は以下の通りです。

甲商品

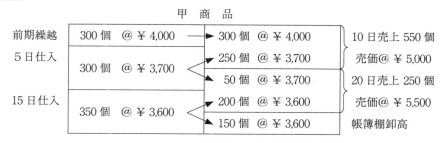

乙商品

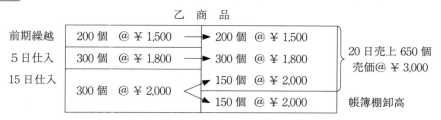

4月1日　前期繰越
　　甲商品：@¥4,000 × 300個 = ¥1,200,000　　乙商品：@¥1,500 × 200個 = ¥300,000
　　¥1,200,000 + ¥300,000 = ¥1,500,000

4月5日　仕入①
　　商　　　品　　1,650,000 *　　前　払　金　　650,000
　　　　　　　　　　　　　　　　　　買　掛　金　　1,000,000
　　*　甲商品：@¥3,700 × 300個 = ¥1,110,000　　乙商品：@¥1,800 × 300個 = ¥540,000
　　　　¥1,110,000 + ¥540,000 = ¥1,650,000

4月10日　売上①
　　売　掛　金　　2,750,000　　売　　　上　　2,750,000 *
　　売 上 原 価　　2,125,000 **　商　　　品　　2,125,000
　　*　甲商品：@¥5,000 × 550個 = ¥2,750,000
　　**　甲商品：@¥4,000 × 300個 = ¥1,200,000　　@¥3,700 × 250個 = ¥925,000
　　　　¥1,200,000 + ¥925,000 = ¥2,125,000

4月15日　仕入②
　　商　　　品　　1,860,000 *　　受 取 手 形　　900,000
　　　　　　　　　　　　　　　　　　買　掛　金　　960,000
　　*　甲商品：@¥3,600 × 350個 = ¥1,260,000　　乙商品：@¥2,000 × 300個 = ¥600,000
　　　　¥1,260,000 + ¥600,000 = ¥1,860,000

4月16日　売掛金回収（売上割引）

$$現\quad 金\quad 2,747,250^{**}\qquad 売\quad 掛\quad 金\quad 2,750,000$$
$$売\quad 上\quad 割\quad 引\quad 2,750^{*}$$

* ￥2,750,000 × 0.1％ ＝ ￥2,750
** ￥2,750,000 － ￥2,750 ＝ ￥2,747,250

4月20日　売上②

$$売\quad 掛\quad 金\quad 3,325,000\qquad 売\qquad 上\quad 3,325,000^{*}$$
$$発\quad 送\quad 費\quad 8,000\qquad 現\qquad 金\quad 8,000$$
$$売\quad 上\quad 原\quad 価\quad 2,045,000^{**}\qquad 商\qquad 品\quad 2,045,000$$

* 甲商品：＠￥5,500 × 250 個 ＝ ￥1,375,000　　乙商品：＠￥3,000 × 650 個 ＝ ￥1,950,000
　￥1,375,000 ＋ ￥1,950,000 ＝ ￥3,325,000
** 甲商品：＠￥3,700 × 50 個 ＝ ￥185,000　　＠￥3,600 × 200 個 ＝ ￥720,000
　乙商品：＠￥1,500 × 200 個 ＝ ￥300,000　　＠￥1,800 × 300 個 ＝ ￥540,000
　　　　　＠￥2,000 × 150 個 ＝ ￥300,000
　￥185,000 ＋ ￥720,000 ＋ ￥300,000 ＋ ￥540,000 ＋ ￥300,000 ＝ ￥2,045,000

4月25日　売掛金回収（電子記録債権）

$$電\ 子\ 記\ 録\ 債\ 権\quad 1,000,000\qquad 売\quad 掛\quad 金\quad 1,000,000$$

4月30日　月次決算

$$商\ 品\ 評\ 価\ 損\quad 15,000^{*}\qquad 商\qquad 品\quad 15,000$$
$$棚\ 卸\ 減\ 耗\ 損\quad 20,000^{**}\qquad 商\qquad 品\quad 20,000$$
$$売\ 上\ 原\ 価\quad 35,000\qquad 商\ 品\ 評\ 価\ 損\quad 15,000$$
$$棚\ 卸\ 減\ 耗\ 損\quad 20,000$$

帳簿残高　甲商品：＠￥3,600 × 150 個 ＝ ￥540,000　　乙商品：＠￥2,000 × 150 個 ＝ ￥300,000
* 甲商品：（＠￥3,600 －＠￥3,500）× 150 個 ＝ ￥15,000
** 乙商品：＠￥2,000 ×（150 個－140 個）＝ ￥20,000
次期繰越：￥540,000 ＋ ￥300,000 － ￥15,000 － ￥20,000 ＝ ￥805,000
当月の売上高：￥2,750,000 ＋ ￥3,325,000 ＝ **￥6,075,000**
当月の売上原価：￥2,125,000 ＋ ￥2,045,000 ＋ ￥35,000 ＝ **￥4,205,000**

問3

(1)

総勘定元帳

建物

4/1	前期繰越	（7,392,000）	3/31	（減価償却費）	（176,000）
			3/31	（次期繰越）	（7,216,000）
		（7,392,000）			（7,392,000）

機械装置

10/1	（諸口）	1,500,000	10/2	（固定資産圧縮損）	（750,000）
			3/31	減価償却費	（150,000）
			3/31	（次期繰越）	（600,000）
		（1,500,000）			（1,500,000）

リース資産

4/1	（リース債務）	2,400,000	3/31	減価償却費	（480,000）
			3/31	（次期繰越）	（1,920,000）
		（2,400,000）			（2,400,000）

(2)

仕		訳	
借 方 科 目	金 額	貸 方 科 目	金 額
リ ー ス 債 務	480,000	普 通 預 金	576,000
支 払 利 息	96,000		

◆ **解 説** ◆

　固定資産に係る取引に関する問題です。減価償却の記帳方法、それぞれの減価償却の方法などに注意して解答しましょう。先に問の内容と解答欄を確認しておくと効率よく解けます。各取引の仕訳は以下の通りです。

4月1日　前期繰越
　　建物：×0年4月1日～×8年3月31日まで8年分償却済み
　　¥8,800,000 ÷ 50年 = ¥176,000　（年間の償却額）
　　¥8,800,000 - (¥176,000 × 8年) = ¥7,392,000

4月1日　リース取引開始
　　利子抜き法を適用するため見積現金購入価額を取得価額とします。
　　　リ ー ス 資 産　2,400,000　　　リ ー ス 債 務　2,400,000

6月30日　国庫補助金受入
　　　普 通 預 金　　750,000　　　国庫補助金受贈益　750,000

10月1日　機械装置購入
　　　機 械 装 置　1,500,000　　　現　　　　　金　600,000
　　　　　　　　　　　　　　　　　　営業外支払手形　900,000

10月2日　圧縮記帳処理
　　　固定資産圧縮損　750,000　　　機 械 装 置　750,000

3月31日　リース料支払　…(2)
　　　リ ー ス 債 務　480,000　　　普 通 預 金　576,000
　　　支 払 利 息　　96,000*
　　* ¥576,000 × 5年 = ¥2,880,000　（リース料総額）
　　　¥2,880,000 - ¥2,400,000 = ¥480,000　（利息相当額）
　　　¥480,000 ÷ 5年 = ¥96,000　（1年の利息配分額）

3月31日　決算整理手続
　　機械装置は圧縮記帳後の取得原価で減価償却をします。また、所有権移転外ファイナンス・リース取引のリース資産は、残存価額ゼロ、リース期間を耐用年数として、減価償却をします。
　　　減 価 償 却 費　806,000　　　建　　　　　物　176,000
　　　　　　　　　　　　　　　　　　機 械 装 置　150,000*
　　　　　　　　　　　　　　　　　　リ ー ス 資 産　480,000**

　　* (¥1,500,000 - ¥750,000) × 0.400 × $\dfrac{6か月}{12か月}$ = ¥150,000
　　** ¥2,400,000 ÷ 5年 = ¥480,000

問 4

売 買 目 的 有 価 証 券　　　　7

日付			摘　要	仕丁	借　方	貸　方	借または貸	残　高
年	月	日						
×6	5	1	未　　払　　金	3	1,972,000		借	1,972,000
	10	31	諸　　　　　口	10		591,600	〃	1,380,400
×7	3	31	有 価 証 券 評 価 益	18	2,800		〃	1,383,200
		〃	次　期　繰　越	✓		1,383,200		
					1,974,800	1,974,800		
×7	4	1	前　期　繰　越	✓	1,383,200		借	1,383,200

有 価 証 券 利 息　　　　38

日付			摘　要	仕丁	借　方	貸　方	借または貸	残　高
年	月	日						
×6	5	1	未　　払　　金	3	2,400		借	2,400
	6	30	普　通　預　金	6		3,600	貸	1,200
	10	31	未　収　入　金	10		720	〃	1,920
	12	31	普　通　預　金	14		2,520	〃	4,440
×7	3	31	未 収 有 価 証 券 利 息	18		1,260	〃	5,700
		〃	損　　　　　益	〃	5,700			
					8,100	8,100		
×7	4	1	未 収 有 価 証 券 利 息	1	1,260		借	1,260

◈解　説◈

有価証券に係る一連の取引の流れを問う問題です。一つひとつの取引を丁寧に読み取り、仕訳をしましょう。仕訳のつど、売買目的有価証券勘定および有価証券利息勘定に記入していくと効率よく解けます。

×６年

５月１日(購入)

売買目的有価証券	1,972,000 ＊1	未払金	1,974,400 ＊2
有価証券利息	2,400		

＊１　$¥2,000,000 \times \frac{¥98.60}{¥100} = ¥1,972,000$

＊２　¥1,972,000 ＋ ¥2,400 ＝ ¥1,974,400

６月30日(利息の受取り)

普通預金	3,600	有価証券利息	3,600 ＊

＊　$¥2,000,000 \times 0.36\% \times \frac{6か月(×6\ 1/1〜6/30)}{12か月} = ¥3,600$

10月31日(売却)

未収入金	585,000 ＊2	売買目的有価証券	591,600 ＊1
有価証券売却損	6,600 ＊3		
未収入金	720	有価証券利息	720

＊１　$¥1,972,000 \times \frac{¥600,000}{¥2,000,000} = ¥591,600$

＊２　$¥600,000 \times \frac{¥97.50}{¥100} = ¥585,000$

＊３　¥585,000(売却価額) － ¥591,600(帳簿価額) ＝△¥6,600(売却損)

12月31日(利息の受取り)

普通預金	2,520	有価証券利息	2,520 ＊

＊　$(¥2,000,000 - ¥600,000) \times 0.36\% \times \frac{6か月(×6\ 7/1〜12/31)}{12か月} = ¥2,520$

×７年

３月31日(評価替え)

売買目的有価証券	2,800	有価証券評価益	2,800 ＊

＊　時　　価：$(¥2,000,000 - ¥600,000) \times \frac{¥98.80}{¥100} = ¥1,383,200$

帳簿価額：¥1,972,000 － ¥591,600 ＝ ¥1,380,400

評価損益：¥1,383,200(時価) － ¥1,380,400(帳簿価額) ＝ ¥2,800(評価益)

３月31日(利息の未収計上)

未収有価証券利息	1,260	有価証券利息	1,260 ＊

＊　$(¥2,000,000 - ¥600,000) \times 0.36\% \times \frac{3か月(×7\ 1/1〜3/31)}{12か月} = ¥1,260$

３月31日(決算振替仕訳)

有価証券利息	5,700	損益	5,700 ＊

＊　△¥2,400 ＋ ¥3,600 ＋ ¥720 ＋ ¥2,520 ＋ ¥1,260 ＝ ¥5,700

４月１日(再振替仕訳)

有価証券利息	1,260	未収有価証券利息	1,260

問5

株　主　資　本　等　変　動　計　算　書
自×1年4月1日　至×2年3月31日
（単位：千円）

| | 株　　主　　資　　本 | | | |
| | 資本金 | 資　本　剰　余　金 | | |
		資本準備金	その他資本剰余金	資本剰余金合計
当 期 首 残 高	30,000	2,500	1,200	3,700
当 期 変 動 額				
剰 余 金 の 配 当		（　　75）	（　△825）	（　△750）
別途積立金の積立て				
新 株 の 発 行	（　1,050）	（　1,050）		（　1,050）
当 期 純 利 益				
株主資本以外の項目の当期変動額（純額）				
当 期 変 動 額 合 計	（　1,050）	（　1,125）	（　△825）	（　300）
当 期 末 残 高	（　31,050）	（　3,625）	（　375）	（　4,000）

（下段へ続く）

（上段より続く）

	株　　主　　資　　本					評価・換算差額等		
	利　益　剰　余　金				株主資本合計	その他有価証券評価差額金	評価・換算差額等合計	純資産合計
	利益準備金	その他利益剰余金		利益剰余金合計				
		別途積立金	繰越利益剰余金					
当 期 首 残 高	500	200	4,000	4,700	38,400	140	140	38,540
当 期 変 動 額								
剰 余 金 の 配 当	（　225）		（△2,475）	（△2,250）	（△3,000）			（△3,000）
別途積立金の積立て		（　180）	（△180）	—	—			—
新 株 の 発 行					（　2,100）			（　2,100）
当 期 純 利 益			（　3,000）	（　3,000）	（　3,000）			（　3,000）
株主資本以外の項目の当期変動額（純額）						（　350）	（　350）	（　350）
当 期 変 動 額 合 計	（　225）	（　180）	（　345）	（　750）	（　2,100）	（　350）	（　350）	（　2,450）
当 期 末 残 高	（　725）	（　380）	（　4,345）	（　5,450）	（　40,500）	（　490）	（　490）	（　40,990）

◈ 解　説 ◈

株主資本等変動計算書を作成する問題です。問題と答案用紙の金額の単位の違い、金額が負の値になるときは△をつけることなどに注意して解答しましょう。各取引の仕訳は以下の通りです（仕訳の単位は千円）。

1．剰余金の配当

会社法の規定により、株主配当金の10分の1の金額を、資本準備金と利益準備金の合計額が資本金の金額の4分の1に達するまで、準備金として積み立てます。

その他資本剰余金	825 [*2]	未 払 配 当 金	750
		資 本 準 備 記	75 [*1]
繰越利益剰余金	2,475 [*3]	未 払 配 当 金	2,250
		利 益 準 備 金	225 [*1]

* 1　$30,000 千円 \times \dfrac{1}{4} = 7,500 千円$　（資本金の額の4分の1）

　　$7,500 千円 - (2,500 千円 + 500 千円) = 4,500 千円$　（積立上限額）… ①

　　$3,000 千円 \times \dfrac{1}{10} = 300 千円$　（株主配当金の10分の1）… ②

　　①＞②より、準備金の積立額は②となり、各配当財源の10分の1をそれぞれ準備金として積み立てます。

* 2　750 千円 + 75 千円 = 825 千円　　　　* 3　2,250 千円 + 225 千円 = 2,475 千円

不許複製・禁無断転載

2．別途積立金の積立て

| 繰越利益剰余金 | 180 | 別 途 積 立 金 | 180 |

3．新株の発行（増資）

| 当 座 預 金 | 2,100 | 資 本 金 | 1,050 |
| | | 資 本 準 備 金 | 1,050 |

4．株主資本以外（その他有価証券の評価替え）

その他有価証券の評価替えは必ず洗替法で処理します。

前期末　その他有価証券　200 *　　繰延税金負債　60
　　　　　　　　　　　　　　　　　　その他有価証券評価差額金　140

再振替　繰延税金負債　60　　その他有価証券　200
　　　　その他有価証券評価差額金　140

当期末　その他有価証券　700　　繰延税金負債　210
　　　　　　　　　　　　　　　　その他有価証券評価差額金　490 **

* 140千円 ÷ 0.7 ＝ 200千円　（前期末の評価差額：評価益相当）
2,000千円 － 200千円 ＝ 1,800千円　（取得原価）
** 2,500千円 － 1,800千円 ＝ 700千円　（当期末の評価差額：評価益相当）
700千円 × 0.7 ＝ 490千円

5．当期純利益の振替

| 損 益 | 3,000 | 繰越利益剰余金 | 3,000 |

問 6

（単位：円）

借 方 科 目	金 額	貸 方 科 目	金 額
諸 資 産	32,000,000	諸 負 債	15,000,000
		資 本 金	8,000,000
		資 本 準 備 金	4,000,000
		負ののれん発生益	5,000,000

◆解 説◆

合併で承継した資産と負債は時価で受け入れます。

①承継した諸資産と諸負債の差額＜株主資本の増加額……のれん　（無形固定資産）
②承継した諸資産と諸負債の差額＞株主資本の増加額……負ののれん発生益　（特別利益）

本問では②になります。

諸 資 産　32,000,000　　諸 負 債　15,000,000
　　　　　　　　　　　　　資 本 金　8,000,000 *
　　　　　　　　　　　　　資 本 準 備 金　4,000,000 *
　　　　　　　　　　　　　負ののれん発生益　5,000,000 **

* @ ￥300 × 40,000株 ＝ ￥12,000,000　（株主資本の増加額）
@ ￥200 × 40,000株 ＝ ￥8,000,000　（資本金）
@ ￥100 × 40,000株 ＝ ￥4,000,000　（資本準備金）
** ￥32,000,000 － ￥15,000,000 ＝ ￥17,000,000　（継承した諸資産と諸負債の差額）
￥17,000,000 － ￥12,000,000 ＝ ￥5,000,000　（負ののれん発生益）

問7

×3年度　　　　　　　　　連　結　精　算　表　　　　　　　　（単位：千円）

科　　　目	個別財務諸表 P　社	個別財務諸表 S　社	修正・消去 借　方	修正・消去 貸　方	連結財務諸表
貸　借　対　照　表					連結貸借対照表
売　　掛　　金	378,000	280,000		18,000	640,000
商　　　　　品	80,000	20,000		2,000	98,000
土　　　　　地	1,382,000	120,000		2,000	1,500,000
S　社　株　式	160,000	－		160,000	
［の　れ　ん］			52,000	5,200	41,600
				5,200	
資　産　合　計	2,000,000	420,000	52,000	192,400	2,279,600
買　　掛　　金	（　200,000　）	（　180,000　）	18,000		（　362,000　）
資　　本　　金	（1,000,000　）	（　120,000　）	120,000		（1,000,000　）
資　本　剰　余　金	（　500,000　）	（　40,000　）	40,000		（　500,000　）
利　益　剰　余　金	（　300,000　）	（　80,000　）	20,000	16,000	（　322,400　）
			5,200		
			8,000		
			1,400		
			▶ 91,200	52,200	
非　支　配　株　主　持　分			6,400	72,000	（　95,200　）
			800	8,000	
				22,400	
負　債・純　資　産　合　計	（2,000,000　）	（　420,000　）	311,000	170,600	（2,279,600　）
損　益　計　算　書					連結損益計算書
売　　上　　高	（1,440,000　）	（1,000,000　）	50,000		（2,390,000　）
売　　上　　原　　価	1,080,000	702,000	2,000	50,000	1,732,600
				1,400	
販売費及び一般管理費	240,000	277,000			517,000
［の　れ　ん］償却			5,200		5,200
営　業　外　収　益	（　54,000　）	（　56,600　）	9,600		（　101,000　）
営　業　外　費　用	74,000	23,600			97,600
固　定　資　産　売　却　益		（　2,000　）	2,000		
当　期　純　利　益	（　100,000　）	（　56,000　）	68,800	51,400	（　138,600　）
非支配株主に帰属する当期純利益			22,400	800	21,600
親会社株主に帰属する当期純利益	（　100,000　）	（　56,000　）	91,200	52,200	（　117,000　）

＊　矢印（→）は、解答するさいに金額を移記するものです。

◈解　説◈

　連結精算表の問題です。本問では修正仕訳のすべての金額を記入できるような精算表にしましたが、本試験などでは、ある程度仕訳の金額を集計して記入する答案用紙であることがほとんどなので、金額を間違わないように記入しましょう。また、本問では連結株主資本等変動計算書を作成しないため、純資産科目の「当期首残高」「当期変動額」の区別は必要ありませんが、解説の仕訳では表示しておきます。各連結修正仕訳は以下の通りです（仕訳の単位は千円）。

不許複製・禁無断転載

連結開始仕訳

①投資と資本の相殺消去

資本金当期首残高	120,000	S 社 株 式	160,000
資本剰余金当期首残高	40,000	非支配株主持分当期首残高	72,000 **
利益剰余金当期首残高	20,000		
の れ ん	52,000 *		

* （120,000 千円 + 40,000 千円 + 20,000 千円）× 60% = 108,000 千円 （P社持分）
  160,000 千円 − 108,000 千円 = 52,000 千円
** （120,000 千円 + 40,000 千円 + 20,000 千円）× 40% = 72,000 千円

②のれんの償却

| 利益剰余金当期首残高 | 5,200 * | の れ ん | 5,200 |
| のれん償却 | | | |

* 52,000 千円 ÷ 10 年 = 5,200 千円

③利益剰余金の非支配株主持分への振替え

| 利益剰余金当期首残高 | 8,000 * | 非支配株主持分当期首残高 | 8,000 |
| 非支配株主に帰属する当期純利益 | | | |

* 80,000 千円 −（56,000 千円 − 16,000 千円）= 40,000 千円 （利益剰余金の×3年度期首残高）
  40,000 千円 − 20,000 千円 = 20,000 千円 （支配獲得時から×3年度期首までの利益剰余金増加額）
  20,000 千円 × 40% = 8,000 千円　　　　　　　　　×2年度

当期の連結修正仕訳

①のれんの償却

| の れ ん 償 却 | 5,200 | の れ ん | 5,200 |

②S 社の当期（×3年度）純利益の非支配株主持分への振替え

| 非支配株主に帰属する当期純利益 | 22,400 * | 非支配株主持分当期変動額 | 22,400 |

* 56,000 千円 × 40% = 22,400 千円

③S 社の配当の修正

営 業 外 収 益	9,600 *	利益剰余金当期変動額	16,000
受取配当金		株主配当金	
非支配株主持分当期変動額	6,400 **		

* 16,000 千円 × 60% = 9,600 千円
** 16,000 千円 × 40% = 6,400 千円

④売掛金と買掛金の相殺消去

| 買 掛 金 | 18,000 | 売 掛 金 | 18,000 |

⑤売上と売上原価の相殺消去

| 売 上 高 | 50,000 | 売 上 原 価 | 50,000 |
| | | 当期商品仕入高 | |

⑥期首商品の未実現利益の修正（ダウンストリーム）

| 利益剰余金当期首残高 | 1,400 * | 売 上 原 価 | 1,400 * |
| 売上原価 | | | |

* 7,000 千円 × 20% = 1,400 千円

⑦期末商品の未実現利益の消去（ダウンストリーム）

| 売 上 原 価 | 2,000 * | 商 品 | 2,000 * |

* 10,000 千円 × 20% = 2,000 千円

⑧土地売却に係る未実現利益の消去（アップストリーム）

| 固 定 資 産 売 却 益 | 2,000 * | 土 地 | 2,000 |
| 非支配株主持分当期変動額 | 800 | 非支配株主に帰属する当期純利益 | 800 ** |

* 20,000 千円 − 18,000 千円 = 2,000 千円
** 2,000 千円 × 40% = 800 千円

連結株主資本等変動計算書の記入欄がある場合は、純資産の項目は「当期首残高」と「当期変動額」を分けて処理します（以下、連結精算表の該当部分のみ抜粋）。

×3年度　　　　　　　　　　　連　結　精　算　表　　　　　　　　（単位：千円）

科　　　　　目	個別財務諸表		修正・消去		連結財務諸表
	P　社	S　社	借　方	貸　方	
貸 借 対 照 表					連結貸借対照表
利 益 剰 余 金	（　300,000　）	（　80,000　）	125,800	68,200	（　322,400　）
非 支 配 株 主 持 分			7,200	102,400	（　95,200　）
損 益 計 算 書					連結損益計算書
当 期 純 利 益	（　100,000　）	（　56,000　）	68,800	51,400	（　138,600　）
非支配株主に帰属する当期純利益			22,400	800	21,600　）
親会社株主に帰属する当期純利益	（　100,000　）	（　56,000　）	91,200	52,200	（　117,000　）
株主資本等変動計算書					連結株主資本等変動計算書
利益剰余金当期首残高	（　230,000　）	（　40,000　）	20,000		（　235,400　）
			5,200		
			8,000		
			1,400		
配 当 金	30,000	16,000		16,000	30,000
親会社株主に帰属する当期純利益	（　100,000　）	（　56,000　）	91,200	52,200	（　117,000　）
利益剰余金当期末残高	（　300,000　）	（　80,000　）	125,800	68,200	（　322,400　）
非支配株主持分当期首残高				72,000	（　80,000　）
				8,000	
非支配株主持分当期変動額			6,400	22,400	（　15,200　）
			800		
非支配株主持分当期末残高			7,200	102,400	（　95,200　）

＊　親会社の配当は 30,000 千円と仮定。　　　＊　矢印（→）は、解答するさいに金額を移記するものです。

不許複製・禁無断転載

●第3問　傾向と対策　解答・解説●

問1

精　算　表

勘定科目	試算表 借方	試算表 貸方	修正記入 借方	修正記入 貸方	損益計算書 借方	損益計算書 貸方	貸借対照表 借方	貸借対照表 貸方
繰越商品	182,500		① 200,000	① 182,500			180,500	
				② 10,000				
				② 9,500				
仕掛品	970,000		④ 430,000	③ 300,000			1,100,000	
仕入	896,000		① 182,500	① 200,000	888,000			
			② 9,500					
役務原価	5,200,000		③ 300,000	④ 430,000	5,070,000			
棚卸減耗損			② 10,000		10,000			
商品評価損			② 9,500	② 9,500				

◈解　説◈

① 売上原価を算定するさいの期末商品棚卸高は、帳簿残高です。

仕　　　入	**182,500**	繰　越　商　品	**182,500**
繰　越　商　品	**200,000***	仕　　　入	**200,000**

* ＠￥100 × 2,000 個 = ￥200,000

② 棚卸資産に関する費用を繰越商品から減らして計上します。さらに、商品評価損を売上原価に振り替えます。

棚　卸　減　耗　損	**10,000***	繰　越　商　品	**10,000**
商　品　評　価　損	**9,500****	繰　越　商　品	**9,500**
仕　　　入	**9,500**	商　品　評　価　損	**9,500**

* ＠￥100 ×（2,000 個 − 1,900 個）= ￥10,000
** （＠￥100 − ＠￥95）× 1,900 個 = ￥9,500

③ 請求（売上計上）された工事等に対する費用は、仕掛品勘定から役務原価勘定へ振り替えます。

役　務　原　価	**300,000**	仕　掛　品	**300,000**

④ 未完成の工事等に対する費用は、役務原価勘定から仕掛品勘定へ振り替えます。

仕　掛　品	**430,000**	役　務　原　価	**430,000**

問2

精　算　表

勘定科目	試算表 借方	試算表 貸方	修正記入 借方	修正記入 貸方	損益計算書 借方	損益計算書 貸方	貸借対照表 借方	貸借対照表 貸方
現金預金	666,800		② 43,200				710,000	
売掛金	674,400			① 110,000			520,000	
				② 44,000				
				③ 400				
貸倒引当金		62,000	① 60,000	④ 41,200				43,200
長期貸付金	105,000						105,000	
貸倒引当金				⑤ 3,150				3,150
為替差損益		500	② 800			700		
			③ 400					
貸倒損失			① 50,000		50,000			
貸倒引当金繰入			④ 41,200		41,200			
			⑤ 3,150		3,150			

損　益　計　算　書			貸　借　対　照　表			
Ⅲ　販売費及び一般管理費			Ⅰ　流　動　資　産			
貸 倒 引 当 金 繰 入	（	41,200　）	現　金　預　金		（	710,000　）
貸　倒　損　失	（	50,000　）	売　　掛　　金（	520,000　）		
Ⅴ　営　業　外　費　用			貸 倒 引 当 金（	43,200　）（		476,800　）
貸 倒 引 当 金 繰 入	（	3,150　）	Ⅱ　固　定　資　産			
（為　替　差　損）（		700　）	長　期　貸　付　金（	105,000　）		
			貸 倒 引 当 金（	3,150　）（		101,850　）

◆解　説◆

　貸倒引当金に関する問題です。決算にあたっての修正事項に売掛金等に関する処理があるときや、貸倒れの処理等があるときには、貸倒引当金の設定額・繰入額に影響するので注意しましょう。また、外貨建ての通貨・預金や営業債権・債務があるときには、期末に換算替えが必要となります。各取引の仕訳は以下の通りです。

①売掛金の貸倒れ処理

　貸し倒れた売掛金が前期に発生したものであれば、まず貸倒引当金を取り崩します。貸倒引当金の残高よりも貸し倒れた金額が大きいときや、当期に発生した売掛金の貸倒れは、貸倒損失勘定で処理します。

貸 倒 引 当 金	60,000	売　　掛　　金	110,000
貸　倒　損　失	50,000		

②外貨建て売掛金の入金

　売上時に計上した売掛金の金額と、入金時の換算額との差額は為替差損益で処理します。

現　金　預　金	43,200 **	売　　掛　　金	44,000 *
為　替　差　損　益	800		

　　＊　　@￥110×400ドル＝￥44,000　（売上時）
　＊＊　　@￥108×400ドル＝￥43,200　（入金時）

③外貨建て売掛金の換算替え

　外貨建ての売掛金は、決算時の為替相場で換算替えし、差額は為替差損益で処理します。

為　替　差　損　益	400 *	売　　掛　　金	400

　　＊　@￥107×200ドル＝￥21,400　（売上時）　　　@￥105×200ドル＝￥21,000　（決算時）
　　　　￥21,000－￥21,400＝△￥400　（為替差損）

④貸倒引当金の設定（売掛金）

　債務者の財務状態が悪化し、貸倒れの危険性がある一部の売掛金については、個別に回収不能額を見積もり、貸倒引当金を設定する場合があります。その場合は、その他の売掛金と分けて設定額を計算します。

貸 倒 引 当 金 繰 入	41,200 *	貸 倒 引 当 金	41,200

　＊　￥674,400－（￥110,000＋￥44,000＋￥400）＝￥520,000　（貸借対照表の売掛金残高）
　　　甲　社：（￥200,000－￥120,000）×50％＝￥40,000
　　　その他：（￥520,000－￥200,000）×1％＝￥3,200
　　　￥40,000＋￥3,200－（￥62,000－￥60,000）＝￥41,200

⑤貸倒引当金の設定（長期貸付金）

　営業外債権に係る貸倒引当金繰入額は、損益計算書の営業外費用の区分に計上します。

貸 倒 引 当 金 繰 入	3,150 *	貸 倒 引 当 金	3,150

　＊　￥105,000×3％＝￥3,150

問 3

精　算　表

勘定科目	試算表		修正記入		損益計算書		貸借対照表	
	借方	貸方	借方	貸方	借方	貸方	借方	貸方
売買目的有価証券	28,000			**3,000**			**25,000**	
満期保有目的債券	9,800		**40**				**9,840**	
子会社株式	15,000						**15,000**	
その他有価証券	6,500		**500**				**7,000**	
有価証券評価(**損**)			**3,000**		**3,000**			
有価証券利息		200		**40**		**240**		
繰延税金(**負債**)				**150**				**150**
その他有価証券評価差額金				**350**				**350**

損益計算書

Ⅳ　営業外収益
　　有価証券利息　（ **240** ）
Ⅴ　営業外費用
　　有価証券評価(**損**)　（ **3,000** ）

貸借対照表

Ⅰ　流動資産		Ⅱ　固定負債	
有価証券	（ **25,000** ）	繰延税金(**負債**)	（ **150** ）
Ⅱ　固定資産			
投資有価証券	（ **16,840** ）	Ⅱ　評価・換算差額等	
関係会社株式	（ **15,000** ）	その他有価証券評価差額金	（ **350** ）

◈解　説◈

有価証券評価損　(¥15,000 ＋ ¥10,000) −（¥20,000 ＋ ¥8,000）＝△ ¥ **3,000** *

＊　評価損と評価益は相殺すること。

満期保有目的債券　(¥10,000 − ¥9,800) × $\frac{1年}{5年}$ ＝ ¥ **40** (B/S 価額に加算)

子会社株式は、原則として取得原価評価であるため、評価損益は生じません。

その他有価証券は決算において時価で評価しますが、税効果会計を適用する場合は、評価差額のうち税金相当額を繰延税金資産または繰延税金負債で処理し、残額をその他有価証券評価差額金(純資産)で処理します。

その他有価証券	**500***	繰延税金負債	**150****
		その他有価証券評価差額金	**350*****

＊　¥7,000 − ¥6,500 ＝ ¥500 (評価益相当)

＊＊　¥500 × 30% ＝ ¥150　　＊＊＊　¥500 − ¥150 ＝ ¥350

投資有価証券　(¥9,800 ＋ ¥40)(満期) ＋ ¥7,000(その他) ＝ ¥ **16,840**

問4

精 算 表

勘 定 科 目	試 算 表 借 方	試 算 表 貸 方	修 正 記 入 借 方	修 正 記 入 貸 方	損 益 計 算 書 借 方	損 益 計 算 書 貸 方	貸 借 対 照 表 借 方	貸 借 対 照 表 貸 方
建　　　　　物	200,000						200,000	
構　　築　　物	80,000						80,000	
備　　　　　品	120,000						120,000	
車　　　　　両	100,000						100,000	
前　払　費　用	162,000			108,000			54,000	
建物減価償却累計額		108,000		9,000				117,000
構築物減価償却累計額		32,000		8,000				40,000
備品減価償却累計額		30,000		22,500				52,500
車両減価償却累計額		36,000		20,000				56,000
減　価　償　却　費			59,500		59,500			
保　　険　　料			27,000		27,000			
長 期 前 払 費 用			81,000				81,000	

損 益 計 算 書

Ⅲ 販売費及び一般管理費

　　減価償却費 （　　　59,500　）

　　保　険　料 （　　　27,000　）

貸 借 対 照 表

Ⅰ 流動資産

　　前払費用 　　　　　　　　　（　　54,000　）

Ⅱ 固定資産

　　建物 （　　200,000　）

　　　減価償却累計額 （　117,000　）（　83,000　）

　　構築物 （　　80,000　）

　　　減価償却累計額 （　　40,000　）（　40,000　）

　　備品 （　120,000　）

　　　減価償却累計額 （　　52,500　）（　67,500　）

　　車両 （　100,000　）

　　　減価償却累計額 （　　56,000　）（　44,000　）

　　長期前払費用 　　　　　　　（　81,000　）

◈解　説◈

1．減価償却費の計上

　①建物（定額法）

　　￥200,000 × 0.9 ÷ 20 年 ＝ ￥**9,000**

　②構築物（定額法）

　　￥80,000 ÷ 10 年 ＝ ￥**8,000**

　③備品（200％定率法）

　　（￥120,000 － ￥30,000（試算表の減価償却累計額））× 25％* ＝ ￥**22,500**

　　＊本問では償却率が与えられていますが、自分で算定できるようにしておきましょう。

　　　200％定率法の償却率は、定額法の償却率（＝ $\dfrac{1}{耐用年数}$）の200％（2倍）です。

　　　$\dfrac{1}{耐用年数} × 200\% = \dfrac{1}{8} × 200\% = 25\%$

　④車両（生産高比例法）

　　￥100,000 × $\dfrac{20,000\ km}{100,000\ km}$ ＝ ￥**20,000**

　　減価償却費　￥9,000 ＋ ￥8,000 ＋ ￥22,500 ＋ ￥20,000 ＝ ￥**59,500**

2．前払費用の処理

　　　保　険　料　**27,000*** 　　前　払　費　用　　**108,000**

　　　長 期 前 払 費 用　**81,000****

＊　3年分の保険料のうち当期費用処理分　￥162,000 × $\dfrac{6 か月（×5年10月1日～×6年3月31日）}{36 か月}$ ＝ ￥27,000

＊＊　3年分の保険料のうち長期前払分　￥162,000 × $\dfrac{18 か月（×7年4月1日～×8年9月30日）}{36 か月}$ ＝ ￥81,000

問5

◆解 説◆
　本支店会計において会社全体の当期純損益を計算するときの損益勘定の締切りに関する問題です。資料より個別の決算整理が済んでいること、支店勘定と本店勘定が等しいので内部取引の処理も正しく終わっていることがわかるため、それぞれの損益勘定にそのまま転記をすることができます。
　まず、支店の損益勘定を締め切り、支店の純損益は本店勘定に振り替えます。本店では支店勘定を通して支店の純損益を受け入れ、本店の純損益と合算して会社全体の純損益を計算し、繰越利益剰余金に振り替えます。

①支店の損益の振替仕訳
　　損　　　　益　　42,000＊　　本　　　　店　　42,000
　　　＊　貸借差額

②本店における支店の損益の受入れ
　　支店勘定と本店勘定は、貸借が逆で金額が一致します。
　　支　　　　店　　42,000　　損　　　　益　　42,000

③本店の損益の振替仕訳
　　本店の純損益と支店の純損益を合算して会社全体の純損益を計算し、繰越利益剰余金に振り替えます。
　　損　　　　益　　307,000＊　　繰越利益剰余金　　307,000
　　　＊　貸借差額

　この場合の支店勘定と本店勘定は￥112,000（＝￥70,000＋￥42,000）で次期へ繰り越されます。また、総合損益勘定を設けて本店の純損益と支店の純損益を合算する方法についてもおさえておきましょう。

● 第4・5問 傾向と対策 解答・解説 ●

問1

取引	仕　　　　訳			
	借方科目	金額	貸方科目	金額
(1)	仕　掛　品 製造間接費	10,000 2,000	材　　　料	12,000
(2)	仕　掛　品 製造間接費	15,000 3,000	賃　　　金	18,000
(3)	仕　掛　品 製造間接費	2,000 8,000	経　　　費	10,000
(4)	仕　掛　品	13,000	製造間接費	13,000
(5)	製　　　品	40,000	仕　掛　品	40,000
(6)	売上原価	32,000	製　　　品	32,000

◈解　説◈

上記の仕訳を勘定連絡図で表すと以下のようになります。

問2

取引	仕　　　　訳			
	借方科目	金額	貸方科目	金額
(1)	仕　掛　品	343,500 ①	材　　　料	343,500
(2)	仕　掛　品	72,000 ②	賃　　　金	72,000
(3)	仕　掛　品	80,000 ③	製造間接費	80,000
(4)	賃率差異 製造間接費	3,000 ④ 1,000 ⑤	賃　　　金 製造間接費配賦差異	3,000 1,000

◈解　説◈

① @150円×200個 + @165円×1,900個 = **343,500円**

② @90円×800時間 = **72,000円**

③ $\dfrac{900,000 円}{9,000 時間} \times 800 時間 =$ **80,000円**

④ 72,000円 − (70,000円 − 2,000円 + 7,000円) = △**3,000円**（不利差異）

⑤ 80,000円 − 79,000円 = **1,000円**（有利差異）

問3

取引	本社の仕訳			
	借方科目	金額	貸方科目	金額
(1)	工　　　場	5,000	買　掛　金	5,000
(2)	仕訳なし			
(3)	工　　　場	29,000	未払賃金・給料	29,000
(4)	工　　　場	500	設備減価償却累計額	500
(5)	売上原価	8,000	工　　　場	8,000

取引	工　場　の　仕　訳			
	借　方　科　目	金　額	貸　方　科　目	金　額
(1)	材　　　　　料	5,000	本　　　　　社	5,000
(2)	仕　掛　品	4,000	材　　　　　料	5,000
	製　造　間　接　費	1,000		
(3)	賃　金・給　料	29,000	本　　　　　社	29,000
(4)	製　造　間　接　費	500	本　　　　　社	500
(5)	本　　　　　社	8,000	製　　　　　品	8,000

◆**解　説**◆

(2) 直接費の消費は仕掛品勘定、間接費の消費は製造間接費勘定に振り替えます。

(3) 賃金・給料の未払額を未払賃金・給料に計上します。ここでは直接工賃金の消費額の内訳は不明なので、仕掛品勘定、製造間接費勘定への振替えはしません。

問4

(1)

	仕　　　　　　訳			
	借　方　科　目	金　額	貸　方　科　目	金　額
①	製　造　間　接　費	15,000	材　　　　　料	4,000
			賃　　　　　金	6,000
			経　　　　　費	5,000
②	切　削　部　門	5,700	製　造　間　接　費	15,000
	組　立　部　門	4,300		
	動　力　部　門	3,000		
	修　繕　部　門	2,000		
③	切　削　部　門	1,800	動　力　部　門	3,000
	組　立　部　門	1,200		
	切　削　部　門	1,000	修　繕　部　門	2,000
	組　立　部　門	1,000		

製　造　間　接　費　部　門　別　配　賦　表

摘　　　　　要	合　　　計	製　造　部　門		補　助　部　門	
		切　削　部　門	組　立　部　門	動　力　部　門	修　繕　部　門
部　門　個　別　費	6,000	2,100	1,600	1,200	1,100
部　門　共　通　費	9,000	3,600	2,700	1,800	900
部　　門　　費	15,000	5,700	4,300	3,000	2,000
動　力　部　門　費	3,000	1,800	1,200		
修　繕　部　門　費	2,000	1,000	1,000		
	15,000	8,500	6,500		

(2)　#300　　9,000　円　　　　　#301　　6,000　円

◆**解　説**◆

②部門個別費＋部門共通費配賦額

切削部門：$2,100\,円 + \dfrac{9,000\,円}{4+3+2+1} \times 4 = 5,700\,円$　　　　動力部門：$1,200\,円 + \dfrac{9,000\,円}{4+3+2+1} \times 2 = 3,000\,円$

組立部門：$1,600\,円 + \dfrac{9,000\,円}{4+3+2+1} \times 3 = 4,300\,円$　　　　修繕部門：$1,100\,円 + \dfrac{9,000\,円}{4+3+2+1} \times 1 = 2,000\,円$

③補助部門費配賦額

動力部門費：切削部門への配賦額 $\dfrac{3,000\,円}{6+4} \times 6 = 1,800\,円$

　　　　　　組立部門への配賦額 $\dfrac{3,000\,円}{6+4} \times 4 = 1,200\,円$

修繕部門費：切削部門への配賦額 $\dfrac{2,000\,円}{5+5} \times 5 = 1,000\,円$

　　　　　　組立部門への配賦額 $\dfrac{2,000\,円}{5+5} \times 5 = 1,000\,円$

④製造部門ごとに製造部門費実際配賦率を求め、各製造指図書の製造間接費実際配賦額を計算します。

切削部門費実際配賦率：$\frac{5,700円 + 1,800円 + 1,000円}{30時間 + 20時間}$ = 170円／時間

組立部門費実際配賦率：$\frac{4,300円 + 1,200円 + 1,000円}{15時間 + 10時間}$ = 260円／時間

指図書＃300への製造間接費配賦額：170円／時間×30時間＋260円／時間×15時間＝**9,000円**

指図書＃301への製造間接費配賦額：170円／時間×20時間＋260円／時間×10時間＝**6,000円**

問5

(1)

総合原価計算表 (単位：円)

	原料費	加工費	合計
月初仕掛品原価	4,000	5,000	9,000
当月製造費用	60,000	69,000	129,000
合計	**64,000**	**74,000**	**138,000**
差引：月末仕掛品原価	**6,400**	**2,000**	**8,400**
差引：副産物評価額	——	——	9,600
完成品総合原価	——	——	**120,000**
完成品単位原価	——	——	**34.3**

(2) 製品Xの完成品総合原価 **75,000**円　　製品Yの完成品総合原価 **45,000**円

◈解　説◈

(1) 月末仕掛品原価

① 原料費

$\frac{4,000円 + 60,000円}{3,600kg^{*} + 400kg}$ × 400kg = **6,400円**

＊完成量3,500kgのほか、副産物100kgを含んでいます。

② 加工費

$\frac{5,000円 + 69,000円}{3,600kg^{*} + 400kg \times \frac{1}{4}}$ × 400kg × $\frac{1}{4}$ = **2,000円**

(2) 製品Xの完成品総合原価

$\frac{120,000円}{2,000kg \times 1.0 + 1,500kg \times 0.8}$ × 2,000kg × 1.0 = **75,000円**

製品Yの完成品総合原価

$\frac{120,000円}{2,000kg \times 1.0 + 1,500kg \times 0.8}$ × 1,500kg × 0.8 = **45,000円**

問6

(A)当月完成品原価 **953,750**円　月末仕掛品原価 **216,250**円

(B)当月完成品原価 **976,000**円　月末仕掛品原価 **194,000**円

◈解　説◈

(A) 両者が負担する場合

1．月末仕掛品原料費

$\frac{720,000円}{700kg + 200kg}$ × 200kg = 160,000円

2．月末仕掛品加工費

$\frac{450,000円}{700kg + 100kg^{*1}}$ × 100kg = 56,250円

合計＝160,000円＋56,250円＝**216,250円**

＊1　100kg＝月末仕掛品量200kg×加工進捗度50%

3．完成品原価

720,000円＋450,000円－216,250円＝**953,750円**

(B) 完成品のみが負担する場合

1．月末仕掛品原料費

$\frac{720,000円}{700kg + 100kg + 200kg}$ × 200kg = 144,000円

2．月末仕掛品加工費

$\frac{450,000円}{700kg + 100kg^{*2} + 100kg^{*3}}$ × 100kg = 50,000円

合計＝144,000円＋50,000円＝**194,000円**

＊2　正常減損の換算量：
100kg＝正常減損量100kg×発生点の進捗度100%

＊3　月末仕掛品の換算量：
100kg＝月末仕掛品量200kg×加工進捗度50%

3．完成品原価

720,000 円 + 450,000 円 − 194,000 円 = **976,000 円**

問 7

工 程 別 総 合 原 価 計 算 表

（単位：円）

	第 1 工 程			第 2 工 程		
	原 料 費	加 工 費	合 計	前 工 程 費	加 工 費	合 計
月 初 仕 掛 品 原 価	65,000	94,000	159,000	255,000	85,000	340,000
当 月 製 造 費 用	700,000	500,000	1,200,000	1,323,000	400,000	1,723,000
合 計	765,000	594,000	1,359,000	1,578,000	485,000	2,063,000
差引：月末仕掛品原価	30,000	6,000	36,000	108,000	24,000	132,000
完 成 品 総 合 原 価	735,000	588,000	1,323,000	1,470,000	461,000	1,931,000
完 成 品 単 位 原 価	15	12	27	30	9.4	39.4

◆**解 説**◆

1．第1工程の計算

(1) 月末仕掛品原価

① 原料費

$$\frac{65,000 \text{円} + 700,000 \text{円}}{49,000\text{kg} + 2,000\text{kg}} \times 2,000\text{kg} = \textbf{30,000 円}$$

② 加工費

$$\frac{94,000 \text{円} + 500,000 \text{円}}{49,000\text{kg} + 2,000\text{kg} \times \frac{1}{4}} \times 2,000\text{kg} \times \frac{1}{4} = \textbf{6,000 円}$$

(2) 完成品原価

（65,000 円 + 700,000 円 + 94,000 円 + 500,000 円）−（30,000 円 + 6,000 円）= **1,323,000 円**

2．第2工程の計算

(1) 月末仕掛品原価

① 前工程費

$$\frac{1,323,000 \text{円}}{49,000\text{kg}} \times 4,000\text{kg} = \textbf{108,000 円}$$

② 加工費

$$\frac{400,000 \text{円}}{49,000\text{kg} - 4,000\text{kg} \times \frac{1}{2} + 4,000\text{kg} \times \frac{3}{4}} \times 4,000\text{kg} \times \frac{3}{4} = \textbf{24,000 円}$$

(2) 完成品原価

（255,000 円 + 85,000 円 + 1,323,000 円 + 400,000 円）−（108,000 円 + 24,000 円）= **1,931,000 円**（@ **39.4 円**）

問 8

仕 掛 品　（単位：千円）

材 料	500	製 品	1,710	①
賃 金	580	月 末 有 高	115	②
製 造 間 接 費	860	原 価 差 異*	115	
	1,940		1,940	

*原価差異は一括して示すこと。

製 品　（単位：千円）

③	月 初 有 高	190	売 上 原 価	1,330	④
	仕 掛 品	1,710	月 末 有 高	570	⑤
		1,900		1,900	

◆**解 説**◆

① 19 千円 × 90 台 = **1,710 千円**

② 4 千円 × 10 台 +（6 千円 + 9 千円）× 10 台 × $\frac{1}{2}$ = **115 千円**

③ 19 千円 × 10 台 = **190 千円**

④ 19 千円 × 70 台 = **1,330 千円**

⑤ 19 千円 × 30 台 = **570 千円**

問9

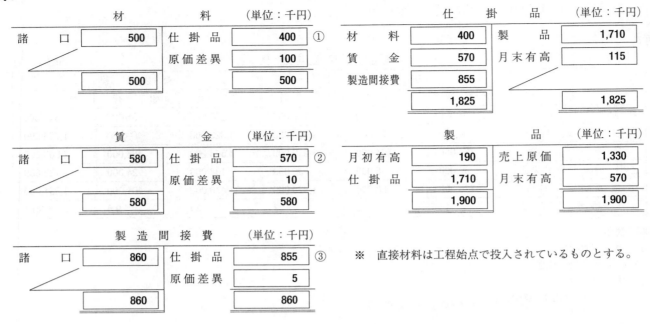

※ 直接材料は工程始点で投入されているものとする。

◆解　説◆

① 4千円× 100台＝ **400千円**（直接材料は工程始点で投入する）

② 6千円×$\left(90台+10台×\frac{1}{2}\right)$＝ **570千円**

③ 9千円×$\left(90台+10台×\frac{1}{2}\right)$＝ **855千円**

問10

	(A)　全部原価計算方式	（単位：円）		(B)　直接原価計算方式	（単位：円）
売上高	(40,000)①		売上高	(40,000)①	
差引：売上原価	(20,000)②		差引：変動費（製造および販売）	(15,200)④	
売上総利益	(20,000)		貢献利益	(24,800)	
差引：販売費及び一般管理費	(1,300)③		差引：固定費	(6,800)⑤	
営業利益	(18,700)		営業利益	(18,000)	

(C) 　(18,000) ＋ (700)⑥ － (0) ＝ (18,700)
　　直接原価計算の　　期末在庫品に　　期首在庫品に　　全部原価計算の
　　営　業　利　益　　含まれる固定加工費　含まれる固定加工費　営　業　利　益

◆解　説◆

① 500円× 80kg＝ **40,000円**
② 250円× 80kg＝ **20,000円**
③ 10円× 80kg＋ 500円＝ **1,300円**
④ (100円＋ 80円)× 80kg＝ 14,400円
　 14,400円＋ 10円× 80kg＝ **15,200円**
⑤ 70円× 90kg＋ 500円＝ **6,800円**
⑥ 70円× 10kg＝ **700円**

問11

(1)	(2)	(3)	(4)	(5)
875 個	812,500 円	37.5 ％	48,000 円	24,000 円

◆解　説◆

問題資料の推定箇所は次のように求めます。
　営業利益：700,000円× 15％＝ 105,000円　（売上高と売上高営業利益率より）
　固定費：280,000円－ 105,000円＝ 175,000円（貢献利益と営業利益より）
また、貢献利益率を求めておくと、問題が解きやすくなります。
　貢献利益率：280,000円÷ 700,000円＝ 0.4

(1) 損益分岐点では、貢献利益の金額と固定費の金額が等しくなり、営業利益がゼロとなります。損益分岐点における販売数量をX個とすると、次の式ができます。
　　＠500円× X個× 0.4＝ 175,000円　　200 X＝ 175,000　　X＝ **875個**

(2) まず、営業利益 150,000 円を達成するために必要であった貢献利益を計算し、貢献利益率で割り戻して、そのときの売上高を求めます。

150,000 円 + 175,000 円 = 325,000 円　　　325,000 円 ÷ 0.4 = **812,500 円**

(3) 損益分岐点の売上高と当期の売上高を比較して求めます。

損益分岐点売上高：＠ 500 円 × 875 個 = 437,500 円　（(1)の解答より）

$$\frac{700,000 円 - 437,500 円}{700,000 円} \times 100\% = \mathbf{37.5\%}$$

(4) 売上高が 120,000 円減少するときの貢献利益の減少額を計算します。固定費は一定なので、貢献利益の減少額が営業利益の減少額となります。

120,000 円 × 0.4 = **48,000 円**

(5) 損益分岐点の売上高を 60,000 円引き下げたときの貢献利益を求め、そのときの貢献利益の金額と等しくなる（営業利益がゼロになる）固定費の金額と、当期の固定費の金額を比較します。

（437,500 円 - 60,000 円）× 0.4 = 151,000 円　（損益分岐点売上高を 60,000 円引き下げたときの固定費）

175,000 円 - 151,000 円 = **24,000 円**　（固定費の引き下げ額）

問 12

製 造 原 価 報 告 書

原　材　料　費		
月　初　棚　卸　高	（　　5,000　）	
当　月　購　入　高	（　　30,000　）	
計	（　　35,000　）	
月　末　棚　卸　高	（　　8,000　）	（　　27,000　）
直　接　賃　金		（　　30,000　）①
製　造　間　接　費		
間　接　賃　金・給　料	（　　5,000　）	
補　助　材　料　費	（　　4,000　）	
水　道　光　熱　費	（　　2,500　）	
減　価　償　却　費	（　　1,500　）	
小　　計	（　　13,000　）	
製造間接費配賦差異	（　　1,000　）③	（　　12,000　）②
当　月　製　造　費　用		（　　69,000　）
月初仕掛品棚卸高		（　　2,000　）
計		（　　71,000　）
月末仕掛品棚卸高		（　　1,000　）
当月製品製造原価		（　　70,000　）

◆ 解　説 ◆

① 28,000 円 - 5,000 円 + 7,000 円 = **30,000 円**

② 30,000 円 × 0.4 = **12,000 円**

③ 12,000 円 - 13,000 円 = △ **1,000 円**（不利差異）

第1回　解答・解説

第1問（20点）　＊ 勘定科目は**記号での解答**となります。参考として、勘定科目も記入しています。

	借方科目		金額	貸方科目		金額
1	備　　　品	ウ	2,537,600	現　　　金	ア	2,537,600

Point
取得原価
＝購入代価－割戻額

備品：＠¥260,000×10台－¥62,400＝¥2,537,600

	借方科目		金額	貸方科目		金額
2	退職給付引当金	エ	13,200,000	預　り　金	ウ	1,960,000
				当　座　預　金	ア	11,240,000

Point
内部積立方式なので、退職給付引当金を計上しており、支払時に取り崩すことになる。

当座預金：¥13,200,000－¥1,960,000＝¥11,240,000

	借方科目		金額	貸方科目		金額
3	買　掛　金	オ	1,200,000	当　座　預　金	イ	1,198,200
				仕　入　割　引	カ	1,800

Point
仕入割引は、支払期日より早く代金を決済したことにより発生する利息の一種と考える。

商品仕入時：処理済
（仕　　　入）　1,200,000　（買　掛　金）　1,200,000
仕入割引：¥1,200,000×0.15％＝¥1,800
当座預金：¥1,200,000－¥1,800＝¥1,198,200

不許複製・禁無断転載

	借方科目		金額	貸方科目		金額
4	売　　　上	エ	14,000	当　座　預　金	イ	14,000

Point
売上割引の処理ではなく、
売上割戻の処理となる。

	借方科目		金額	貸方科目		金額
5	山　梨　支　店	キ	200,000	長　野　支　店	オ	200,000

Point
本店集中計算制度は、支店
間の取引について、本店を
経由した取引とみなして
処理する。

長野支店
（　本　　　　店　）　200,000　（　現　金　な　ど　）　200,000

本店
（　山　梨　支　店　）　200,000　（　長　野　支　店　）　200,000

山梨支店
（　買　掛　金　）　200,000　（　本　　　　店　）　200,000

仕訳1組につき4点　合計20点

第2問 （20点）
問1

<u>当座預金勘定調整表</u>
（3月31日現在）　　　　　　　　　　　　（単位：円）

当座預金銀行残高				（	1,382,880 ）
（加算）	[(3)]	（	56,000 ）		
	[(4)]	（	80,000 ）	（★	136,000 ）
（減算）	[(1)]	（	208,000 ）		
	[(2)]	（	156,000 ）	（★	364,000 ）
当座預金帳簿残高				（★	1,154,880 ）

注　[　] には [**資料Ⅱ**] の番号(1)から(4)、（ 　 ） には金額を記入すること。

貸借対照表に計上される当座預金の金額	¥	★　1,230,880

問2　＊ 勘定科目は**記号での解答**となります。参考として、勘定科目も記入しています。

[**資料Ⅰ**] に関する仕訳

番号	借　方　科　目		金　　額	貸　方　科　目		金　　額
(1)	為 替 差 損 益	キ	6,400	現　　　　　金	ア	6,400
(4)	現　　　　　金	ア	6,400	受 取 配 当 金	ク	8,000
	仮 払 法 人 税 等	エ	1,600			

[**資料Ⅱ**] に関する仕訳

番号	借　方　科　目		金　　額	貸　方　科　目		金　　額
(1)	**仕　訳　な　し**					
(2)	当 座 預 金	イ	156,000	電 子 記 録 債 権	ウ	156,000
(3)	**仕　訳　な　し**					
(4)	現　　　　　金	ア	80,000	当 座 預 金	イ	80,000

★1つにつき2点
仕訳1組につき2点
合計20点

不許複製・禁無断転載

解説

Step 1 決算に必要な整理仕訳

[資料Ⅰ]

(1) 外貨の換算替え … 問2

（ 為 替 差 損 益 ）	6,400	（ 現 　 金 ）	6,400

現金：100ドル×16枚＋50ドル×32枚＝3,200ドル
@¥110×3,200ドル＝¥352,000（3月31日の為替レートによる換算額）
¥358,400－¥352,000＝¥6,400（現金の減少 → 損）

> **Point**
> 3月31日（決算時）の為替レートで換算し、差額を為替差損益で処理する。

(2) 仮払金の計上

（ 仮 　 払 　 金 ）	30,000	（ 現 　 金 ）	30,000

> **Point**
> 出金の会計処理が行われておらず、旅費精算も行われていないため、仮払金として処理する。

(3) 誤処理の訂正（小切手の預入れ忘れ）

（ 現 　 金 ）	80,000	（ 当 座 預 金 ）	80,000

(4) 源泉所得税の処理 … 問2

（ 現 　 金 ）	6,400	（ 受 取 配 当 金 ）	8,000
（ 仮 払 法 人 税 等 ）	1,600		

受取配当金：¥6,400÷0.8＝¥8,000（配当金総額）
仮払法人税等：¥8,000×0.2＝¥1,600（源泉所得税額）

> **Point**
> 配当金領収証の金額は、配当金総額の80％（＝100％－20％）となるため、割り戻して配当金総額を求める。

[資料Ⅱ]

(1) 未取付小切手 … 問2

（ 仕 　 訳 　 な 　 し ）		（ 　 ）	

> **Point**
> 未取付小切手は、相手が小切手を銀行に呈示し、決済されれば不一致が解消されるので修正仕訳は不要。

(2) 電子記録債権の決済（未処理）… 問2

（ 当 座 預 金 ）	156,000	（ 電 子 記 録 債 権 ）	156,000

(3) 時間外預入 … 問2

（ 仕 　 訳 　 な 　 し ）		（ 　 ）	

> **Point**
> 時間外預入は、翌営業日に銀行が入金処理をすれば不一致が解消されるので修正仕訳は不要。

(4) 誤処理の訂正（小切手の預入れ忘れ）… 問2

（ 現 　 金 ）	80,000	（ 当 座 預 金 ）	80,000

Step 2 当座預金勘定調整表（銀行残高基準法）の作成

　銀行残高基準法では、両者区分調整法における「当座預金銀行残高」からスタートし、銀行側の調整後、企業側の加算と減算を逆にして調整します。

当座預金勘定調整表（両者区分調整法）

当座預金帳簿残高		（ 1,154,880 ）	当座預金銀行残高		（ 1,382,880 ）
（加算）→減算に	［(2)］	（ 156,000 ）	（加算）	［(3)］	（ 56,000 ）
（減算）→加算に	［(4)］	（ 80,000 ）	（減算）	［(1)］	（ 208,000 ）
		（ 1,230,880 ）			（ 1,230,880 ）

貸借対照表に計上される当座預金の金額：¥1,230,880 … 問1

第3問（20点）

<table>
<tr><th colspan="2">日 付</th><th>摘　　　　要</th><th colspan="2">金　　額</th><th colspan="2">日 付</th><th>摘　　　　要</th><th colspan="2">金　　額</th></tr>
<tr><td>3</td><td>31</td><td>仕　　　　　入</td><td>①　★</td><td>1,478,800</td><td>3</td><td>31</td><td>売　　　　　上</td><td></td><td>3,200,000</td></tr>
<tr><td>3</td><td>31</td><td>棚 卸 減 耗 損</td><td>②　★</td><td>6,400</td><td>3</td><td>31</td><td>有 価 証 券 利 息</td><td>⑥　★</td><td>10,400</td></tr>
<tr><td>3</td><td>31</td><td>商 品 評 価 損</td><td>③　★</td><td>19,600</td><td>3</td><td>31</td><td>支　　　　　店</td><td>⑨　★</td><td>169,200</td></tr>
<tr><td>3</td><td>31</td><td>支 払 家 賃</td><td>⑧　★</td><td>328,000</td><td></td><td></td><td></td><td></td><td></td></tr>
<tr><td>3</td><td>31</td><td>給　　　　　料</td><td>⑦　★</td><td>320,000</td><td></td><td></td><td></td><td></td><td></td></tr>
<tr><td>3</td><td>31</td><td>減 価 償 却 費</td><td>⑤　★</td><td>56,000</td><td></td><td></td><td></td><td></td><td></td></tr>
<tr><td>3</td><td>31</td><td>貸 倒 引 当 金 繰 入</td><td>④　★</td><td>4,000</td><td></td><td></td><td></td><td></td><td></td></tr>
<tr><td>3</td><td>31</td><td>（ 繰 越 利 益 剰 余 金 ）</td><td>⑩　★</td><td>1,166,800</td><td></td><td></td><td></td><td></td><td></td></tr>
<tr><td></td><td></td><td></td><td></td><td>3,379,600</td><td></td><td></td><td></td><td></td><td>3,379,600</td></tr>
</table>

＊　上記の○番号は、解説の番号と対応しています。

★１つにつき２点
合計20点

解 説

Step 1 未処理事項等の処理

１．売掛金の回収

本店

（ 現 金 預 金 ）	40,000	（ 売 　 掛 　 金 ）	40,000

本店

現金預金：¥1,360,000＋¥40,000＝¥1,400,000
売 掛 金：¥1,120,000－¥40,000＝¥1,080,000

> Point
> 売掛金の減少は、貸倒引当金の設定額に影響する。

２．営業用の車両の取得

本店

（ 車 両 運 搬 具 ）	1,000,000	（ 未 　 払 　 金 ）	1,000,000

本店

車両運搬具：¥1,000,000
未 払 金：¥1,000,000

> Point
> 営業外取引の未払いは、未払金勘定で処理する。

３．誤記帳

支店

（ 本 　 　 　 店 ）	1,600	（ 現 金 預 金 ）	1,600

現金預金：¥29,600－¥28,000＝¥1,600（過剰計上）

> Point
> 過剰計上しているので、過剰分を取り消す。

支店

現金預金：¥500,000－¥1,600＝¥498,400

不許複製・禁無断転載

Step 2 決算整理事項等の処理

1．売上原価の算定（仕入勘定で計算）

本店

（ 仕 入 ）	286,800	（ 繰 越 商 品 ）	286,800
（ 繰 越 商 品 ）	320,000	（ 仕 入 ）	320,000
（ 棚 卸 減 耗 損 ）	6,400	（ 繰 越 商 品 ）	6,400
（ 商 品 評 価 損 ）	19,600	（ 繰 越 商 品 ）	19,600

支店

（ 仕 入 ）	192,000	（ 繰 越 商 品 ）	192,000
（ 繰 越 商 品 ）	172,800	（ 仕 入 ）	172,800
（ 棚 卸 減 耗 損 ）	10,800	（ 繰 越 商 品 ）	10,800

> **Point**
> 棚卸減耗損および商品評価損は、仕入勘定に振り替えない。
>
> 支店の商品は、「原価＜正味売却価額」となるので、商品評価損は計上しない。

期末帳簿棚卸高
 本店：＠￥800×400個＝￥320,000
 支店：＠￥540×320個＝￥172,800
棚卸減耗損
 本店：＠￥800×（400個－392個）＝￥6,400
 支店：＠￥540×（320個－300個）＝￥10,800
商品評価損
 本店：（＠￥800－＠￥750）×392個＝￥19,600

本店
 仕 入：￥1,512,000＋￥286,800－￥320,000＝￥1,478,800 … ①
 棚卸減耗損：￥6,400 … ②
 商品評価損：￥19,600 … ③
 繰 越 商 品：￥286,800－￥286,800＋￥320,000－￥6,400－￥19,600＝￥294,000

支店
 仕 入：￥564,000＋￥192,000－￥172,800＝￥583,200
 棚卸減耗損：￥10,800
 繰 越 商 品：￥192,000－￥192,000＋￥172,800－￥10,800＝￥162,000

2．貸倒引当金の設定

本店

（ 貸倒引当金繰入 ）	4,000	（ 貸 倒 引 当 金 ）	4,000

貸倒引当金繰入：￥1,080,000×1％＝￥10,800 （設定額）
 　　　　　　　￥10,800－￥6,800＝￥4,000 （繰入額）

> **Point**
> 本店の売掛金が変動していることに注意する。

支店

（ 貸倒引当金繰入 ）	800	（ 貸 倒 引 当 金 ）	800

貸倒引当金繰入：￥360,000×1％＝￥3,600 （設定額）
 　　　　　　　￥3,600－￥2,800＝￥800 （繰入額）

本店
 貸倒引当金繰入：￥4,000 … ④
 貸 倒 引 当 金：￥6,800＋￥4,000＝￥10,800

支店
 貸倒引当金繰入：￥800
 貸 倒 引 当 金：￥2,800＋￥800＝￥3,600

３．減価償却費の計上

本店（備品）

（ 減 価 償 却 費 ）	36,000	（ 備品減価償却累計額 ）	36,000

減価償却費：¥180,000÷5年＝¥36,000

支店（備品）

（ 減 価 償 却 費 ）	28,000	（ 備品減価償却累計額 ）	28,000

減価償却費：¥140,000÷5年＝¥28,000

本店（車両運搬具）

（ 減 価 償 却 費 ）	20,000	（ 車両運搬具減価償却累計額 ）	20,000

減価償却費：$¥1,000,000 × \dfrac{6,000km}{300,000km} = ¥20,000$

> **Point**
> 車両運搬具の減価償却は生産高比例法によるため、使用月数は関係ない。

本店
減 価 償 却 費：¥36,000＋¥20,000＝**¥56,000** … ⑤
備品減価償却累計額：¥72,000＋¥36,000＝¥108,000
車両運搬具減価償却累計額：¥20,000

支店
減 価 償 却 費：¥28,000
備品減価償却累計額：¥28,000＋¥28,000＝¥56,000

４．満期保有目的債券の評価替え（償却原価法）

本店

（ 満期保有目的債券 ）	800	（ 有 価 証 券 利 息 ）	800

有価証券利息：（¥800,000－¥792,000）÷10年＝¥800（償却額）
　　　　　　　　額面額　　　取得価額

> **Point**
> 利払日は3月および9月末日なので、期中に利息受取時の処理は済んでいる。

本店
有 価 証 券 利 息：¥9,600＋¥800＝**¥10,400** … ⑥
満期保有目的債券：¥792,800＋¥800＝¥793,600

５．経過勘定項目

本店

（ 給 　 料 ）	28,000	（ 未 払 給 料 ）	28,000
（ 前 払 家 賃 ）	24,000	（ 支 払 家 賃 ）	24,000

支店

（ 給 　 料 ）	20,000	（ 未 払 給 料 ）	20,000
（ 支 払 家 賃 ）	20,000	（ 未 払 家 賃 ）	20,000

> **Point**
> 本店の家賃は前払いとなるので、家賃の前払計上を行う。

> **Point**
> 支店の家賃は未払いとなるので、家賃の未払計上を行う。

本店
給 　 料：¥292,000＋¥28,000＝**¥320,000** … ⑦
未払給料：¥28,000
支払家賃：¥352,000－¥24,000＝**¥328,000** … ⑧
前払家賃：¥24,000

支店
給 　 料：¥244,000＋¥20,000＝¥264,000
未払給料：¥20,000
支払家賃：¥220,000＋¥20,000＝¥240,000
未払家賃：¥20,000

不許複製・禁無断転載

6. 支店損益の算定

本店

（ 支 店 ）	169,200	（ 損 益 ）	169,200	⑨

本店の損益勘定

支店

（ 損 益 ）	169,200	（ 本 店 ）	169,200

支店の損益勘定

（支店）	損		益	
仕　　　　　　　入　¥	583,200	売　　　　　　上　¥	1,296,000
棚 卸 減 耗 損　¥	10,800		
支 払 家 賃　¥	240,000		
給　　　　　料　¥	264,000		
減 価 償 却 費　¥	28,000		
貸 倒 引 当 金 繰 入　¥	800		
支 店 の 純 利 益　¥	**169,200**		

本店

支店：¥696,400＋¥169,200＝¥865,600

支店

本店：¥698,000－¥1,600＋¥169,200＝¥865,600

Step 3　本店損益の算定

本店

（ 損 益 ）	1,166,800	⑩	（ **繰越利益剰余金** ）	1,166,800

本店

繰越利益剰余金：¥440,000＋¥1,166,800＝¥1,606,800

> Point
> 答案用紙の本店の損益勘定を参考にして、計算用紙に支店の損益勘定を集計し、貸借差額で純利益を計算する。
>
> 支店勘定と本店勘定の金額は、貸借逆で一致する。

> Point
> 答案用紙の本店の損益勘定で当期純利益以外の金額を記入し、貸借差額で当期純利益を計算する。

第1回

不許複製・禁無断転載

第4問 (28点)

問1 (12点)　＊ 勘定科目は**記号**での**解答**となります。参考として、勘定科目も記入しています。

(1)

借方科目		金額	貸方科目		金額
仕　掛　品	イ	560,000	材　　　料	ア	560,000

　　　　　（先入先出法）　　　　材料（素材）

前 月 繰 越　　　1,200 個	消 費 高　　　3,200 個
@200円　　240,000 円	560,000 円 *3
仕 入 高　　　3,000 個	
@160円　　480,000 円	次 月 繰 越　　　1,000 個 *1
	@160円　　160,000 円 *2

　　＊1　　月末在庫量：1,200個＋3,000個－3,200個＝1,000個
　　＊2　　月末在庫高：@160円×1,000個＝160,000円
　　＊3　　貸借差額

Point

材料消費高は先入先出法で計算するので、次月繰越の素材の単価は当月購入分の@160円となる。

素材は直接材料となるので、仕掛品勘定に振り替える。

(2)

借方科目		金額	貸方科目		金額
仕　掛　品	イ	560,000	賃 金・給 料	エ	573,440
製 造 間 接 費	オ	13,440			

　仕　掛　品：@1,120円×500時間＝560,000円（直接工の直接作業時間に対する賃金消費高）
　製造間接費：@1,120円× 12時間＝ 13,440円（直接工の間接作業時間に対する賃金消費高）

Point

直接労務費
直接工の直接作業時間に対する賃金消費高

間接労務費
直接工の間接作業時間に対する賃金消費高

(3)

借方科目		金額	貸方科目		金額
仕　掛　品	イ	700,000	製 造 間 接 費	オ	700,000

　仕掛品：9,240,000円÷6,600時間＝@1,400円
　　　　　@1,400円×500時間＝700,000円

Point

予定配賦率
＝製造間接費予算÷予定総直接作業時間

予定配賦額
＝予定配賦率×直接工の実際直接作業時間

仕訳1組につき4点　合計12点

不許複製・禁無断転載

問2 （16点）

(1)

予算部門別配賦表 （単位：円）

費　目	合　計	製　造　部　門		補　助　部　門		
		第1製造部	第2製造部	材料倉庫部	修　繕　部	工場事務部
部　門　費	50,880,000	23,280,000	19,200,000	3,200,000	2,400,000	2,800,000
材料倉庫部費	3,200,000	2,400,000	800,000			
修　繕　部　費	2,400,000	1,440,000	960,000			
工場事務部費	2,800,000	1,680,000	1,120,000			
製　造　部　門　費	50,880,000	★28,800,000	★22,080,000			

(2)

第1製造部の予定配賦率 ＝ 　★ 5,000　 円/時間

第2製造部の予定配賦率 ＝ 　★ 4,600　 円/時間

★1つにつき4点
合計16点

解　説

Step 1 予算部門別配賦表の作成

材料倉庫部費

第1製造部： $\dfrac{3,200,000円}{1,200kg＋400kg} \times 1,200kg ＝ 2,400,000円$

第2製造部： $\dfrac{3,200,000円}{1,200kg＋400kg} \times 400kg ＝ 800,000円$

修　繕　部　費

第1製造部： $\dfrac{2,400,000円}{480時間＋320時間} \times 480時間 ＝ 1,440,000円$

第2製造部： $\dfrac{2,400,000円}{480時間＋320時間} \times 320時間 ＝ 960,000円$

工場事務部費

第1製造部： $\dfrac{2,800,000円}{24人＋16人} \times 24人 ＝ 1,680,000円$

第2製造部： $\dfrac{2,800,000円}{24人＋16人} \times 16人 ＝ 1,120,000円$

> **Point**
> 直接配賦法を採用しているので、補助部門相互間の用役提供の授受を無視して、製造部門にのみ配賦する。
>
> 配賦基準にもとづいて、補助部門費を第1製造部と第2製造部に按分する。
>
> 第1製造部および第2製造部に集計された金額が、それぞれの予算額（補助部門費配賦後）となる。

Step 2 部門別予定配賦率の算定

予定配賦率

第1製造部の予定配賦率： $\dfrac{28,800,000円}{5,760時間} ＝ 5,000円/時間$

第2製造部の予定配賦率： $\dfrac{22,080,000円}{4,800時間} ＝ 4,600円/時間$

> **Point**
> 予定配賦率
> ＝ $\dfrac{製造部門費の合計}{予定直接作業時間}$

不許複製・禁無断転載

第5問 （12点）

問1　★　2,450　個

問2　★　4,560,000　円

問3　★　30　％

問4　★　432,000　円

★1つにつき3点
合計12点

解 説

Step 1 推定箇所の算定

推定箇所
　営 業 利 益：4,200,000円×12％＝504,000円
　製造固定費：1,680,000円－456,000円－504,000円＝720,000円

貢献利益 1,680,000円		
製造固定費 （　？　）円	固定販売費及び一般管理費 456,000円	営業利益 504,000円

Point
営業利益
＝売上高×売上高営業利益率

貢献利益
＝製造固定費＋固定販売費及び一般管理費＋営業利益

Step 2 数値の算定

問1
　損益分岐点における販売数量：2,940,000円÷@1,200円＝**2,450個**
　貢　献　利　益　率：1,680,000円÷4,200,000円＝0.4（40％）
　固　　　定　　　費：720,000円＋456,000円＝1,176,000円
　損益分岐点における売上高：1,176,000円÷0.4＝2,940,000円

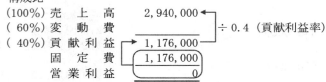

貢献利益 1,176,000円	
固定費 1,176,000円	営業利益 0円

Point
貢献利益率
＝貢献利益÷売上高

変動費
＝変動売上原価＋変動販売費

固定費
＝製造固定費＋固定販売費及び一般管理費

貢献利益
＝固定費＋営業利益

損益分岐点では、営業利益はゼロとなる。

売上高の40％が貢献利益となるので、割り戻すことにより売上高を計算する。

問2

目標営業利益を達成するための売上高：（1,176,000円＋648,000円）÷0.4
　　　　　　　　　　　　　　　　　＝**4,560,000円**

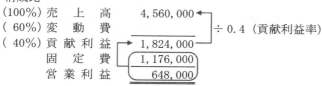

貢献利益 1,824,000円	
固定費 1,176,000円	目標営業利益 648,000円

> **Point**
> 貢献利益
> ＝固定費＋営業利益
>
> 売上高の40％が貢献利益となるので、割り戻すことにより売上高を計算する。

問3

安全余裕率＝$\dfrac{売上高－損益分岐点売上高}{売上高}$

　　　　　＝$\dfrac{4,200,000円－2,940,000円}{4,200,000円}$＝**0.3（30％）**

売上高（100％）	
損益分岐点比率（70％）	安全余裕率（30％）

> **Point**
> 安全余裕率が問われている。
>
> 損益分岐点比率
> 売上高に占める損益分岐点売上高の割合

問4

営業利益の減少額：△1,080,000円×0.4＝**△432,000円**

```
　構成比
(100%) 売 上 高 △ 1,080,000 ┐
( 60%) 変 動 費 _____     │×0.4（貢献利益率）
( 40%) 貢 献 利 益 △ 432,000 ┘
　　　 固　定　費 _____      固定費の増減なし
　　　 営 業 利 益 △ 432,000
```

> **Point**
> 変動費と貢献利益は、売上高の増減に比例する。
>
> 売上高の40％が貢献利益となる。
>
> 固定費は売上高の増減に係わらず一定となるので、貢献利益の減少分だけ営業利益も減少する。

第2回　解答・解説

第1問（20点）　＊ 勘定科目は**記号での解答**となります。参考として、勘定科目も記入しています。

1

借方科目		金額	貸方科目		金額
建　　　物	イ	3,520,000	建 設 仮 勘 定	エ	5,280,000
構　　築　　物	ウ	1,320,000			
修　　繕　　費	カ	440,000			

共通工事費の配賦率：$\dfrac{¥480,000}{¥3,200,000＋¥1,200,000＋¥400,000}＝0.1$

共通工事費の配賦額
　建　　物：¥3,200,000×0.1＝¥320,000
　構築物：¥1,200,000×0.1＝¥120,000
　修繕費：¥　400,000×0.1＝¥　40,000

Point
各勘定の金額に、共通工事費の配賦額を加算する。

2

借方科目		金額	貸方科目		金額
繰越利益剰余金	カ	1,300,000	未 払 配 当 金	イ	1,000,000
			利 益 準 備 金	オ	100,000
			別 途 積 立 金	キ	200,000

未 払 配 当 金：@¥500×2,000株＝¥1,000,000
利 益 準 備 金：

　$¥8,000,000×\dfrac{1}{4}＝¥2,000,000$（資本金の額の4分の1）

　$¥2,000,000－（¥1,600,000＋¥160,000）＝¥240,000$（積立上限額）… ①

　$¥1,000,000×\dfrac{1}{10}＝¥100,000$（株主配当金の10分の1）……………… ②

　①＞②より、¥100,000（利益準備金の積立額）
繰越利益剰余金：¥1,000,000＋¥100,000＋¥200,000＝¥1,300,000

Point
繰越利益剰余金をすべて処分するわけではない。

積立上限額
＝資本金の額の4分の1
－（資本準備金＋利益準備金）

株主配当金の10分の1を準備金に積み立てる必要があるが、積立上限額までとなる。

3

借方科目		金額	貸方科目		金額
その他資本剰余金	ウ	800,000	資 本 準 備 金	イ	800,000
繰越利益剰余金	オ	600,000	利 益 準 備 金	エ	600,000

Point
その他資本剰余金は、資本準備金に振り替える。

繰越利益剰余金は、利益準備金に振り替える。

不許複製・禁無断転載

	借方科目		金額	貸方科目		金額
4	売上割戻引当金	エ	80,000	当 座 預 金	イ	120,000
	売 上 割 戻	オ	160,000	売 掛 金	ウ	120,000

売上割戻：￥120,000＋（￥120,000－￥80,000）＝￥160,000
　　　　　徳島商店　　　　　　　香川商店

Point
売上割戻引当金の残高を超えた分は、売上割戻勘定で処理する。

	借方科目		金額	貸方科目		金額
5	満期保有目的債券	オ	788,000	当 座 預 金	イ	788,640
	有 価 証 券 利 息	キ	640			

満期保有目的債券：$¥800,000 \times \dfrac{@¥98.50}{@¥100} = ¥788,000$ （帳簿価額）

有 価 証 券 利 息：$¥800,000 \times 0.365\% \times \dfrac{80日}{365日} = ¥640$ （端数利息）

当 座 預 金：￥788,000＋￥640＝￥788,640

Point
前回の利払日の翌日から売買日当日までの日数
　30日（4月）
　31日（5月）
　19日（6月）
　80日

仕訳1組につき4点　合計20点

第2問（20点）

(1)

総 勘 定 元 帳

買 掛 金

年	月	日	摘　要	借　方	年	月	日	摘　要	貸　方
X1	2	28	普 通 預 金	1,260,000	X1	1	1	前 期 繰 越	1,260,000
	7	31	諸　　口	★ 2,160,000		4	30	商　　品	★ 2,160,000
	12	31	次 期 繰 越	★ 1,971,200		11	1	商　　品	1,936,000
						12	31	為 替 差 損 益	★ 35,200
				5,391,200					5,391,200

商 品

年	月	日	摘　要	借　方	年	月	日	摘　要	貸　方
X1	1	1	前 期 繰 越	★ 1,600,000	X1	2	1	売 上 原 価	800,000
	4	30	買 掛 金	2,160,000		5	16	売 上 原 価	★ 1,016,000
	11	1	買 掛 金	★ 1,936,000		7	1	売 上 原 価	648,000
						11	16	売 上 原 価	★ 1,080,000
						12	31	棚 卸 減 耗 損	19,360
						12	31	次 期 繰 越	2,132,640
				5,696,000					5,696,000

(2)

① 当期の売上総利益　　¥　★　3,326,000

② 当期の為替差損　　¥　★　7,200

★ 1つにつき2点
合計20点

解説

Step 1 輸入関連取引

1月1日

前期繰越

商品の前期繰越額

商品X：@¥1,000×1,600個＝¥1,600,000

買掛金の前期繰越額

¥1,260,000（円建ての金額）

¥1,260,000÷@¥105＝12,000ドル（ドル建ての金額）

> **Point**
> 買掛金は前期末の為替相場で換算している。
>
> 棚卸資産の払出単価を算定するために、商品の単価を確認する。

2月28日

買掛金支払い

（買　掛　金）	1,260,000	（普　通　預　金）	1,272,000
（為替差損益）	12,000		

普通預金：@¥106×12,000ドル＝¥1,272,000（支払時の為替相場で換算）

為替差損益：貸借差額

> **Point**
> 普通預金からの支払額は、支払時の為替相場で換算する。
>
> 買掛金の金額より多く支払うことになるので、為替差損となる。

4月30日

輸入（商品X）

（商　　　　品）	2,160,000	（買　　掛　　金）	2,160,000

買掛金：@10ドル×2,000個＝20,000ドル

@¥108×20,000ドル＝¥2,160,000（輸入時の為替相場で換算）

> **Point**
> 輸入時の為替相場で換算する。
>
> 仕入時に商品勘定を用いる。

7月31日

買掛金支払い

（買　　掛　　金）	2,160,000	（普　通　預　金）	2,120,000
		（為替差損益）	40,000

普通預金：@¥106×20,000ドル＝¥2,120,000（支払時の為替相場で換算）

為替差損益：貸借差額

> **Point**
> 普通預金からの支払額は、支払時の為替相場で換算する。
>
> 買掛金の金額より少なく支払うことになるので、為替差益となる。

11月1日

輸入（商品X）

（商　　　　品）	1,936,000	（買　　掛　　金）	1,936,000

買掛金：@11ドル×1,600個＝17,600ドル

@¥110×17,600ドル＝¥1,936,000（輸入時の為替相場で換算）

> **Point**
> 輸入時の為替相場で換算する。
>
> 仕入時に商品勘定を用いる。

12月31日

決算（換算替え）

買掛金の換算替え

（為替差損益）	35,200	（買　　掛　　金）	35,200

為替差損益：@¥112×17,600ドル＝¥1,971,200（決算時の為替相場で換算）

¥1,971,200－¥1,936,000＝¥35,200（買掛金の増加 → 為替差損）

> **Point**
> 決算にさいし、買掛金（ドル建て）の残高に対して、換算替えを行う。
>
> 負債が増加するということは、為替差損となる。

12月31日

決算（棚卸減耗）

（棚卸減耗損）	19,360	（商　　　　品）	19,360

> **Point**
> 棚卸減耗損は独立の項目として表示している。

Step 2 商品販売取引

商品有高帳

日付	受 入			払 出			残 高		
	数量	単価	金額	数量	単価	金額	数量	単価	金額
1/1	1,600	1,000	1,600,000				1,600	1,000	1,600,000
1/31				800	1,000	800,000	800	1,000	800,000
4/30	2,000	1,080	2,160,000				800	1,000	800,000
							2,000	1,080	2,160,000
5/15				800	1,000	800,000			
				200	1,080	216,000	1,800	1,080	1,944,000
6/30				600	1,080	648,000	1,200	1,080	1,296,000
11/1	1,600	1,210	1,936,000				1,200	1,080	1,296,000
							1,600	1,210	1,936,000
11/15				1,000	1,080	1,080,000	200	1,080	216,000
							1,600	1,210	1,936,000

> **Point**
> 商品の動きを把握するために、簡単な商品有高帳を作成すると整理しやすい。
>
> 商品有高帳は、商品が動くとき（出荷時）に記入するのが基本だが、本問のように検収基準を採用している場合は、商品勘定から売上原価勘定への振替えが検収日（売上計上時）となり、商品勘定に記入される日付と一致しないため注意する。
>
> 12月27日出荷分については、当期の売上とはならないので、記入しないでおく。

12月31日

次期繰越

商品X

棚 卸 減 耗 損：¥19,360（問題文より）

次 期 繰 越 額：¥2,132,640（商品勘定における貸借差額により算定）

買掛金の次期繰越額：¥1,971,200（買掛金勘定における貸借差額により算定）

> **Point**
> 次期に繰り越す商品Xは、貸借差額で計算する。

Step 3 当期の売上総利益、為替差損

当期の売上総利益：¥6,870,000 − ¥3,544,000 ＝ ¥3,326,000
　　　　　　　　　売上高　　　　　売上原価

当期の為替差損：¥7,200

売　　上

	2/1	1,440,000	（＝@¥1,800× 800個）
	5/16	2,000,000	（＝@¥2,000×1,000個）
	7/1	1,230,000	（＝@¥2,050× 600個）
	11/16	2,200,000	（＝@¥2,200×1,000個）
	合計	6,870,000	

売 上 原 価

（商品有高帳1/31より）	2/1	800,000
（商品有高帳5/15より）	5/16	1,016,000
（商品有高帳6/30より）	7/1	648,000
（商品有高帳11/15より）	11/16	1,080,000
	合計	3,544,000

為替差損益

2/28	12,000	7/31	40,000
12/31	35,200	為替差損	7,200

> **Point**
> ［資料2］より、当期の売上高を集計する。
> そのさい、検収基準にもとづいているため、12月27日に出荷した商品の売上は、当期に計上しないことに注意する。
>
> 勘定記入が問われていない売上勘定および為替差損益勘定については、Tフォームに集計しておくとスムーズに解答することができる。

不許複製・禁無断転載

第3問 (20点)

損　益　計　算　書

自 X1年4月1日　至 X2年3月31日　　　　（単位：円）

①	I	売　上　高			（	4,099,200	）
	II	売　上　原　価					
④		1	期首商品棚卸高	（	768,000	）	
⑤		2	当期商品仕入高	（	2,525,280	）	
			合　　計	（	3,293,280	）	
⑥		3	期末商品棚卸高	（	726,480	）	
			差　　引	（	2,566,800	）	
⑦		4	棚卸減耗損	（★	1,600	）	
⑧		5	商品評価損	（★	2,400	）	（ 2,570,800 ）
		（**売上総利益**）				（ 1,528,400 ）
	III	販売費及び一般管理費					
		1	給　　料		1,152,000		
		2	通　信　費		64,000		
		3	保　険　料		33,600		
⑨		4	減価償却費	（★	44,400	）	
③		5	貸倒引当金繰入	（★	3,600	）	
⑩		6	退職給付費用	（★	20,000	）	（ 1,317,600 ）
		（**営　業　利　益**）				（ 210,800 ）
	IV	営　業　外　収　益					
⑫		1	受取利息				（★ 2,400 ）
	V	営　業　外　費　用					
		1	支払利息		12,000		
⑪		2	貸倒引当金繰入	（★	1,200	）	（ 13,200 ）
		（**経　常　利　益**）				（ 200,000 ）
	VI	特　別　利　益					
		1	国庫補助金受贈益				20,000
	VII	特　別　損　失					
②		1	固定資産圧縮損				（★ 20,000 ）
		税引前当期純利益				（ 200,000 ）
⑬		法人税、住民税及び事業税	（	61,080	）	
⑭		法人税等調整額	（△★	1,080	）	（ 60,000 ）
⑮		（**当　期　純　利　益**）				（★ 140,000 ）

＊　上記の〇番号は、解説の番号と対応しています。

★1つにつき2点

合計20点

— 79 —

不許複製・禁無断転載

解 説

Step 1 未処理事項の処理

1．掛売り商品の返品

（ 売 上 ）	7,200	（ 売 掛 金 ）	7,200

> **Point**
> 売掛金の減少は、貸倒引当金の設定額に影響する。

☑売　上：¥4,106,400－¥7,200＝**¥4,099,200** … ①
☑売掛金：¥552,000－¥7,200＝¥544,800

2．圧縮記帳

国庫補助金受取時：処理済

（ 現 金 な ど ）	20,000	（ 国庫補助金受贈益 ）	20,000

備品取得時：処理済

（ 備 品 ）	140,000	（ 現 金 な ど ）	140,000

圧縮記帳

（ 固定資産圧縮損 ）	20,000	（ 備 品 ）	20,000

> **Point**
> 決算整理前残高試算表に国庫補助金受贈益勘定の残高が¥20,000あるので、国庫補助金を受け取ったときの処理は済んでいる。
>
> 圧縮記帳（直接控除方式）を行った場合、圧縮記帳後の取得原価をもとに減価償却を行う。

☑固定資産圧縮損：**¥20,000** … ②
☑備　　　　品：¥140,000－¥20,000＝¥120,000

Step 2 決算整理事項の処理

1．貸倒引当金の設定（営業債権）

（ 貸倒引当金繰入 ）	3,600	（ 貸 倒 引 当 金 ）	3,600

貸倒引当金繰入：（¥95,200＋¥544,800）×1％＝¥6,400（設定額）
　　　　　　　　　受取手形　　売掛金
　　　　　　　　¥6,400－¥2,800＝¥3,600（繰入額）
　　　　　　　　　　　貸倒引当金残高

> **Point**
> 営業債権に対する貸倒引当金の繰入額は、販売費及び一般管理費の区分に表示する。

☑貸倒引当金繰入（販売費及び一般管理費）：**¥3,600** … ③
☑貸 倒 引 当 金（受取手形および売掛金）：¥6,400

2．売上原価の計算および商品の評価（売上原価を仕入勘定で算定していると仮定）

掛け仕入の計上もれ

（ 仕 入 ）	5,280	（ 買 掛 金 ）	5,280

売上原価の計算

（ 仕 入 ）	768,000	（ 繰 越 商 品 ）	768,000
（ 繰 越 商 品 ）	726,480	（ 仕 入 ）	726,480
（ 棚 卸 減 耗 損 ） （ 商 品 評 価 損 ）	1,600 2,400	（ 繰 越 商 品 ）	4,000
（ 仕 入 ）	4,000	（ 棚 卸 減 耗 損 ） （ 商 品 評 価 損 ）	1,600 2,400

> **Point**
> 返品分と計上もれ分を帳簿棚卸高に加える。
>
> 期末商品棚卸高には、修正後の帳簿棚卸高を記入する。
>
> 商品の販売可能価額が原価の50％ということは、残り50％は商品評価損となる。
>
> 棚卸減耗損と商品評価損は、売上原価の増加要因となる。
>
> 売上原価
> ＝期首商品棚卸高＋当期商品仕入高－期末商品棚卸高＋棚卸減耗損＋商品評価損

期末帳簿棚卸高：¥716,400＋¥4,800＋¥5,280＝¥726,480（修正後）
　　　　　　　　　　　　返品分(原価)　計上もれ分
棚 卸 減 耗 損：¥726,480－¥724,880＝¥1,600
　　　　　　　　　帳簿棚卸高　　実地棚卸高
商 品 評 価 損：¥4,800×50％＝¥2,400
　　　　　　　　　返品分(原価)

不許複製・禁無断転載

☑期首商品棚卸高：¥768,000 … ④
☑当期商品仕入高：¥2,520,000＋¥5,280＝¥2,525,280 … ⑤
☑期末商品棚卸高：¥726,480 … ⑥
☑棚卸減耗損：¥1,600 … ⑦
☑商品評価損：¥2,400 … ⑧
☑商　　　品：¥726,480－¥1,600－¥2,400＝¥722,480
☑買　掛　金：¥293,600＋¥5,280＝¥298,880

３．減価償却費の計上

建物

（　減　価　償　却　費　）	14,400	（　建物減価償却累計額　）	14,400

減価償却費：¥432,000÷30年＝¥14,400

備品

（　減　価　償　却　費　）	30,000	（　備品減価償却累計額　）	30,000

減価償却費：（¥140,000－¥20,000）×0.25＝¥30,000
　　　　　　圧縮記帳後の取得原価

> **Point**
> 備品の償却率
> $$\frac{1}{8年} \times 200\% = 0.25$$

☑減　価　償　却　費：¥14,400＋¥30,000＝¥44,400 … ⑨
☑建物減価償却累計額：¥216,000＋¥14,400＝¥230,400
☑備品減価償却累計額：¥30,000

４．その他有価証券の評価

（　繰延税金資産　）	600	（　その他有価証券　）	2,000
（　その他有価証券評価差額金　）	1,400		

その他有価証券：¥30,000－32,000＝△¥2,000（評価損相当）
　　　　　　　　　時価　　　取得原価
繰延税金資産：¥2,000×30%＝¥600
その他有価証券評価差額金：¥2,000－¥600＝¥1,400

> **Point**
> 「時価＜取得原価」の場合、評価差額の30%を繰延税金資産勘定、残りの70%をその他有価証券評価差額金勘定で処理する。

☑その他有価証券評価差額金：△¥1,400
☑そ　の　他　有　価　証　券：¥32,000－¥2,000＝¥30,000

５．退職給付費用の計上

（　退職給付費用　）	20,000	（　退職給付引当金　）	20,000

退職給付費用：¥192,000－¥172,000＝¥20,000
　　　　　　　　　　　退職給付引当金残高

> **Point**
> 期末に引当金として計上すべき残高になるように、退職給付引当金の残高との差額を、退職給付費用として計上する。

☑退職給付費用：¥20,000 … ⑩
☑退職給付引当金：¥192,000

６．貸倒引当金の設定（営業外債権）・利息の未収計上

貸倒引当金の設定

（　貸倒引当金繰入　）	1,200	（　貸倒引当金　）	1,200

利息の未収計上

（　未　収　利　息　）	2,400	（　受　取　利　息　）	2,400

貸倒引当金繰入：¥80,000×1.5%＝¥1,200（設定額・繰入額）
受　取　利　息：¥80,000×4.5%×$\frac{8か月}{12か月}$＝¥2,400

> **Point**
> 当期に貸し付けているので、設定額を全額、繰り入れる。
>
> 営業外債権に対する貸倒引当金の繰入額は、営業外費用の区分に表示する。

☑貸倒引当金繰入（営業外費用）：¥1,200 … ⑪
☑貸倒引当金（貸　付　金）：¥1,200
☑受　取　利　息：¥2,400 … ⑫
☑未　収　利　息：¥2,400

７．法人税、住民税及び事業税の計上

（ 法人税、住民税及び事業税 ）	61,080	（ 仮 払 法 人 税 等 ）	32,000
		（ 未 払 法 人 税 等 ）	29,080
（ 繰 延 税 金 資 産 ）	1,080	（ 法 人 税 等 調 整 額 ）	1,080

未払法人税等：¥61,080－¥32,000＝¥29,080
　　　　　　　　課税見込額　　仮払法人税等
法人税等調整額：¥54,000×30%＝¥16,200（期首時点の繰延税金資産）
　　　　　　　　　¥57,600×30%＝¥17,280（期末時点の繰延税金資産）
　　　　　　　　　¥17,280－¥16,200＝¥1,080

> **Point**
> 答案用紙の損益計算書で税引前当期純利益まで計算しておく。
>
> 決算整理前残高試算表に仮払法人税等があるので、中間納付していると判断する。
>
> 期末の繰延税金資産の金額と、期首の繰延税金資産との差額を、法人税等調整額として計上する。
>
> 法人税、住民税及び事業税の課税見込額から、法人税等調整額を差し引く。
>
> 繰越利益剰余金
> ＝決算整理前残高試算表の残高＋当期純利益

☑法人税、住民税及び事業税：**¥61,080** … ⑬
☑未 払 法 人 税 等：¥29,080
☑法 人 税 等 調 整 額：**△¥1,080** … ⑭
☑繰 延 税 金 資 産：¥16,200＋¥600＋¥1,080＝¥17,880
☑**当 期 純 利 益**：¥200,000－（¥61,080－¥1,080）＝**¥140,000** … ⑮
　　　　　　　　　　　　　　　　課税見込額　法人税等調整額
☑繰 越 利 益 剰 余 金：¥222,400＋¥140,000＝¥362,400

不許複製・禁無断転載

第4問（28点）

問1（12点）　＊ 勘定科目は**記号での解答**となります。参考として、勘定科目も記入しています。

（1）

借方科目		金額	貸方科目		金額
仕　掛　品	エ	3,200,000	賃　　　金	イ	4,450,000
製 造 間 接 費	ウ	1,250,000			

仕　掛　品：@2,000円×1,600時間＝3,200,000円
製造間接費：1,300,000円＋110,000円－160,000円＝1,250,000円
賃　　　金：3,200,000円＋1,250,000円＝4,450,000円

間 接 工 賃 金

当月賃金支払高　　　　　1,300,000 円	前月賃金未払高　　　　　160,000 円
	要支払額　　　　　1,250,000 円
当月賃金未払高　　　　　110,000 円	

本社の仕訳
（ 仕 訳 な し ）　　　　　　　　　（　　　　　　　　　）

Point
直接工は直接作業のみ行っているので、直接工賃金の消費額は、すべて仕掛品勘定に振り替える。

間接工賃金の消費額は、製造間接費勘定に振り替える。

（2）

借方科目		金額	貸方科目		金額
製 造 間 接 費	ウ	200,000	本　　　社	キ	200,000

本社の仕訳
（ 工　　　　　　場 ）　　200,000　　（ 現 金 な ど ）　　200,000

Point
支払い関係は、すべて本社で行っている。

間接経費なので、製造間接費勘定で処理する。

（3）

借方科目		金額	貸方科目		金額
製 造 間 接 費	ウ	120,000	原 価 差 異	オ	120,000

原価差異：2,560,000円－2,440,000円＝120,000円（有利差異）
　　　　　予定配賦額　　　実際発生額

製 造 間 接 費

実際発生額　　　　　2,440,000 円	予定配賦額　　　　　2,560,000 円
配賦差異（有利差異）　　　　　120,000 円	

本社の仕訳
（ 仕 訳 な し ）　　　　　　　　　（　　　　　　　　　）

Point
「予定配賦額＞実際発生額」なので、有利差異（貸方差異）となる。

仕訳1組につき4点　合計12点

問2 (16点)

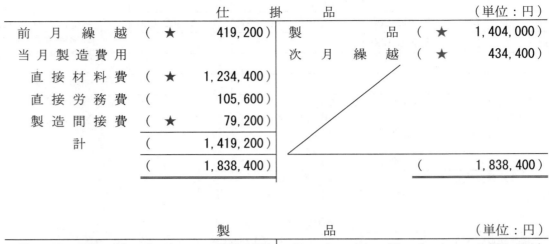

★1つにつき2点
合計16点

解説

Step 1 月初・月末の状況の把握

5月の状況

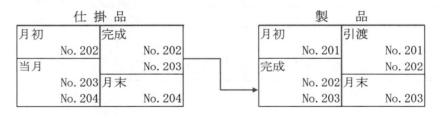

> **Point**
> 製造着手日・完成日・引渡日から、5月の月初・月末の状況を把握する。

Step 2 費目別の計算・集計

直接材料費

材　　料	
月初 640kg @410円	出庫 3,040kg
購入 3,120kg @405円	月末 720kg

当月消費高
（@410円×640kg＋@405円×3,120kg）－291,600円
＝1,234,400円

月末在庫高
@405円×720kg＝291,600円

No.203の消費高：1,234,400円－(229,600円＋375,600円)＝629,200円
　　　　　　　　　　　　　　　　No.202　　　No.204
　　　　　　　　　　　　　　　　(5月)

> **Point**
> 先入先出法を用いているので、先に月末在庫高を計算し、差額で当月消費高を求める。
>
> 当月消費高の内訳
> No.202（5月）
> No.203
> No.204

直接労務費

No. 201（4月分）：@1,200円×52時間＝62,400円
No. 202（4月分）：@1,200円×24時間＝28,800円
No. 202（5月分）：@1,200円×16時間＝19,200円
No. 203（5月分）：@1,200円×44時間＝52,800円
No. 204（5月分）：@1,200円×28時間＝33,600円

> **Point**
> 直接労務費
> ＝予定消費賃率×直接作業時間

製造間接費

No. 201（4月分）：62,400円×75％＝46,800円
No. 202（4月分）：28,800円×75％＝21,600円
No. 202（5月分）：19,200円×75％＝14,400円
No. 203（5月分）：52,800円×75％＝39,600円
No. 204（5月分）：33,600円×75％＝25,200円

> **Point**
> 予定配賦額
> ＝直接労務費×75％

製造間接費の集計

製造指図書番号	No. 201	No. 202		No. 203	No. 204
		4月	5月		
製造原価：					
直接材料費	668,000円	368,800円	229,600円	629,200円	375,600円
直接労務費	62,400円	28,800円	19,200円	52,800円	33,600円
製造間接費	46,800円	21,600円	14,400円	39,600円	25,200円
合　計	777,200円	419,200円	263,200円	721,600円	434,400円

> **Point**
> No. 201～No. 204の5月の月初・月末の状況から、各勘定の金額を計算する。

仕掛品勘定：前月繰越／当月製造費用／製品／次月繰越

製品勘定：前月繰越／仕掛品／売上原価／次月繰越

仕掛品勘定

当月製造費用
　直接材料費：229,600円＋629,200円＋375,600円＝**1,234,400円**
　直接労務費：19,200円＋52,800円＋33,600円＝**105,600円**
　製造間接費：14,400円＋39,600円＋25,200円＝**79,200円**
　製　　　　品：419,200円＋263,200円＋721,600円＝**1,404,000円** → 製品勘定へ

製品勘定

売上原価：777,200円＋419,200円＋263,200円＝**1,459,600円**

— 85 —

不許複製・禁無断転載

第5問 （12点）

標準製造原価差異分析表　　　　（単位：円）

直接材料費総差異			(	△68,000	)
価　格　差　異	(	★　　△98,000	)		
数　量　差　異	(	★　　　30,000	)		
直接労務費総差異			(	34,800	)
賃　率　差　異	(	★　　　39,600	)		
作 業 時 間 差 異	(	★　　△4,800	)		
製造間接費総差異			(	△34,400	)
予　算　差　異	(	★　　△23,200	)		
能　率　差　異	(	★　　△3,200	)		
操 業 度 差 異	(	△8,000	)		

（注）　不利な差異には△を付けること。

★ 1つにつき2点
合計12点

解 説

Step 1 資料の整理

生産データ

仕　掛　品

月初		完成	
	0 個		480 個
(	0)		
当月		月末	
	500 個		20 個
(	490)	(	10)
			500 個
		(	490)

Point
差異分析は、当月投入分に
対して行われる。

完成品換算量
月末
20個×50％＝10個
当月
480個＋10個＝490個

原価データ

標準配賦率：@720円
　内訳：変動費率：320,000円÷1,000時間＝@320円
　　　　固定費率：400,000円÷1,000時間＝@400円

当月投入分における標準原価
　標準直接材料費：@3,000円×500個＝1,500,000円
　標準直接労務費：@　960円×490個＝　470,400円
　標準製造間接費：@1,440円×490個＝　705,600円

Point
変動費率
＝変動費予算÷基準操業度
固定費率
＝固定費予算÷基準操業度

不許複製・禁無断転載

Step 2 直接材料費・直接労務費・製造間接費の差異分析

直接材料費

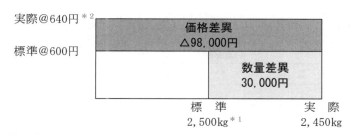

*1 標準消費量：500個×5 kg/個＝2,500kg
*2 実際単価：1,568,000円÷2,450kg＝@640円

総　差　異：1,500,000円－1,568,000円＝△68,000円（不利差異）
価格差異：（@600円－@640円）×2,450kg＝△98,000円（不利差異）
数量差異：@600円×（2,500kg－2,450kg）＝30,000円（有利差異）

> **Point**
> 総差異
> ＝標準原価－実際原価
> 価格差異
> ＝（標準単価－実際単価）
> 　×実際消費量
> 数量差異
> ＝標準単価×（標準消費量
> 　－実際消費量）

直接労務費

*1 標準作業時間：490個×2時間/個＝980時間
*2 実際賃率：435,600円÷990時間＝@440円

総　差　異：470,400円－435,600円＝34,800円（有利差異）
賃率差異：（@480円－@440円）×990時間＝39,600円（有利差異）
作業時間差異：@480円×（980時間－990時間）＝△4,800円（不利差異）

> **Point**
> 総差異
> ＝標準原価－実際原価
> 賃率差異
> ＝（標準賃率－実際賃率）
> 　×実際直接作業時間
> 作業時間差異
> ＝標準賃率×（標準直接作業
> 　時間－実際直接作業時間）

製造間接費

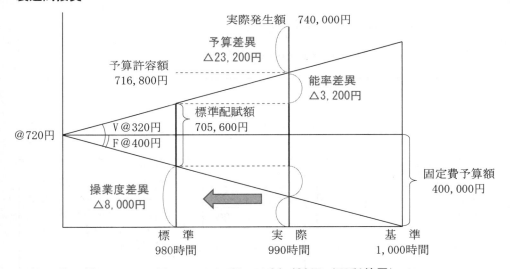

総　差　異：705,600円－740,000円＝△34,400円（不利差異）
予算差異：@320円×990時間＋400,000円－740,000円＝△23,200円（不利差異）
　　　　　　　予算許容額
能率差異：@320円×（980時間－990時間）＝△3,200円（不利差異）
操業度差異：@400円×（980時間－1,000時間）＝△8,000円（不利差異）

> **Point**
> 総差異
> ＝標準原価－実際原価
> 予算差異
> ＝予算許容額－実際発生額
> 能率差異
> ＝変動費率×（標準直接作業
> 　時間－実際直接作業時間）
> 操業度差異
> ＝固定費率×（標準直接作業
> 　時間－基準直接作業時間）
>
> 能率差異を変動費のみで計算する場合、固定費の差異をすべて操業度差異として計算する。

第3回　解答・解説

第1問（20点）　＊ 勘定科目は**記号での解答**となります。参考として、勘定科目も記入しています。

	借方科目		金額	貸方科目		金額
1	当 座 預 金	ア	320,000	受 取 配 当 金	キ	400,000
	仮払法人税等	ウ	80,000			

受 取 配 当 金：￥320,000÷0.8＝￥400,000（配当金総額）
仮払法人税等：￥400,000－￥320,000＝￥80,000（源泉所得税額）

Point
入金額は配当金総額の80％となるため、割り戻すことにより配当金総額を求める。

受取配当金は、総額で計上する。

源泉所得税の額は、仮払法人税等勘定で処理する。

	借方科目		金額	貸方科目		金額
2	減 価 償 却 費	オ	72,000	車 両 運 搬 具	イ	216,000
	未 決 算	キ	120,000			
	火 災 損 失	カ	24,000			

車両運搬具：償却率：$\dfrac{1}{5年（耐用年数）}$ ×200％＝0.4（40％）

　　　　　前々期末
　　　　　　￥600,000×40％＝￥240,000（償却額）
　　　　　　￥600,000－￥240,000＝￥360,000（帳簿価額）
　　　　　前 期 末
　　　　　　￥360,000×40％＝￥144,000（償却額）
　　　　　　￥360,000－￥144,000＝￥216,000（帳簿価額）

減価償却費：￥216,000×40％× $\dfrac{10か月}{12か月}$ ＝￥72,000

火 災 損 失：￥216,000－￥72,000＝￥144,000（滅失時点での帳簿価額）… ①
　　　　　　￥120,000（保険金の設定額）… ②
　　　　　　①＞②となるため、差額￥24,000（＝￥144,000－￥120,000）を火災損失
　　　　　　勘定で処理する。

Point
直接法で記帳している。

200％定率法の償却率
$\dfrac{1}{耐用年数}$ ×200％

保険金の額が確定するまで、滅失時点での帳簿価額を未決算勘定に振り替えておくが、保険金の設定額までとなる。

保険金の設定額を超えた分は、火災損失勘定で処理する。

	借方科目		金額	貸方科目		金額
3	商品保証引当金	イ	11,200	商品保証引当金戻入	エ	11,200
	商品保証引当金繰入	カ	90,000	商品保証引当金	イ	90,000

商品保証引当金：￥6,000,000×1.5％＝￥90,000（当期分）

Point
洗替法により引当金を設定するので、前期分の商品保証引当金を取り崩し、当期分の商品保証引当金の設定を行う。

不許複製・禁無断転載

	借方科目		金額	貸方科目		金額
4	備　　　　品	ア	420,000	営業外支払手形	オ	432,000
	支　払　利　息	キ	12,000			

営業外支払手形：¥72,000×6枚＝¥432,000（手形代金の総額）
支　払　利　息：¥432,000－¥420,000＝¥12,000（利息部分）

Point
営業外取引で手形を振り出しているため、営業外支払手形勘定で処理する。

利息部分
＝手形代金の総額－現金購入価額

	借方科目		金額	貸方科目		金額
5	損　　　　益	オ	480,000	支　　　　店	キ	480,000

支店側の処理
（　本　　　店　）　480,000　（　損　　　益　）　480,000

本店側の処理：**本問**
（　損　　　益　）　480,000　（　支　　　店　）　480,000

Point
本店側の仕訳が問われている。

損失なので、支店において、損益勘定の借方残高を本店勘定に振り替えている。

損失なので、本店において、損益勘定を借方に計上することになる。

第3回

仕訳1組につき4点　合計20点

不許複製・禁無断転載

第2問（20点）

株 主 資 本 等 変 動 計 算 書
自X1年4月1日　至X2年3月31日　　　　　　　　　（単位：千円）

	資 本 金	資 本 剰 余 金			利 益 剰 余 金	
		資本準備金	その他資本剰余金	資本剰余金合計	利益準備金	その他利益剰余金 修繕積立金
当 期 首 残 高	64,000	10,400	4,800	15,200	5,240	800
当 期 変 動 額						
剰余金の配当		(★　　60)	(★　△860)	(　　△800)	(★　　300)	
修繕積立金の積立て						(★　　400)
新株の発行	(★　4,800)	(★　3,200)		(　　3,200)		
当期純利益						
株主資本以外の項目の当期変動額（純額）						
当期変動額合計	(　　4,800)	(　　3,260)	(　　△860)	(　　2,400)	(　　　300)	(　　　400)
当 期 末 残 高	(　68,800)	(　13,660)	(　　3,940)	(　17,600)	(　　5,540)	(　　1,200)

（下段へ続く）

（上段より続く）

	株 主 資 本				評価・換算差額等	
	利 益 剰 余 金		株主資本合計	その他有価証券評価差額金	評価・換算差額等合計	
	その他利益剰余金	利益剰余金合計				
	別途積立金	繰越利益剰余金				
当 期 首 残 高	1,280	11,200	18,520	97,720	56	56
当 期 変 動 額						
剰余金の配当		(★　△4,300)	(　　△4,000)	(　　△4,800)		
修繕積立金の積立て		(　　△400)	—	—		
新株の発行				(　　8,000)		
当期純利益		(★　4,800)	(　　4,800)	(　　4,800)		
株主資本以外の項目の当期変動額（純額）					(★　　△28)	(　　△28)
当期変動額合計	0	(　　　100)	(　　　800)	(　　8,000)	(　　△28)	(　　△28)
当 期 末 残 高	1,280	(　11,300)	(　19,320)	(　105,720)	(★　　28)	(　　28)

★1つにつき2点
合計20点

不許複製・禁無断転載

解 説

Step 1 取引を確認しながら仕訳を行い、当期変動額を記入する（仕訳の単位：千円）

剰余金の配当

財源：繰越利益剰余金

（　繰 越 利 益 剰 余 金　）	4,300	（　未 払 配 当 金　）	4,000
		（　利 益 準 備 金　）	300

財源：その他資本剰余金

（　そ の 他 資 本 剰 余 金　）	860	（　未 払 配 当 金　）	800
		（　資 本 準 備 金　）	60

未払配当金：

@¥100×40,000株＝¥4,000,000 → 4,000千円（財源：繰越利益剰余金）

@¥ 20×40,000株＝¥ 800,000 → 800千円（財源：その他資本剰余金）

準備金の積立て：

$64,000千円 \times \dfrac{1}{4} = 16,000千円$（資本金の額の4分の1）

16,000千円－（10,400千円＋5,240千円）＝360千円（積立上限額）…… ①

$（4,000千円＋800千円）\times \dfrac{1}{10} = 480千円$（配当金総額の10分の1）… ②

①＜②より、準備金の積立額は①となり、各配当財源の金額比で按分する。

$360千円 \times \dfrac{4,000千円}{4,000千円＋800千円} = 300千円$（利益準備金の積立額）

$360千円 \times \dfrac{800千円}{4,000千円＋800千円} = 60千円$（資本準備金の積立額）

☑ 「剰余金の配当」の行

資 本 準 備 金：60

その他資本剰余金：△860

資 本 剰 余 金 合 計：60＋△860＝△800

利 益 準 備 金：300

繰 越 利 益 剰 余 金：△4,300

利 益 剰 余 金 合 計：300＋△4,300＝△4,000

株 主 資 本 合 計：△800＋△4,000＝△4,800

剰余金の処分

（　繰 越 利 益 剰 余 金　）	400	（　修 繕 積 立 金　）	400

☑ 「修繕積立金の積立て」の行

修 繕 積 立 金：400

繰 越 利 益 剰 余 金：△400

新株の発行

（　当 座 預 金　）	8,000	（　資 本 金　）	4,800
		（　資 本 準 備 金　）	3,200

当 座 預 金：@¥2,500×3,200株＝¥8,000,000 → 8,000千円（払込金）

資 本 金：8,000千円×60％＝4,800千円

資本準備金：8,000千円－4,800千円＝3,200千円

☑ 「新株の発行」の行

資 本 金：4,800

資 本 準 備 金：3,200

資 本 剰 余 金 合 計：3,200

株 主 資 本 合 計：4,800＋3,200＝8,000

Point

積立上限額

＝資本金の額の4分の1－（資本準備金＋利益準備金）

株主配当金の10分の1を準備金に積み立てる必要があるが、積立上限額までとなる。

資本剰余金合計

＝資本準備金＋その他資本剰余金

利益剰余金合計

＝利益準備金＋その他利益剰余金

株主資本合計

＝資本金＋資本剰余金合計＋利益剰余金合計

Point

資本金としなかった額は、資本準備金とする。

資本剰余金合計

＝資本準備金＋その他資本剰余金

株主資本合計

＝資本金＋資本剰余金合計＋利益剰余金合計

第3回

株主資本以外

前期末の評価替え

A社株式

（ その他有価証券 ）	160	（ 繰 延 税 金 負 債 ）	48
		（ その他有価証券評価差額金 ）	112

B社株式

（ 繰 延 税 金 資 産 ）	24	（ その他有価証券 ）	80
（ その他有価証券評価差額金 ）	56		

A社株式

その他有価証券：$\underset{\text{前期末の時価}}{1,000千円}-\underset{\text{取得原価}}{840千円}=160千円$（評価益相当）

繰延税金負債：160千円×30％＝48千円

その他有価証券評価差額金：160千円－48千円＝112千円

B社株式

その他有価証券：$\underset{\text{前期末の時価}}{800千円}-\underset{\text{取得原価}}{880千円}=△80千円$（評価損相当）

繰延税金資産：80千円×30％＝24千円

その他有価証券評価差額金：80千円－24千円＝56千円

期首の再振替仕訳

A社株式

（ 繰 延 税 金 負 債 ）	48	（ その他有価証券 ）	160
（ その他有価証券評価差額金 ）	112		

B社株式

（ その他有価証券 ）	80	（ 繰 延 税 金 資 産 ）	24
		（ その他有価証券評価差額金 ）	56

当期末の評価替え

A社株式

（ その他有価証券 ）	200	（ 繰 延 税 金 負 債 ）	60
		（ その他有価証券評価差額金 ）	140

B社株式

（ 繰 延 税 金 資 産 ）	48	（ その他有価証券 ）	160
（ その他有価証券評価差額金 ）	112		

A社株式

その他有価証券：$\underset{\text{当期末の時価}}{1,040千円}-\underset{\text{取得原価}}{840千円}=200千円$（評価益相当）

繰延税金負債：200千円×30％＝60千円

その他有価証券評価差額金：200千円－60千円＝140千円

B社株式

その他有価証券：$\underset{\text{当期末の時価}}{720千円}-\underset{\text{取得原価}}{880千円}=△160千円$（評価損相当）

繰延税金資産：160千円×30％＝48千円

その他有価証券評価差額金：160千円－48千円＝112千円

☑「株主資本以外の項目の当期変動額（純額）」の行

その他有価証券評価差額金：$\underset{\text{再振替仕訳}}{△112＋56}＋\underset{\text{当期末}}{140＋△112}＝△28$

評価・換算差額等合計：△28

当期純利益

（ 損 益 ）	4,800	（ 繰越利益剰余金 ）	4,800

☑「当期純利益」の行

繰越利益剰余金：4,800

利益剰余金合計：4,800

株主資本合計：4,800

> **Point**
>
> 評価益相当の場合
> 評価差額の30％を繰延税金負債勘定、残りの70％をその他有価証券評価差額金勘定（貸方）で処理する。
>
> 評価損相当の場合
> 評価差額の30％を繰延税金資産勘定、残りの70％をその他有価証券評価差額金勘定（借方）で処理する。
>
> 前期末残高＝当期首残高

> **Point**
>
> その他有価証券は洗替法によるため、再振替仕訳を行う。

不許複製・禁無断転載

Step 2 当期変動額合計および当期末残高を記入する

資 本 金

「資本金」の列
　当 期 首 残 高：64,000
　当期変動額合計：**4,800**
　当 期 末 残 高：64,000＋4,800＝**68,800**

資本剰余金

「資本準備金」の列
　当 期 首 残 高：10,400
　当期変動額合計：60＋3,200＝**3,260**
　当 期 末 残 高：10,400＋3,260＝**13,660**

「その他資本剰余金」の列
　当 期 首 残 高：4,800
　当期変動額合計：**△860**
　当 期 末 残 高：4,800＋△860＝**3,940**

「資本剰余金合計」の列
　当 期 首 残 高：15,200
　当期変動額合計：△800＋3,200＝**2,400**
　当 期 末 残 高：15,200＋2,400＝**17,600**

利益剰余金

「利益準備金」の列
　当 期 首 残 高：5,240
　当期変動額合計：**300**
　当 期 末 残 高：5,240＋300＝**5,540**

「修繕積立金」の列
　当 期 首 残 高：800
　当期変動額合計：**400**
　当 期 末 残 高：800＋400＝**1,200**

「繰越利益剰余金」の列
　当 期 首 残 高：11,200
　当期変動額合計：△4,300＋△400＋4,800＝**100**
　当 期 末 残 高：11,200＋100＝**11,300**

「利益剰余金合計」の列
　当 期 首 残 高：18,520
　当期変動額合計：△4,000＋4,800＝**800**
　当 期 末 残 高：18,520＋800＝**19,320**

株 主 資 本

「株主資本合計」の列
　当 期 首 残 高：97,720
　当期変動額合計：△4,800＋8,000＋4,800＝**8,000**
　当 期 末 残 高：97,720＋8,000＝**105,720**

その他有価証券評価差額金および評価・換算差額等合計

「その他有価証券評価差額金」および「評価・換算差額等合計」の列
　当 期 首 残 高：56
　当期変動額合計：**△28**
　当 期 末 残 高：56＋△28＝**28**

> **Point**
> 「当期首残高＋当期変動額合計＝当期末残高」となる。

第3回

— 93 —

不許複製・禁無断転載

第3問 (20点)

貸 借 対 照 表
X2年3月31日
(単位：円)

資 産 の 部			負 債 の 部	
I 流 動 資 産			**I 流 動 負 債**	
① 現 金 預 金		（★ 875,040）	電 子 記 録 債 務	145,760
電 子 記 録 債 権	（ 128,000）		買 掛 金	252,000
② 売 掛 金	（★ 352,000）		未 払 法 人 税 等	（★ 4,800）⑨
③ 貸 倒 引 当 金	（ 4,800）	（★ 475,200）	流 動 負 債 合 計	（ 402,560）
④ 商 品		（★ 115,200）	**II 固 定 負 債**	
⑧ 前 払 費 用		（★ 15,360）	長 期 借 入 金	（ 216,000）
流 動 資 産 合 計		（ 1,480,800）	固 定 負 債 合 計	（ 216,000）
II 固 定 資 産			負 債 合 計	（ 618,560）
有 形 固 定 資 産			**純 資 産 の 部**	
建 物	（ 3,492,000）		**I 株 主 資 本**	
⑤ 減価償却累計額	（ 698,400）	（★2,793,600）	資 本 金	3,360,000
備 品	（ 384,000）		利 益 準 備 金	224,400
⑥ 減価償却累計額	（ 222,000）	（★ 162,000）	繰 越 利 益 剰 余 金	（★ 363,040）⑩
有 形 固 定 資 産 合 計		（ 2,955,600）	株 主 資 本 合 計	（ 3,947,440）
無 形 固 定 資 産			純 資 産 合 計	（ 3,947,440）
⑦ ソ フ ト ウ ェ ア		（★ 129,600）		
無 形 固 定 資 産 合 計		（ 129,600）		
固 定 資 産 合 計		（ 3,085,200）		
資 産 合 計		（ 4,566,000）	負債及び純資産合計	（ 4,566,000）

＊ 上記の○番号は、解説の番号と対応しています。

★1つにつき2点
合計20点

解 説

Step 1 決算にあたっての修正事項の処理

1．収益の認識（検収基準）

（ 売 掛 金 ）	96,000	（ 売 上 ）	96,000

売上：＠¥800×120個＝¥96,000

> **Point**
> 収益の認識は検収基準に
> もとづいているので、3月
> 中に検収が完了したもの
> は、当期の売上として計上
> する。

☑売上高：¥3,898,560＋¥96,000＝¥3,994,560

不許複製・禁無断転載

２．外貨建て売掛金の決済

３月１日（輸出取引時）：処理済

（ 売 掛 金 ）	44,000	（ 売 上 ）	44,000

売　掛　金：＠¥110×400ドル＝¥44,000

３月30日（代金決済時）：**未記帳**

（ 現 金 預 金 ）	42,400	（ 売 掛 金 ）	44,000
（ 為 替 差 損 益 ）	1,600		

現金預金：＠¥106×400ドル＝¥42,400
為替差損益：貸借差額

☑現金預金：¥832,640＋¥42,400＝**¥875,040** … ①
☑売　掛　金：¥300,000＋¥96,000－¥44,000＝**¥352,000** … ②
☑為替差損（為替差損益）：¥1,600

> **Point**
> 為替差損益勘定が借方に計上されるということは、為替差損となる。

Step 2 決算整理事項の処理

１．貸倒引当金の設定

（ 貸 倒 引 当 金 繰 入 ）	3,360	（ 貸 倒 引 当 金 ）	3,360

貸倒引当金繰入：¥128,000× 1 ％＝¥1,280（電子記録債権に対する設定額）
　　　　　　　　¥352,000× 1 ％＝¥3,520（売　掛　金に対する設定額）
　　　　　　　　　　　　　　　　¥4,800

　　　　　（¥1,280＋¥3,520）－¥1,440＝¥3,360
　　　　　　　　設定額合計　　　　貸倒引当金残高

☑貸 倒 引 当 金：**¥4,800** … ③
☑貸倒引当金繰入：¥3,360

２．売上原価の計算および商品の評価（売上原価を仕入勘定で算定していると仮定）

（ 仕 入 ）	110,400	（ 繰 越 商 品 ）	110,400
（ 繰 越 商 品 ）	120,000	（ 仕 入 ）	120,000
（ 棚 卸 減 耗 損 ）	2,000	（ 繰 越 商 品 ）	4,800
（ 商 品 評 価 損 ）	2,800		
（ 仕 入 ）	4,800	（ 棚 卸 減 耗 損 ）	2,000
		（ 商 品 評 価 損 ）	2,800

棚卸減耗損：¥120,000－¥118,000＝¥2,000

商品評価損：（＠¥1,030－＠¥680）×8個＝¥2,800

☑売 上 原 価：¥110,400＋¥2,784,000－¥120,000＋¥4,800＝¥2,779,200
☑商　　　　品：¥120,000－¥4,800＝**¥115,200** … ④

３．減価償却費の計上

建物

（ 減 価 償 却 費 ）	116,400	（ 建物減価償却累計額 ）	116,400

減価償却費：¥3,492,000÷30年＝¥116,400

備品

（ 減 価 償 却 費 ）	54,000	（ 備品減価償却累計額 ）	54,000

減価償却費：（¥384,000－¥168,000）×0.25＝¥54,000

> **Point**
> 備品の償却率
> $\dfrac{1}{8\text{年}}×200\%＝0.25$

☑減価償却累計額（建物）：¥582,000＋¥116,400＝**¥698,400** … ⑤
☑減価償却累計額（備品）：¥168,000＋¥54,000＝**¥222,000** … ⑥
☑減 価 償 却 費：¥116,400＋¥54,000＝¥170,400

4．ソフトウェア

（ ソフトウェア償却 ）	14,400	（ ソフトウェア ）	14,400

ソフトウェア償却：$¥144,000 \times \dfrac{6か月}{60か月} = ¥14,400$

☑ソフトウェア償却：¥14,400
☑ソフトウェア：¥144,000－¥14,400＝¥129,600 … ⑦

> **Point**
> 当期の10月1日に取得・使用開始したので、当期末まで6か月経過している。
>
> 5年＝60か月

5．保険料の前払計上

（ 前 払 保 険 料 ）	15,360	（ 保 険 料 ）	15,360

$¥61,440 \times \dfrac{4か月}{16か月} = ¥15,360$

☑前払費用（前払保険料）：¥15,360 … ⑧
☑保 険 料：¥61,440－¥15,360＝¥46,080

> **Point**
> 再振替仕訳による4か月分と、8月1日に支払った12か月分の合計16か月分が計上されている。

6．法人税、住民税及び事業税の計上

売 上 総 利 益

売 上 原 価 ¥	2,779,200	売 上 高 ¥	3,994,560
売 上 総 利 益 ¥	**1,215,360**		

営 業 利 益

販売費及び一般管理費		売 上 総 利 益 ¥	1,215,360
給 料 ¥	864,000		
水 道 光 熱 費 ¥	94,120		
保 険 料 ¥	46,080		
減 価 償 却 費 ¥	170,400		
ソフトウェア償却 ¥	14,400		
貸 倒 引 当 金 繰 入 ¥	3,360		
営 業 利 益 ¥	**23,000**		

税引前当期純利益

営 業 外 費 用		営 業 利 益 ¥	23,000
支 払 利 息 ¥	5,400		
為 替 差 損 ¥	1,600		
税 引 前 当 期 純 利 益 ¥	**16,000**		

（ 法人税、住民税及び事業税 ）	4,800	（ 未 払 法 人 税 等 ）	4,800

☑未 払 法 人 税 等：¥4,800 … ⑨
☑当 期 純 利 益：¥16,000－¥4,800＝¥11,200
☑繰越利益剰余金：¥351,840＋¥11,200＝¥363,040 … ⑩

> **Point**
> 売上高－売上原価＝売上総利益
>
> 売上総利益－販売費及び一般管理費＝営業利益
>
> 営業利益＋営業外収益－営業外費用＝税引前当期純利益
>
> 繰越利益剰余金＝決算整理前残高試算表の残高＋当期純利益

不許複製・禁無断転載

第4問（28点）

問1（12点）　＊ 勘定科目は**記号での解答**となります。参考として、勘定科目も記入しています。

	借方科目		金額	貸方科目		金額
(1)	材　　　　料	イ	1,443,200	買　掛　金	エ	1,312,000
				材　料　副　費	オ	131,200

買 掛 金：@2,000円×400kg＋@300円×1,600個＋32,000円＝1,312,000円
　　　　　　　　　素材　　　　　　　　買入部品　　　　工場消耗品
材料副費：1,312,000円×10％＝131,200円
材　　料：1,312,000円＋131,200円＝1,443,200円

Point
購入代価
材料そのものの価格

購入原価
＝購入代価＋材料副費

	借方科目		金額	貸方科目		金額
(2)	材　料　副　費	オ	132,000	現　　　　金	ア	132,000

Point
材料副費の実際発生額は、材料副費勘定を用いて借方計上する。

	借方科目		金額	貸方科目		金額
(3)	材料副費配賦差異	キ	800	材　料　副　費	オ	800

材料副費配賦差異：131,200円－132,000円＝△800円（不利差異）
　　　　　　　　　　予定配賦額　実際発生額

Point
「予定配賦額＜実際発生額」なので、不利差異（借方差異）となる。

仕訳1組につき4点　合計12点

問2 （16点）

```
           製 造 原 価 報 告 書           （単位：円）
Ⅰ  直 接 材 料 費                    （ ★     268,000 ）
Ⅱ  直 接 労 務 費                    （ ★      86,400 ）
Ⅲ  製 造 間 接 費
      間 接 材 料 費 （      60,000 ）
      間 接 労 務 費 （     160,000 ）   ┐実際発生額
      間 接 経 費   （     360,000 ）   │
      合     計    （     580,000 ）   ┘
    製造間接費配賦差異  （ ★    40,000 ） （ ★     540,000 ）┐予定配賦額
    当 月 総 製 造 費 用                 （ ★     894,400 ）
    月 初 仕 掛 品 原 価                 （ ★     283,600 ）
    合        計                     （       1,178,000 ）
    月 末 仕 掛 品 原 価                 （ ★     227,200 ）
    当 月 製 品 製 造 原 価               （ ★     950,800 ）
```

★1つにつき2点
合計16点

解説

Step 1 各製造指図書の状況の把握

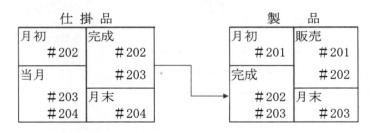

Point
#202-2は#202の補修のための製造指図書となるので、#202の製造原価に含めることになる。

Step 2 製造原価報告書の作成

原　価　計　算　表　　　　　　（単位：円）

	♯202	♯202-2	♯203	♯204	合　　計
月初仕掛品	283,600	—	—	—	283,600
直接材料費	100,000	20,000	60,000	88,000	268,000
直接労務費	24,000	4,800	38,400	19,200	86,400
製造間接費	150,000	30,000	240,000	120,000	540,000
合　　計	557,600	54,800	338,400	227,200	1,178,000
備　　考	完成・販売	♯202へ賦課	完成・未販売	月末仕掛中	—

直接労務費
予定平均賃率：1,200円/時間
　　1,200円/時間×20時間＝24,000円　（♯202）
　　1,200円/時間× 4時間＝ 4,800円　（♯202-2）
　　1,200円/時間×32時間＝38,400円　（♯203）
　　1,200円/時間×16時間＝19,200円　（♯204）

製造間接費（予定配賦額）
予定配賦率：7,500円/時間　（＝7,200,000円÷960時間）
　　7,500円/時間×20時間＝150,000円　（♯202）
　　7,500円/時間× 4時間＝ 30,000円　（♯202-2）
　　7,500円/時間×32時間＝240,000円　（♯203）
　　7,500円/時間×16時間＝120,000円　（♯204）

月末仕掛品（♯204の製造原価）
　227,200円

月初仕掛品（3月に発生した♯202の製造原価）
　直接材料費： 40,000円
　直接労務費： 33,600円　（＝1,200円/時間×28時間）
　製造間接費：210,000円　（＝7,500円/時間×28時間）
　合　　計　283,600円

Point

製造間接費の予定配賦率
＝年間の製造間接費予算額÷年間の正常直接作業時間

♯201は3月に完成しているので、4月の製造原価報告書に影響しない。

3月に発生した♯202の製造原価は、月初仕掛品原価に記入する。

製造原価報告書の直接材料費・直接労務費・製造間接費は、4月に発生した金額を記入するため、3月に発生した♯202の金額は含めない。

製造原価報告書の製造間接費は、実際発生額から配賦差異を加減して予定配賦額となるように記入する。

配賦差異
＝予定配賦額－実際発生額
　＋の場合 → 有利差異
　－の場合 → 不利差異

不利差異の場合、指示がない限り「△」を記入する必要はない。

製造原価報告書で配賦差異の金額を減算しているため、実際の原価より少なくなっている。
そのため、月次損益計算書の売上原価に配賦差異（原価差異）を加算することで調整することになる。

☑**製造原価報告書**
　直 接 材 料 費：268,000円
　直 接 労 務 費：86,400円
　製 造 間 接 費
　　予 定 配 賦 額：540,000円
　　実 際 発 生 額：60,000円＋160,000円＋360,000円＝580,000円
　　　　　　　　　　　間接材料費　　間接労務費　　間接経費
　　配 賦 差 異：540,000円－580,000円＝△40,000円　（**不利差異**）
　　　　　　　　　予定配賦額　　実際発生額
　月初仕掛品原価：283,600円
　月末仕掛品原価：227,200円

第5問 （12点）

直接原価計算による損益計算書　　　　（単位：円）

	前　々　期	前　　期
売　上　高	（　　2,160,000　）	（　　2,160,000　）
変　動　費	（　★ 1,104,000　）	（　★ 1,140,000　）
貢　献　利　益	（　　1,056,000　）	（　　1,020,000　）
固　定　費	（　★　876,000　）	（　★　904,800　）
営　業　利　益	（　★　180,000　）	（　★　115,200　）

★1つにつき2点
合計12点

解　説

Step 1 推定箇所の算定

前々期

	1個あたり 全部製造原価		製品販売量		売上原価の内訳
直接材料費：	600円	×	1,200個	=	720,000円
変動加工費：	120円	×	1,200個	=	144,000円
固定加工費：	480円 *4	×	1,200個	=	576,000円 *3
	1,200円 *2				1,440,000円 *1

*1　全部原価計算による損益計算書の売上原価より
*2　1,440,000円÷1,200個＝@1,200円（1個あたりの全部製造原価）
*3　1,440,000円－720,000円－144,000円＝576,000円（固定加工費の合計）
*4　576,000円÷1,200個＝@480円（1個あたりの固定加工費）
　　　または
　　　@1,200円－@600円－@120円＝@480円

製品（固定加工費）

期首在庫量 0個	当期販売量 1,200個
当期生産量 1,200個	期末在庫量 0個

前々期の
固定加工費 *5
576,000円

576,000 円 ◄

*5　期首・期末の仕掛品は存在しないので、前々期の固定加工費の全額となる。

Point

全部原価計算による損益計算書の売上原価の数値から、推定箇所を算定する。

売上原価は「生産量」ではなく、「販売量」で計算していることに注意する。

期首・期末の仕掛品は存在しないので、前々期の固定加工費は、前々期に完成した製品の原価にすべて含まれている。

不許複製・禁無断転載

前　期

	1 個 あ た り 全部製造原価		製品販売量		売上原価の内訳
直接材料費　:	640円	×	1,200個	=	768,000円
変動加工費　:	110円	×	1,200個	=	132,000円
固定加工費　:	420円 *4	×	1,200個	=	504,000円 *3
	1,170円 *2				1,404,000円 *1

＊1　全部原価計算による損益計算書の売上原価より
＊2　1,404,000円÷1,200個＝@1,170円（1個あたりの全部製造原価）
＊3　1,404,000円－768,000円－132,000円＝504,000円（固定加工費の合計）
＊4　504,000円÷1,200個＝@420円（1個あたりの固定加工費）
　　　　または
　　　@1,170円－@640円－@110円＝@420円

製品（固定加工費）

期首在庫量 0 個	当期販売量 1,200 個	504,000 円
当期生産量 1,440 個	期末在庫量 240 個	100,800 円

前期の
固定加工費 *5
604,800 円

＊5　@420円（1個あたりの固定加工費）×1,440個＝604,800円
　　　期首・期末の仕掛品は存在しないので、前期の固定加工費の全額となる。

> **Point**
> 全部原価計算による損益計算書の売上原価の数値から、推定箇所を算定する。
>
> 売上原価は「生産量」ではなく、「販売量」で計算していることに注意する。
>
> 期首・期末の仕掛品は存在しないので、前期の固定加工費は、前期に完成した製品の原価にすべて含まれている。

第3回

Step 2 　直接原価計算による損益計算書の作成

前々期

売 上 高：2,160,000円

変 動 費：1,104,000円
　直接材料費：@600円×1,200個＝　720,000円
　変動加工費：@120円×1,200個＝　144,000円
　変動販売費：@200円×1,200個＝　240,000円
　　　　　　　　　合　計　1,104,000円

貢献利益：2,160,000円－1,104,000円＝**1,056,000円**

固 定 費：876,000円
　固定加工費　　　　　　　　：576,000円
　固定販売費および一般管理費：300,000円
　　　　　　　　　合　計　876,000円

営業利益：1,056,000円－876,000円＝**180,000円**

> **Point**
> 売上高は、全部原価計算でも直接原価計算でも変わらない。

前　期

売 上 高：2,160,000円

変 動 費：1,140,000円
　直接材料費：@640円×1,200個＝　768,000円
　変動加工費：@110円×1,200個＝　132,000円
　変動販売費：@200円×1,200個＝　240,000円
　　　　　　　　　合　計　1,140,000円

貢献利益：2,160,000円－1,140,000円＝**1,020,000円**

固 定 費：904,800円
　固定加工費　　　　　　　　：604,800円
　固定販売費および一般管理費：300,000円
　　　　　　　　　合　計　904,800円

営業利益：1,020,000円－904,800円＝**115,200円**

> **Point**
> 売上高は、全部原価計算でも直接原価計算でも変わらない。
>
> 全部原価計算では、期末製品に含まれる固定加工費の金額が費用とならないので、直接原価計算での営業利益より大きくなる。

不許複製・禁無断転載

第4回 解答・解説

第1問 （20点） ＊ 勘定科目は**記号での解答**となります。参考として、勘定科目も記入しています。

1

借方科目		金額	貸方科目		金額
不 渡 手 形	オ	312,000	営業外受取手形	イ	312,000

Point
倉庫の売却（営業外取引）に伴う約束手形の受取りなので、営業外受取手形勘定で処理している。

2

借方科目		金額	貸方科目		金額
当 座 預 金	ア	236,400	電子記録債権	イ	240,000
電子記録債権売却損	キ	3,600			

当座預金：¥240,000－¥3,600＝¥236,400

Point
手形の割引きに準じて処理し、割引料は電子記録債権売却損勘定で処理する。

3

借方科目		金額	貸方科目		金額
未 収 入 金	イ	600,000	未 決 算	キ	650,000
火 災 損 失	カ	50,000			

未 決 算：¥2,600,000－¥1,950,000＝¥650,000（帳簿価額）
　　　　　取得原価　　減価償却累計額
火災損失：¥600,000－¥650,000＝△¥50,000（損）
　　　　　保険金　　帳簿価額

Point
保険金の額が確定するまで、帳簿価額を未決算勘定に振り替えている。

保険金（確定額）－帳簿価額

　＋の場合 ⇒ 保険差益
　－の場合 ⇒ 火災損失

当座預金口座には、まだ入金されていないので、未収入金勘定で処理する。

不許複製・禁無断転載

	借方科目		金額	貸方科目		金額
4	普 通 預 金	イ	716,800	役 務 収 益	エ	716,800
	役 務 原 価	オ	372,720	仕 掛 品	ウ	372,720

仕掛品：¥286,720＋¥86,000＝¥372,720
　　　　　給料　　出張旅費

Point
役務の提供が完了するまで、当該案件のために直接、費やされたものは、仕掛品勘定に振り替えている。

	借方科目		金額	貸方科目		金額
5	ソフトウェア	イ	3,600,000	ソフトウェア仮勘定	エ	5,040,000
	長 期 前 払 費 用	オ	1,440,000			

ソフトウェア：¥5,040,000－¥1,440,000＝¥3,600,000

Point
完成し使用開始するまで、ソフトウェア仮勘定で処理している。

保守費用は、ソフトウェアの取得原価に含めない。

保守費用の長期前払いとなるので、長期前払費用勘定で処理する。

仕訳1組につき4点　合計20点

第2問 (20点)

連結精算表 (単位：千円)

科　目	個別財務諸表		修　正　・　消　去		連結財務諸表
	P　社	S　社	借　方	貸　方	
貸借対照表					連結貸借対照表
諸　資　産	672,000	1,060,800			1,732,800
⑫ 売　掛　金	2,160,000	1,440,000		420,000	3,180,000
⑭ 貸倒引当金	(86,400)	(57,600)	16,800		(★ 127,200)
⑩ 商　　品	960,000	720,000		93,600	★ 1,586,400
貸　付　金	240,000	－		240,000	－
S　社　株　式	1,800,000	－		1,800,000	－
⑤〔 の れ ん 〕			216,000	21,600	★ 194,400
資　産　合　計	5,745,600	3,163,200	232,800	2,575,200	6,566,400
諸　負　債	(324,000)	(120,000)			(444,000)
⑬ 買　掛　金	(1,341,600)	(643,200)	420,000		(★ 1,564,800)
借　入　金	(－)	(240,000)	240,000		(－)
① 資　本　金	(2,400,000)	(1,200,000)	1,200,000		(2,400,000)
② 資本剰余金	(600,000)	(240,000)	240,000		(600,000)
利益剰余金	(1,080,000)	(720,000)	1,833,600	1,159,200	(1,125,600)
非支配株主持分			12,000	444,000	(432,000)
負債・純資産合計	(5,745,600)	(3,163,200)	3,945,600	1,603,200	(6,566,400)
損益計算書					連結損益計算書
⑨ 売　上　高	(7,440,000)	(4,320,000)	1,080,000		(10,680,000)
⑪ 売　上　原　価	5,160,000	3,480,000	93,600	1,080,000	★ 7,653,600
⑮ 販売費及び一般管理費	1,548,000	516,000	21,600	16,800	★ 2,068,800
⑯ 営　業　外　収　益	(482,400)	(242,400)	48,000		(★ 674,400)
				2,400	
⑰ 営　業　外　費　用	290,400	206,400		2,400	494,400
法　人　税　等	324,000	120,000			444,000
当　期　純　利　益	(600,000)	(240,000)	1,245,600	1,099,200	(693,600)
⑥ 非支配株主に帰属する当期純利益			48,000		48,000
親会社株主に帰属する当期純利益			1,293,600	1,099,200	(645,600)
株主資本等変動計算書					連結株主資本等変動計算書
③ 利益剰余金当期首残高	(840,000)	(540,000)	540,000		(★ 840,000)
⑦ 剰 余 金 の 配 当	360,000	60,000		60,000	★ 360,000
親会社株主に帰属する当期純利益	(600,000)	(240,000)	1,293,600	1,099,200	(645,600)
利益剰余金当期末残高	(1,080,000)	(720,000)	1,833,600	1,159,200	(1,125,600)
④ 非支配株主持分当期首残高				396,000	(396,000)
⑧ 非支配株主持分当期変動額			12,000	48,000	(★ 36,000)
非支配株主持分当期末残高			12,000	444,000	(432,000)

（注）（　　）は貸方金額を示す。連結財務諸表欄に該当数値がない場合は「－」と記入する。

＊ 上記の○番号は、解説の番号と対応しています。矢印（→）は、解答するさいに金額を移記するものです。

★1つにつき2点
合計20点

不許複製・禁無断転載

解説

Step 1 連結開始仕訳（仕訳の単位：千円）

修正・消去欄

（ 資本金当期首残高 ）	1,200,000	（ Ｓ 社 株 式 ）	1,800,000
（ 資本剰余金当期首残高 ）	240,000	（ 非支配株主持分当期首残高 ）	396,000
（ 利益剰余金当期首残高 ）	540,000		
（ の れ ん ）	216,000		

のれん：
$\underbrace{(1,200,000千円＋240,000千円＋540,000千円) ×80％＝1,584,000千円}$ （Ｐ社持分）

$\underbrace{1,800,000千円}_{Ｓ社株式}－\underbrace{1,584,000千円}_{Ｐ社持分}＝216,000千円$

非支配株主持分当期首残高：
$(1,200,000千円＋240,000千円＋540,000千円) ×20％＝396,000千円$ （非支配株主持分）

☑連結財務諸表欄
　資　　　本　　　金：2,400,000千円＋1,200,000千円－1,200,000千円＝**2,400,000千円** … ①
　資　本　剰　余　金：600,000千円＋240,000千円－240,000千円＝**600,000千円** … ②
　利益剰余金当期首残高：840,000千円＋540,000千円－540,000千円＝**840,000千円** … ③
　非支配株主持分当期首残高：**396,000千円** … ④

> **Point**
> 株主資本等変動計算書は、利益剰余金と非支配株主持分の変動のみを記入するため、資本金当期首残高の変動は「資本金」、資本剰余金当期首残高の変動は「資本剰余金」の行で調整することになる。

Step 2 当期の連結修正仕訳（仕訳の単位：千円）

1．のれんの償却

修正・消去欄

（ 販売費及び一般管理費 ） のれん償却	21,600	（ の れ ん ）	21,600

販売費及び一般管理費：216,000千円÷10年＝21,600千円

> **Point**
> のれん償却の金額は、「販売費及び一般管理費」に含める。

☑連結財務諸表欄
　［のれん］：216,000千円－21,600千円＝**194,400千円** … ⑤

2．Ｓ社の当期純利益の非支配株主持分への振替え

修正・消去欄

（ 非支配株主に帰属する当期純利益 ）	48,000	（ 非支配株主持分当期変動額 ）	48,000

非支配株主に帰属する当期純利益：240,000千円×20％＝48,000千円

> **Point**
> 非支配株主の持分割合に応じて、Ｓ社の当期純利益を非支配株主持分に振り替える。
>
> 当期の変動なので、「非支配株主持分当期変動額」となる。

☑連結財務諸表欄
　非支配株主に帰属する当期純利益：**48,000千円** … ⑥

3．Ｓ社の配当の修正

修正・消去欄

（ 営 業 外 収 益 ） 受取配当金	48,000	（ 剰 余 金 の 配 当 ）	60,000
（ 非支配株主持分当期変動額 ）	12,000		

営　業　外　収　益：60,000千円×80％＝48,000千円
非支配株主持分当期変動額：60,000千円×20％＝12,000千円

> **Point**
> 持分割合に応じて配当が行われたと考える。
>
> Ｐ社への配分分はＰ社が計上した「営業外収益（受取配当金）」と相殺し、非支配株主への配当分は「非支配株主持分当期変動額」の減少として処理する。

☑連結財務諸表欄
　剰　余　金　の　配　当：360,000千円＋60,000千円－60,000千円＝**360,000千円** … ⑦
　非支配株主持分当期変動額：48,000千円－12,000千円＝**36,000千円** … ⑧

— 105 —

4．売上高と売上原価の相殺消去

修正・消去欄

（ 売 上 高 ）	1,080,000	（ 売 上 原 価 ）	1,080,000
		当期商品仕入高	

> **Point**
> P社がS社に対して商品を販売しているので、P社の売上高とS社の売上原価（仕入）を相殺する。

☑連結財務諸表欄

　売上高：7,440,000千円＋4,320,000千円－1,080,000千円＝**10,680,000千円** … ⑨

5．商品の未実現利益の消去

修正・消去欄

（ 売 上 原 価 ）	93,600	（ 商 品 ）	93,600
期末商品棚卸高			

売上原価：312,000千円×30％＝93,600千円

> **Point**
> S社が保有する商品に、P社から仕入れたものが含まれているため、未実現利益を消去する。
> P社が付加した利益なので、P社が全額負担することになる。

☑連結財務諸表欄

　商　品：960,000千円＋720,000千円－93,600千円＝**1,586,400千円** … ⑩
　売上原価：5,160,000千円＋3,480,000千円－1,080,000千円＋93,600千円＝**7,653,600千円** … ⑪

6．売掛金と買掛金の相殺消去

修正・消去欄

（ 買 掛 金 ）	420,000	（ 売 掛 金 ）	420,000

> **Point**
> P社の売掛金の残高に、S社に対するものが含まれているので、S社の買掛金と相殺する。

☑連結財務諸表欄

　売掛金：2,160,000千円＋1,440,000千円－420,000千円＝**3,180,000千円** … ⑫
　買掛金：1,341,600千円＋643,200千円－420,000千円＝**1,564,800千円** … ⑬

7．貸倒引当金の修正

修正・消去欄

（ 貸 倒 引 当 金 ）	16,800	（ 販売費及び一般管理費 ）	16,800
		貸倒引当金繰入	

販売費及び一般管理費：420,000千円×4％＝16,800千円

> **Point**
> P社がS社に対する売掛金について設定した貸倒引当金を消去する。
> 営業債権に対する貸倒引当金の繰入額は「販売費及び一般管理費」に含まれている。

☑連結財務諸表欄

　貸倒引当金：86,400千円＋57,600千円－16,800千円＝**127,200千円** … ⑭
　販売費及び一般管理費：1,548,000千円＋516,000千円＋21,600千円－16,800千円＝**2,068,800千円** … ⑮

8．資金の貸付け・借入れに係る相殺消去

修正・消去欄

（ 借 入 金 ）	240,000	（ 貸 付 金 ）	240,000
（ 営 業 外 収 益 ）	2,400	（ 営 業 外 費 用 ）	2,400
受取利息		支払利息	

> **Point**
> 当期首に貸付けを行っているので、1年分の利息を計上している。

営業外収益：240,000千円×1％＝2,400千円

☑連結財務諸表欄

　営業外収益：482,400千円＋242,400千円－48,000千円－2,400千円＝**674,400千円** … ⑯
　営業外費用：290,400千円＋206,400千円－2,400千円＝**494,400千円** … ⑰

不許複製・禁無断転載

第3問 （20点）

損　益　計　算　書

自X8年4月1日　至X9年3月31日　　　　（単位：円）

② I 役　務　収　益			（★　3,848,000 ）
③ II 役　務　原　価			（★　2,886,000 ）
（売　上　総　利　益）			（　　962,000 ）
III 販売費及び一般管理費			
1．給　　　　料	（　　180,000 ）		
2．旅　費　交　通　費	（　　60,000 ）		
⑥ 3．水　道　光　熱　費	（★　103,200 ）		
4．通　信　費	（　　49,400 ）		
⑤ 5．支　払　家　賃	（　　261,600 ）		
⑪ 6．賞　与　引　当　金　繰　入	（★　100,000 ）		
① 7．貸　倒　損　失	（★　8,000 ）		
④ 8．貸　倒　引　当　金　繰　入	（★　5,180 ）		
⑦ 9．減　価　償　却　費	（★　30,720 ）		
⑧ 10．ソ フ ト ウ ェ ア 償 却	（★　11,400 ）		
⑩ 11．退　職　給　付　費　用	（★　20,000 ）	（　　829,500 ）	
（営　業　利　益）			（　　132,500 ）
IV 営　業　外　収　益			
1．受　取　利　息			（　　500 ）
V 営　業　外　費　用			
1．支　払　利　息			（　　16,000 ）
（経　常　利　益）			（　　117,000 ）
VI 特　別　利　益			
1．投資有価証券売却益			（　　4,800 ）
VII 特　別　損　失			
⑨ 1．固　定　資　産　除　却　損			（★　1,800 ）
税引前当期純利益			（　　120,000 ）
⑫ 法人税、住民税及び事業税			（　　36,000 ）
⑬ （当　期　純　利　益）			（　　84,000 ）

＊　上記の〇番号は、解説の番号と対応しています。

★１つにつき２点
合計20点

解 説

決算整理事項等の処理

1．売掛金の貸倒れ

（ 貸 倒 引 当 金 ）	4,000	（ 売 掛 金 ）	12,000
（ 貸 倒 損 失 ）	8,000		

☑貸倒損失：¥8,000 … ①

> **Point**
> 前期分は貸倒引当金を取り崩し、当期分は貸倒損失勘定で処理する。

2．役務収益・役務原価の計上

（ 売 掛 金 ）	48,000	（ 役 務 収 益 ）	48,000
（ 役 務 原 価 ）	36,000	（ 未 払 金 ）	36,000

役務収益：@¥750÷0.75＝@¥1,000（1時間あたりの顧客への請求額）
　　　　　@¥1,000×48時間＝¥48,000
役務原価：@¥750×48時間＝¥36,000

> **Point**
> 勤務報告書の提出漏れ分を請求（売上計上）するとともに、役務原価を計上する。
>
> 割り戻すことにより1時間あたりの顧客への請求額を算定する。
>
> 役務提供を営業目的としており、請求しただけなので、売掛金勘定で処理する。

☑役務収益：¥3,800,000＋¥48,000＝¥3,848,000 … ②
☑役務原価：¥2,850,000＋¥36,000＝¥2,886,000 … ③
☑未 払 金：¥124,800＋¥36,000＝¥160,800
☑売 掛 金：¥1,400,000－¥12,000＋¥48,000＝¥1,436,000

3．貸倒引当金の設定

（ 貸 倒 引 当 金 繰 入 ）	5,180	（ 貸 倒 引 当 金 ）	5,180

貸倒引当金繰入：¥1,436,000×0.5％＝¥7,180（設定額）
　　　　　　　　¥7,180－（¥6,000－¥4,000）＝¥5,180（繰入額）
　　　　　　　　　　　　　貸倒引当金残高

> **Point**
> 貸倒引当金が減少していることに注意する。

☑貸倒引当金繰入：¥5,180 … ④
☑貸 倒 引 当 金：¥6,000－¥4,000＋¥5,180＝¥7,180

4．前払費用および未払費用の処理

再振替仕訳

（ 支 払 家 賃 ）	22,800	（ 前 払 費 用 ）	22,800
（ 未 払 費 用 ）	9,200	（ 水 道 光 熱 費 ）	9,200

費用の前払い・未払い

（ 前 払 費 用 ）	25,200	（ 支 払 家 賃 ）	25,200
（ 水 道 光 熱 費 ）	10,000	（ 未 払 費 用 ）	10,000

> **Point**
> 再振替仕訳は、前期末の決算整理で行った仕訳の貸借逆仕訳を行う。

☑支 払 家 賃：¥264,000＋¥22,800－¥25,200＝¥261,600 … ⑤
☑水 道 光 熱 費：¥102,400－¥9,200＋¥10,000＝¥103,200 … ⑥
☑前 払 費 用：¥22,800－¥22,800＋¥25,200＝¥25,200
☑未 払 費 用：¥9,200－¥9,200＋¥10,000＝¥10,000

５．減価償却費の計上

（ 減 価 償 却 費 ）	30,720	（ 備品減価償却累計額 ）	30,720

減価償却費：（¥240,000－¥86,400）×0.2＝¥30,720

> **Point**
> 備品の償却率
> $$\frac{1}{10年}×200\%=0.2$$

☑減 価 償 却 費：¥30,720 … ⑦
☑備品減価償却累計額：¥86,400＋¥30,720＝¥117,120

６．ソフトウェアの除却および償却

期首残高

（ ソフトウェア償却 ）	9,000	（ ソ フ ト ウ ェ ア ）	10,800
（ 固定資産除却損 ）	1,800		

新経理システム

（ ソフトウェア償却 ）	2,400	（ ソ フ ト ウ ェ ア ）	2,400

ソフトウェア償却（期 首 残 高）：$¥10,800×\dfrac{10か月}{12か月}=¥9,000$

固定資産除却損：¥10,800－¥9,000＝¥1,800

ソフトウェア償却（新経理システム）：$¥72,000×\dfrac{2か月}{60か月}=¥2,400$

> **Point**
> 期首で取得後４年経過しているので、期首残高は１年分の償却額となる。
>
> 期首残高の分は、新経理システムへの切換えまで使用しているので、10か月分の償却を行う。
>
> 期首残高から10か月分の償却をした後の金額を、固定資産除却損勘定で処理する。
>
> 新経理システムは２か月分を償却する。
>
> ５年＝60か月

☑ソフトウェア償却：¥9,000＋¥2,400＝¥11,400 … ⑧
☑固定資産除却損：¥1,800 … ⑨
☑ソフトウェア：¥82,800－¥10,800－¥2,400＝¥69,600

７．引当金の処理

(1) 退職給付引当金

（ 退 職 給 付 費 用 ）	20,000	（ 退 職 給 付 引 当 金 ）	20,000

(2) 賞与引当金

（ 賞 与 引 当 金 繰 入 ）	12,000	（ 賞 与 引 当 金 ）	12,000

賞与引当金繰入：¥8,000×11か月＝¥88,000（２月までの計上額）
　　　　　　　　¥100,000－¥88,000＝¥12,000（追加計上額）

> **Point**
> 賞与引当金
> 支払見込み額は、賞与引当金の設定額となる。
>
> 支払見込み額と２月までの計上額との差額を追加計上する。

☑退 職 給 付 費 用：¥20,000 … ⑩
☑賞与引当金繰入：¥88,000＋¥12,000＝¥100,000 … ⑪
☑退職給付引当金：¥720,000＋¥20,000＝¥740,000
☑賞 与 引 当 金：¥88,000＋¥12,000＝¥100,000

８．法人税、住民税及び事業税の計上

（ 法人税、住民税及び事業税 ）	6,000	（ 未 払 法 人 税 等 ）	6,000

法人税、住民税及び事業税：¥120,000×30%＝¥36,000
　　　　　　　　　　　税引前当期純利益
　　　　　　　¥36,000－¥30,000＝¥6,000（追加計上額）

> **Point**
> 答案用紙の損益計算書で税引前当期純利益まで計算しておく。
>
> 月次決算において、法人税、住民税及び事業税を計上している。
>
> 当期純利益の30％が法人税、住民税及び事業税となるように追加計上する。

☑法人税、住民税及び事業税：¥30,000＋¥6,000＝¥36,000 … ⑫
☑（ 当 期 純 利 益 ）：¥120,000－¥36,000＝¥84,000 … ⑬
☑未 払 法 人 税 等：¥30,000＋¥6,000＝¥36,000
☑繰 越 利 益 剰 余 金：¥48,000＋¥84,000＝¥132,000

第4問 （28点）

問1 （12点）　　＊ 勘定科目は**記号での解答**となります。参考として、勘定科目も記入しています。

	借方科目		金額	貸方科目		金額
(1)	甲 製 造 部 費	イ	80,000	製 造 間 接 費	ア	200,000
	乙 製 造 部 費	ウ	60,000			
	動 力 部 費	エ	50,000			
	修 繕 部 費	オ	10,000			

部門共通費の配賦額
　甲製造部：200,000円×40％＝80,000円
　乙製造部：200,000円×30％＝60,000円
　動 力 部：200,000円×25％＝50,000円
　修 繕 部：200,000円× 5％＝10,000円

Point
配賦割合にもとづいて、部門共通費を各部門に配賦する。

部門個別費と配賦された部門共通費の合計が、第1次集計された各部門の製造間接費（部門費）の金額となる。

☑第1次集計後の各部門費（＝部門個別費＋部門共通費の配賦額）
　甲製造部費：340,000円＋80,000円＝420,000円
　乙製造部費：220,000円＋60,000円＝280,000円
　動 力 部 費： 70,000円＋50,000円＝120,000円
　修 繕 部 費： 50,000円＋10,000円＝ 60,000円

動力部費
　甲製造部：120,000円×55％＝66,000円
　乙製造部：120,000円×45％＝54,000円
修繕部費
　甲製造部：60,000円×70％＝42,000円
　乙製造部：60,000円×30％＝18,000円

	借方科目		金額	貸方科目		金額
(2)	甲 製 造 部 費	イ	108,000	動 力 部 費	エ	120,000
	乙 製 造 部 費	ウ	72,000	修 繕 部 費	オ	60,000

甲製造部費：66,000円＋42,000円＝108,000円
乙製造部費：54,000円＋18,000円＝ 72,000円

Point
直接配賦法を採用しているので、補助部門費を製造部門にのみ配賦する。

配賦割合にもとづいて補助部門費を各製造部門に実際配賦する。

第1次集計後の各補助部門費を各製造部門に配賦することで、すべての製造間接費が各製造部門にのみ集計されることになる。
（第2次集計）

☑第2次集計後の各製造部門費（＝第1次集計後の各製造部門費＋補助部門費の配賦額）
　甲製造部費：420,000円＋108,000円＝528,000円
　乙製造部費：280,000円＋ 72,000円＝352,000円

不許複製・禁無断転載　　　　　　　　　— 110 —

甲製造部費

製品A： $\dfrac{528,000円}{200時間} \times 100時間 = 264,000円$

製品B： $\dfrac{528,000円}{200時間} \times 100時間 = 264,000円$

乙製造部費

製品A： $\dfrac{352,000円}{100時間} \times 60時間 = 211,200円$

(3)　製品B： $\dfrac{352,000円}{100時間} \times 40時間 = 140,800円$

借方科目		金額	貸方科目		金額
仕　掛　品	カ	475,200	甲 製 造 部 費	イ	264,000
			乙 製 造 部 費	ウ	211,200

仕掛品：264,000円＋211,200円＝475,200円

Point

作業時間を配賦基準として、各製造部門費を各製造指図書に実際配賦する。

☑各製造指図書に集計される製造間接費の金額
製品A：264,000円＋211,200円＝475,200円
製品B：264,000円＋140,800円＝404,800円

仕訳1組につき4点　合計12点

— 111 —

不許複製・禁無断転載

問 2 （16点）

	仕 掛 品		
月 初 有 高	(412,800)	完 成 高	(2,068,000)
直 接 材 料 費	(★ 1,400,000)	月 末 有 高	(★ 488,800)
加 工 費	(★ 900,000)	標 準 原 価 差 異	(★ 156,000)
	(2,712,800)		(2,712,800)

月次損益計算書（一部）　　　　　　　　　（単位：円）

I 売　　上　　高			(★ 5,400,000)
II 売　上　原　価			
月 初 製 品 棚 卸 高	(	132,000)	
当 月 製 品 製 造 原 価	(★	2,068,000)	
合　　　　　計	(	2,200,000)	
月 末 製 品 棚 卸 高	(	220,000)	
差　　　　　引	(	1,980,000)	
標 準 原 価 差 異	(	156,000)	(★ 2,136,000)
売 上 総 利 益			(3,264,000)
III 販売費及び一般管理費			(2,620,000)
営　業　利　益			(★ 644,000)

★1つにつき2点
合計16点

解 説

Step 1 仕掛品勘定への記入

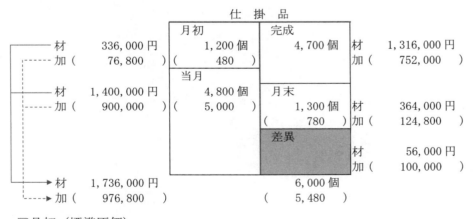

☑月初（標準原価）
　直接材料費：@280円×1,200個＝336,000円
　加　工　費：@160円×　480個＝　76,800円
　合　　　計　　　　　　　　　412,800円

☑当月（実際原価）
　直接材料費：1,400,000円
　加　工　費：　900,000円

☑月末（標準原価）
　直接材料費：@280円×1,300個＝364,000円
　加　工　費：@160円×　780個＝124,800円
　合　　　計　　　　　　　　　488,800円

☑完成（標準原価）
　　直接材料費：＠280円×4,700個＝1,316,000円
　　加　工　費：＠160円×4,700個＝　752,000円
　　合　　　計　　　　　　　　　　2,068,000円
☑標準原価差異（貸借差額）
　　直接材料費：1,736,000円－364,000円－1,316,000円＝ 56,000円
　　加　工　費：　976,800円－124,800円－　752,000円＝100,000円
　　合　　　計　　　　　　　　　　　　　　　　　　　156,000円

Step 2 月次損益計算書の作成

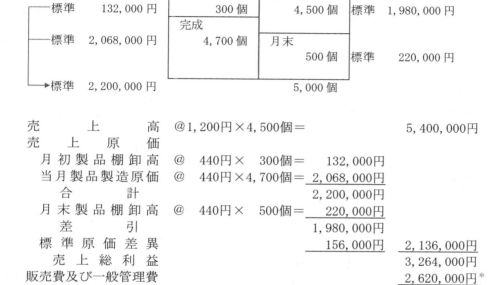

売　　上　　高	＠1,200円×4,500個＝		5,400,000円
売　上　原　価			
月初製品棚卸高	＠　440円×　300個＝	132,000円	
当月製品製造原価	＠　440円×4,700個＝	2,068,000円	
合　　計		2,200,000円	
月末製品棚卸高	＠　440円×　500個＝	220,000円	
差　　引		1,980,000円	
標準原価差異		156,000円	2,136,000円
売　上　総　利　益			3,264,000円
販売費及び一般管理費			2,620,000円＊
営　業　利　益			644,000円

＊　1,680,000円＋480,000円＋320,000円＋140,000円＝2,620,000円
　　販売員給料　　地代家賃　　水道光熱費　　その他

Point
標準：標準原価

標準原価差異は不利差異なので、売上原価に加算する。

販売費及び一般管理費
＝販売員給料＋地代家賃＋水道光熱費＋その他

第5問 （12点）

問1　★　980　個

問2　★　30　％

問3
次期の利益計画A	☆	604,800	円
次期の利益計画B	☆	677,600	円
次期の利益計画C	☆	564,600	円

★1つにつき3点
☆1つにつき2点
合計12点

解説

問1

当期のデータの整理（直接原価計算による損益計算書）

```
売    上    高       5,040,000 円 （＝@3,600円×1,400個）
変 動 売 上 原 価    2,688,000 円 （＝@1,920円×1,400個）
  変 動 製 造 マージン 2,352,000 円
  変 動 販 売 費       336,000 円 （＝@ 240円×1,400個）
  貢   献   利   益  2,016,000 円
  固   定   加 工 費   864,000 円
  固定販売費及び一般管理費 547,200 円
  営   業   利   益    604,800 円
```

損益分岐点における販売数量：3,528,000円÷@3,600円＝**980個**
貢　献　利　益　率：2,016,000円÷5,040,000円＝0.4（40％）
固　　　定　　　費：864,000円＋547,200円＝1,411,200円
損益分岐点における売上高：1,411,200円÷0.4＝3,528,000円

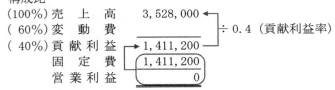

問2

$$安全余裕率＝\frac{売上高－損益分岐点売上高}{売上高}$$

$$＝\frac{5,040,000円－3,528,000円}{5,040,000円}＝0.3（30\%）$$

売上高（100％）	
損益分岐点比率（70％）	安全余裕率（30％）

Point

貢献利益率
＝貢献利益÷売上高

変動費
＝変動売上原価＋変動販売費

固定費
＝固定加工費＋固定販売費及び一般管理費

貢献利益
＝固定費＋営業利益

損益分岐点は営業利益がゼロとなる。

売上高の40％が貢献利益となるので、割り戻すことにより売上高を計算する。

Point
安全余裕率が問われている。

損益分岐点比率
売上高に占める損益分岐点売上高の割合

問3

次期の利益計画Aの整理（直接原価計算による損益計算書）

販売価格： @3,600円×（1＋0.1）＝@3,960円
販　売　量：　1,400個×（1－0.2）＝　1,120個

売　　　上　　　高	4,435,200 円	（＝@3,960円×1,120個）
変 動 売 上 原 価	2,150,400 円	（＝@1,920円×1,120個）
変 動 製 造 マ ー ジ ン	2,284,800 円	
変 動 販 売 費	268,800 円	（＝@　240円×1,120個）
貢 献 利 益	2,016,000 円	
固 定 加 工 費	864,000 円	
固定販売費及び一般管理費	547,200 円	
営 業 利 益	**604,800 円**	

次期の利益計画Bの整理（直接原価計算による損益計算書）

原　料　費： @1,000円×（1－0.2）＝@　800円
変動加工費： @　920円×（1－0.1）＝@　828円
合　　計：　　　　　　　　　　　　@1,628円

売　　　上　　　高	5,040,000 円	（＝@3,600円×1,400個）
変 動 売 上 原 価	2,279,200 円	（＝@1,628円×1,400個）
変 動 製 造 マ ー ジ ン	2,760,800 円	
変 動 販 売 費	336,000 円	（＝@　240円×1,400個）
貢 献 利 益	2,424,800 円	
固 定 加 工 費	1,200,000 円	（＝864,000円＋336,000円）
固定販売費及び一般管理費	547,200 円	
営 業 利 益	**677,600 円**	

次期の利益計画Cの整理（直接原価計算による損益計算書）

販売価格： @3,600円×（1－0.05）＝@3,420円
販　売　量：　1,400個×（1＋0.15）＝　1,610個

売　　　上　　　高	5,506,200 円	（＝@3,420円×1,610個）
変 動 売 上 原 価	3,091,200 円	（＝@1,920円×1,610個）
変 動 製 造 マ ー ジ ン	2,415,000 円	
変 動 販 売 費	386,400 円	（＝@　240円×1,610個）
貢 献 利 益	2,028,600 円	
固 定 加 工 費	864,000 円	
固定販売費及び一般管理費	600,000 円	（＝547,200円＋52,800円）
営 業 利 益	**564,600 円**	

Point
それぞれの次期の利益計画にもとづいて、直接原価計算による損益計算書を作成し、営業利益を計算する。

第5回　解答・解説

第1問（20点）　＊ 勘定科目は**記号での解答**となります。参考として、勘定科目も記入しています。

	借方科目		金額	貸方科目		金額
1	普 通 預 金	ア	504,000	売 掛 金	イ	480,000
				為 替 差 損 益	キ	24,000

　売　掛　金：@¥100×4,800ドル＝¥480,000（輸出時の為替相場で換算）
　普　通　預　金：@¥105×4,800ドル＝¥504,000（決済時の為替相場で換算）
　為替差損益：貸借差額

Point
売掛金は輸出時の為替相場で換算している。

受け取った商品代金は、決済時の為替相場で換算する。

為替差損益勘定を貸方に記入するということは、為替差益となる。

	借方科目		金額	貸方科目		金額
2	貯 蔵 品	ア	480,000	備 品	イ	720,000
	固定資産除却損	キ	240,000			
	リ ー ス 資 産	エ	5,760,000	リ ー ス 債 務	オ	5,760,000

　固定資産除却損：¥480,000－¥720,000＝△¥240,000（損）
　　　　　　　　　処分価額　　帳簿価額
　リ ー ス 資 産：¥1,152,000×5年＝¥5,760,000（リース料総額）

Point
除却した備品は、直接法で記帳している。

利子込み法
リース料総額を取得原価とし、リース資産勘定を借方に計上する。

リース料総額を借り入れたと考え、リース債務勘定を貸方に計上する。

	借方科目		金額	貸方科目		金額
3	買 掛 金	オ	240,000	電 子 記 録 債 権	イ	240,000

Point
手形の裏書譲渡に準じた処理となる。

不許複製・禁無断転載　　　　— 116 —

	借方科目		金額	貸方科目		金額		Point
4	仮 受 消 費 税	エ	96,000	仮 払 消 費 税	ア	67,200		「仮受消費税＞仮払消費税」の場合、差額を未払消費税勘定で処理する。
				未 払 消 費 税	カ	28,800		
								「仮受消費税＜仮払消費税」の場合、差額を未収還付消費税勘定で処理する。
	未払消費税：¥96,000－¥67,200＝¥28,800							

	借方科目		金額	貸方科目		金額		Point
5	減 価 償 却 費	オ	32,000	備品減価償却累計額	イ	32,000		税法で認められる償却額を超過した分については、損金（税法上の費用）に算入することができない。
	繰 延 税 金 資 産	ウ	2,400	法人税等調整額	カ	2,400		
								会計上の利益に比べ、課税所得（税法上の利益）が増加する。
	減 価 償 却 費：¥192,000÷6年＝¥32,000（会計上の償却額） 繰延税金資産：¥192,000÷8年＝¥24,000（税法上の償却額） 　　　　　　　　¥32,000－¥24,000＝¥8,000（損金不算入額） 　　　　　　　　¥8,000×30％＝¥2,400							利益の増加分に対する税金を前払いしたと考え、繰延税金資産勘定を借方に計上する。 法人税等調整額勘定を貸方に計上することにより、法人税、住民税及び事業税の金額を間接的に控除する。

第5回

仕訳1組につき4点　合計20点

不許複製・禁無断転載

第2問 (20点)

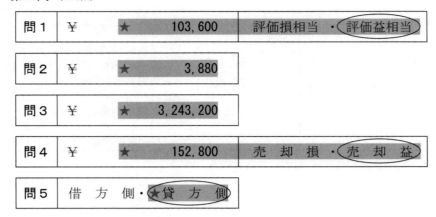

★1つにつき4点
合計20点

解 説

その他有価証券（A社株式）

X1年度

X2年3月31日（評価替え）

（その他有価証券）	28,800	（繰延税金負債）	8,640
		（その他有価証券評価差額金）	20,160

その他有価証券：＠¥700×480株＝¥336,000（期末時価）
　　　　　　　　＠¥640×480株＝¥307,200（取得原価）
　　　　　　　　¥336,000－¥307,200＝¥28,800（評価益相当）
　　　　　　　　期末時価　　取得原価

繰延税金負債：¥28,800×30％＝¥8,640
その他有価証券評価差額金：¥28,800－¥8,640＝¥20,160

> **Point**
> **評価益相当**
> 「時価＞取得原価」の場合、評価差額の30％を繰延税金負債勘定、残りの70％をその他有価証券評価差額金勘定（貸方）で処理する。
>
> **評価損相当**
> 「時価＜取得原価」の場合、評価差額の30％を繰延税金資産勘定、残りの70％をその他有価証券評価差額金勘定（借方）で処理する。

☑時価が取得原価を上回っている場合、「その他有価証券評価差額金」は**貸方側**に残高が生じる。→ 問5

X2年度

X2年4月1日（再振替仕訳）

（繰延税金負債）	8,640	（その他有価証券）	28,800
（その他有価証券評価差額金）	20,160		

> **Point**
> その他有価証券は洗替法によるため、再振替仕訳により取得原価に戻る。

X2年5月16日（購入）

（その他有価証券）	291,200	（未　払　金）	291,200

その他有価証券：＠¥720×400株＋¥3,200＝¥291,200

> **Point**
> 購入手数料は、取得原価に含める。

X2年12月14日（購入）

（その他有価証券）	496,800	（未　払　金）	496,800

その他有価証券：＠¥820×600株＋¥4,800＝¥496,800

> **Point**
> 購入手数料は、取得原価に含める。

X3年3月31日（評価替え）

| （ その他有価証券 ） | 148,000 | （ 繰 延 税 金 負 債 ） | 44,400 |
| | | （ その他有価証券評価差額金 ） | 103,600 |

その他有価証券：
@¥840×1,480株＝¥1,243,200（期末時価）
¥307,200＋¥291,200＋¥496,800＝¥1,095,200（取得原価）
　期首保有　　　5月16日　　12月14日
¥1,243,200－¥1,095,200＝¥148,000（評価益相当）
　期末時価　　　取得原価
繰 延 税 金 負 債：¥148,000×30%＝¥44,400
その他有価証券評価差額金：¥148,000－¥44,400＝¥103,600

☑その他有価証券評価差額金：¥103,600（**評価益相当**）→ 問1

> **Point**
> 期末の保有株式数
> 480株＋400株＋600株
> ＝1,480株
>
> その他有価証券は、貸借対照表に「投資有価証券」として記載される。

X3年度

X3年4月1日（再振替仕訳）

| （ 繰 延 税 金 負 債 ） | 44,400 | （ その他有価証券 ） | 148,000 |
| （ その他有価証券評価差額金 ） | 103,600 | | |

> **Point**
> その他有価証券は洗替法によるため、再振替仕訳により取得原価に戻る。

X3年6月5日（売却）

| （ 未 収 入 金 ） | 892,800 | （ その他有価証券 ） | 740,000 |
| | | （ 投資有価証券売却益 ） | 152,800 |

未 収 入 金：@¥900×1,000株－¥7,200＝¥892,800（売却手数料控除後）
その他有価証券：¥1,095,200÷1,480株＝@¥740
　　　　　　　　@¥740×1,000株＝¥740,000
投資有価証券売却益：¥892,800－¥740,000＝¥152,800（益）

☑A社株式の売却損益：¥152,800（**売却益**）→ 問4

> **Point**
> 売却手数料は、売却損益に含める。

満期保有目的債券（B社社債）

X2年度

X2年12月22日（購入）

| （ 満期保有目的債券 ） | 2,000,000 | （ 未 払 金 ） | 2,005,920 |
| （ 有 価 証 券 利 息 ） | 5,920 | | |

有価証券利息：$¥2,000,000×0.73\%×\dfrac{148日}{365日}＝¥5,920$

> **Point**
> 裸相場
> 端数利息を含まない相場
>
> 端数利息の計算期間は受渡日（12月26日）までなので148日となる。
>
> 31日（8月）
> 30日（9月）
> 31日（10月）
> 30日（11月）
> 26日（12月）
> 148日

X3年1月31日（利息の受取り）

| （ 普 通 預 金 ） | 7,300 | （ 有 価 証 券 利 息 ） | 7,300 |

有価証券利息：$¥2,000,000×0.73\%×\dfrac{6か月}{12か月}＝¥7,300$

X3年3月31日（利息の未収計上）

| （ 未収有価証券利息 ） | 2,500 | （ 有 価 証 券 利 息 ） | 2,500 |

有価証券利息：$¥2,000,000×0.75\%×\dfrac{2か月}{12か月}＝¥2,500$

> **Point**
> X3年7月31日の利払いに適用される利率を用いて、利息を未収計上する。

☑有価証券利息：△¥5,920＋¥7,300＋¥2,500＝**¥3,880**　→ 問2
☑投資有価証券：¥1,243,200＋¥2,000,000＝**¥3,243,200**　→ 問3
　　　　　　　　　その他有価証券　　満期保有目的債券

— 119 —

不許複製・禁無断転載

第3問 （20点）

(1)

損 益 計 算 書

自 X6年 4 月 1 日 至 X7年 3 月31日 （単位：円）

Ⅰ	売 上 高			2,452,000
Ⅱ	売 上 原 価			
⑥ 1	期 首 商 品 棚 卸 高	（ 238,640 ）		
⑦ 2	当 期 商 品 仕 入 高	（ 1,921,920 ）		
	合 計	（ 2,160,560 ）		
⑧ 3	期 末 商 品 棚 卸 高	（ 272,800 ）		
	差 引	（ 1,887,760 ）		
⑨ 4	棚 卸 減 耗 損	（ ★ 5,600 ）	（ 1,893,360 ）	
	売 上 総 利 益		（ 558,640 ）	
Ⅲ	販売費及び一般管理費			
⑮ 1	営 業 費	（ ★ 347,200 ）		
③ 2	貸 倒 引 当 金 繰 入	（ ★ 7,280 ）		
⑪ 3	減 価 償 却 費	（ 36,000 ）	（ 390,480 ）	
	営 業 利 益		（ 168,160 ）	
Ⅳ	営 業 外 収 益			
1	受 取 配 当 金		640	
Ⅴ	営 業 外 費 用			
⑰ 1	支 払 利 息		（ ★ 17,280 ）	
	当 期 純 利 益		（ 151,520 ）	

貸 借 対 照 表

X7年 3 月31日

	資 産	金 額	負債・純資産	金 額	
①	現 金 預 金	（ 574,800 ）	買 掛 金	（ ★ 330,320 ）	②
④	売 掛 金	（ 456,000 ）	借 入 金	576,000	
⑤	貸 倒 引 当 金 △	（ ★ 9,120 ）	未 払 費 用	（ 4,320 ）	⑱
⑩	商 品	（ ★ 267,200 ）	資 本 金	960,000	
⑯	前 払 費 用	（ 1,440 ）	利 益 準 備 金	51,360	
	建 物	1,080,000	繰 越 利 益 剰 余 金	（ 247,520 ）	⑲
⑫	減 価 償 却 累 計 額 △	（ ★ 288,000 ）	その他有価証券評価差額金	（ ★ 640 ）	⑭
⑬	投 資 有 価 証 券	（ 87,840 ）			
		（ 2,170,160 ）		（ 2,170,160 ）	

(2)

本店勘定の次期繰越額 　¥　★　456,880 　⑳

* 上記の○番号は、解説の番号と対応しています。

★ 1 つにつき 2 点
合計20点

> 解説

Step 1 未処理事項等の処理

1．誤記帳の訂正

本店

| （現 金 預 金） | 18,000 | （支　　　　店） | 18,000 |

現金預金：¥130,000－¥112,000＝¥18,000（追加計上）

> Point
> 計上が不足しているので、追加計上する。

2．商品の移送（本店 → 支店）

本店

| （支　　　　店） | 11,200 | （仕　　　　入） | 11,200 |

支店

| （仕　　　　入） | 11,200 | （本　　　　店） | 11,200 |

> Point
> 本店：仕入の減少
> 支店：仕入の増加

本店
　仕入：¥1,320,000－¥11,200＝¥1,308,800
　支店：¥414,800－¥18,000＋¥11,200＝¥408,000

支店
　仕入：¥601,920＋¥11,200＝¥613,120
　本店：¥396,800＋¥11,200＝¥408,000

　＊　支店勘定と本店勘定の残高が貸借逆で一致します。

3．売掛金の決済

支店

| （現 金 預 金） | 24,000 | （売 掛 金） | 24,000 |

支店
　売 掛 金：¥144,000－¥24,000＝¥120,000
　現金預金：¥144,640＋¥24,000＝¥168,640

4．買掛金の決済

本店

| （買 掛 金） | 32,000 | （現 金 預 金） | 32,000 |

本店
　現金預金：¥420,160＋¥18,000－¥32,000＝¥406,160
　買 掛 金：¥280,000－¥32,000＝¥248,000

☑貸借対照表
　現金預金：¥406,160＋¥168,640＝**¥574,800** … ①
　買 掛 金：¥248,000＋¥82,320＝**¥330,320** … ②

Step 2 決算整理事項等の処理

1．貸倒引当金の設定

本店

（ 貸倒引当金繰入 ）	5,520	（ 貸 倒 引 当 金 ）	5,520

貸倒引当金繰入：¥336,000×2％＝¥6,720 （設定額）
¥6,720－¥1,200＝¥5,520 （繰入額）

支店

（ 貸倒引当金繰入 ）	1,760	（ 貸 倒 引 当 金 ）	1,760

貸倒引当金繰入：¥120,000×2％＝¥2,400 （設定額）
¥2,400－¥640＝¥1,760 （繰入額）

☑損益計算書
　　貸倒引当金繰入：¥5,520＋¥1,760＝¥7,280 … ③
☑貸借対照表
　　売　　掛　　金：¥336,000＋¥120,000＝¥456,000 … ④
　　貸 倒 引 当 金：¥6,720＋¥2,400＝¥9,120 … ⑤

> **Point**
> 支店の売掛金が変動していることに注意する。

2．売上原価の算定（売上原価を仕入勘定で算定していると仮定）

本店

（ 仕　　　　入 ）	188,000	（ 繰 越 商 品 ）	188,000
（ 繰 越 商 品 ）	208,000	（ 仕　　　　入 ）	208,000
（ 棚 卸 減 耗 損 ）	1,600	（ 繰 越 商 品 ）	1,600
（ 仕　　　　入 ）	1,600	（ 棚 卸 減 耗 損 ）	1,600

支店

（ 仕　　　　入 ）	50,640	（ 繰 越 商 品 ）	50,640
（ 繰 越 商 品 ）	64,800	（ 仕　　　　入 ）	64,800
（ 棚 卸 減 耗 損 ）	4,000	（ 繰 越 商 品 ）	4,000
（ 仕　　　　入 ）	4,000	（ 棚 卸 減 耗 損 ）	4,000

期末帳簿棚卸高
　本店：¥219,200－¥11,200＝¥208,000
　支店：¥ 53,600＋¥11,200＝¥ 64,800
棚卸減耗損
　本店：¥208,000－¥206,400＝¥1,600
　支店：¥ 64,800－¥ 60,800＝¥4,000

☑損益計算書
　　期首商品棚卸高：¥188,000＋¥50,640＝¥238,640 … ⑥
　　当期商品仕入高：¥1,308,800＋¥613,120＝¥1,921,920 … ⑦
　　期末商品棚卸高：¥208,000＋¥64,800＝¥272,800 … ⑧
　　棚 卸 減 耗 損：¥1,600＋¥4,000＝¥5,600 … ⑨
☑貸借対照表
　　商　　　　　品：（¥208,000－¥1,600）＋（¥64,800－¥4,000）＝¥267,200 … ⑩
　　　　　　　　　　　　　　本店　　　　　　　　　　支店

不許複製・禁無断転載

３．減価償却費の計上

本店

（ 減 価 償 却 費 ）	24,000	（ 建物減価償却累計額 ）	24,000

減価償却費：￥720,000÷30年＝￥24,000

支店

（ 減 価 償 却 費 ）	12,000	（ 建物減価償却累計額 ）	12,000

減価償却費：￥360,000÷30年＝￥12,000

☑損益計算書
　　減 価 償 却 費：￥24,000＋￥12,000＝**￥36,000** … ⑪

☑貸借対照表
　　減価償却累計額：（￥192,000＋￥24,000）＋（￥60,000＋￥12,000）＝**￥288,000** … ⑫
　　　　　　　　　　　　　　　本店　　　　　　　　　　　支店

４．その他有価証券の評価替え（時価評価）

本店

（ その他有価証券 ）	640	（ その他有価証券評価差額金 ）	640

その他有価証券評価差額金：￥87,840－￥87,200＝￥640
　　　　　　　　　　　　　　期末時価　　取得価額

> **Point**
> その他有価証券は期末時価で評価する。
>
> 帳簿価額との差額は、その他有価証券評価差額金勘定で処理する。

☑貸借対照表
　　投 資 有 価 証 券：**￥87,840** … ⑬
　　その他有価証券評価差額金：**￥640** … ⑭

５．営業費の前払い処理と支店への振替え

本店

（ 前 払 営 業 費 ）	800	（ 営　業　費 ）	800
（ 支　　　店 ）	20,000	（ 営　業　費 ）	20,000

支店

（ 前 払 営 業 費 ）	640	（ 営　業　費 ）	640
（ 営　業　費 ）	20,000	（ 本　　　店 ）	20,000

☑損益計算書
　　営 業 費：（￥248,240－￥800－￥20,000）＋（￥100,400－￥640＋￥20,000）＝**￥347,200** … ⑮
　　　　　　　　　　　　本店　　　　　　　　　　　　　　　　支店

☑貸借対照表
　　前払費用：￥800＋￥640＝**￥1,440** … ⑯

６．利息の未払い処理

本店

（ 支 払 利 息 ）	3,600	（ 未 払 利 息 ）	3,600

支店

（ 支 払 利 息 ）	720	（ 未 払 利 息 ）	720

☑損益計算書
　　支 払 利 息：（￥10,800＋￥3,600）＋（￥2,160＋￥720）＝**￥17,280** … ⑰
　　　　　　　　　　　　本店　　　　　　　　支店

☑貸借対照表
　　未 払 費 用：￥3,600＋￥720＝**￥4,320** … ⑱
　　繰越利益剰余金：￥96,000＋￥151,520＝**￥247,520** … ⑲
　　　　　　　　　　損益計算書の当期純利益

Step 3 本店勘定の次期繰越額の算定

本店

| （支　　　店） | 28,880 | （損　　　益） | 28,880 |

本店の損益勘定

支店

| （損　　　益） | 28,880 | （本　　　店） | 28,880 |

支店の損益勘定

（支店）	損		益	
仕 入 （売上原価） ¥	602,960	売　　　　上 ¥	768,240
営　　業　　費 ¥	119,760		
貸 倒 引 当 金 繰 入 ¥	1,760		
減 価 償 却 費 ¥	12,000		
支 払 利 息 ¥	2,880		
本店（支店純利益）¥	**28,880**		

仕入：¥601,920＋¥11,200＋¥50,640－（¥53,600＋¥11,200）＋¥4,000
　　　当期仕入　　商品移送　期首棚卸高　　　期末帳簿棚卸高　　　　棚卸減耗損
　　　＝¥602,960

本店
　支店：¥408,000＋¥20,000＋¥28,880＝¥456,880（借方残高）
支店
　本店：貸借逆で同じ　¥456,880（**貸方残高**）… ⑳

> **Point**
> 本店勘定の次期繰越額は、支店の当期純損益を本店勘定に振り替え、本店勘定の残高に加減して求める。
>
> 支店の損益科目の金額を集計し、貸借差額で純損益を計算する。
>
> 支店勘定と本店勘定の金額は、貸借逆で一致する。

支	店
決算整理前残高試算表　¥414,800	[資料] Ⅱ 1.　¥ 18,000
[資料] Ⅱ 2.　¥ 11,200	残高　¥456,880
[資料] Ⅲ 5.　¥ 20,000	
支店純利益　¥ 28,880	

本	店
決算整理前残高試算表　¥396,800	残高　¥456,880
[資料] Ⅱ 2　¥ 11,200	
[資料] Ⅲ 5.　¥ 20,000	
支店純利益　¥ 28,880	

＊　支店勘定と本店勘定の残高が貸借逆で一致します。

不許複製・禁無断転載

第4問（28点）

問1（12点）　＊　勘定科目は**記号での解答**となります。参考として、勘定科目も記入しています。

(1)

借方科目		金額	貸方科目		金額
仕　掛　品	イ	1,024,000	材　　　料	ア	1,075,200
製 造 間 接 費	オ	51,200			

Point

購入代価
材料そのものの価格

購入原価
＝購入代価＋材料副費（引取運賃）

直接材料費は仕掛品勘定に、間接材料費は製造間接費勘定に振り替える。

材　　　料

前 月 繰 越	0 kg	直 接 材 料	1,600 kg
		@640円 *2	1,024,000円 *3
仕 入 高	2,000 kg	間 接 材 料	80 kg
	1,280,000円 *1	@640円 *2	51,200円 *4
		次 月 繰 越	320 kg
		@640円 *2	204,800円 *5

＊1　@600円×2,000kg＋80,000円＝1,280,000円
　　　　　　　　　　　　　材料副費
＊2　1,280,000円÷2,000kg＝@640円
＊3　@640円×1,600kg＝1,024,000円
＊4　@640円×80kg＝51,200円
＊5　@640円×（2,000kg−1,600kg−80kg）＝204,800円

(2)

借方科目		金額	貸方科目		金額
仕　掛　品	イ	1,600,000	賃 金 ・ 給 料	エ	2,600,000
製 造 間 接 費	オ	1,000,000			

Point

直接労務費
直接工の直接作業時間に対する賃金消費高

直接作業時間になるもの
加工時間、段取時間

間接労務費
直接工の間接作業時間及び手待時間に対する賃金消費高

間接工の賃金消費高

仕 掛 品：
　直接工の直接作業時間に対する賃金消費高
　　@1,000円×（1,440時間＋160時間）＝1,600,000円

製造間接費：
　直接工の間接作業時間と手待時間に対する賃金消費高
　　@1,000円×（120時間＋40時間）　＝　160,000円
　間接工の賃金消費高：
　　880,000円＋200,000円−240,000円＝　840,000円
　　　　　　　　　　　　　　　　　　　1,000,000円

賃金・給料（間接工）

当 月 支 払 高		前 月 未 払 高	
	880,000 円		240,000 円
		消　費　高	
当 月 未 払 高			840,000 円
	200,000 円		

(3)

借方科目		金額	貸方科目		金額
仕　掛　品	イ	1,520,000	製 造 間 接 費	オ	1,520,000

Point

予定配賦率
＝製造間接費予算÷予定総直接作業時間

予定配賦額
＝予定配賦率×直接工の直接作業時間

製造間接費：20,900,000円÷22,000時間＝@950円（予定配賦率）
　　　　　@950円×（1,440時間＋160時間）＝1,520,000円（予定配賦額）

仕訳1組につき4点　合計12点

問2 (16点)
(1)平均法を用いた場合

総合原価計算表　　　　　　　（単位：円）

	原料費	加工費	合計
月初仕掛品原価	380,000	129,200	509,200
当月製造費用	2,640,000	2,180,000	4,820,000
合計	3,020,000	2,309,200	5,329,200
差引：月末仕掛品原価	(★ 483,200)	(★ 200,800)	(684,000)
完成品総合原価	(★ 2,536,800)	(★ 2,108,400)	(4,645,200)

(2)先入先出法を用いた場合

総合原価計算表　　　　　　　（単位：円）

	原料費	加工費	合計
月初仕掛品原価	380,000	129,200	509,200
当月製造費用	2,640,000	2,180,000	4,820,000
合計	3,020,000	2,309,200	5,329,200
差引：月末仕掛品原価	(★ 480,000)	(★ 200,000)	(680,000)
完成品総合原価	(★ 2,540,000)	(★ 2,109,200)	(4,649,200)

★1つにつき2点
合計16点

解説

Step 1 生産データ・原価データの整理

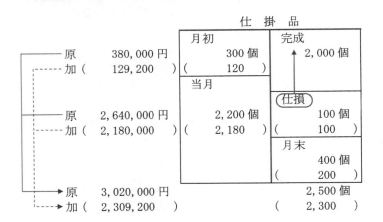

Point
原：原料費
加：加工費

完成品換算量
月初
300個×40％＝120個
仕損
100個×100％＝100個
月末
400個×50％＝200個
当月
2,000個－120個＋100個＋200個＝2,180個

正常仕損費は完成品のみ負担

仕損品の処分価額なし

Step 2 平均法による月末仕掛品原価・完成品総合原価の算定

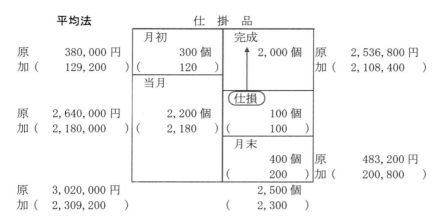

> **Point**
> 月末仕掛品原価を先に計算し、完成品総合原価は貸借差額で計算する。
>
> 月末仕掛品に仕損費を負担させないようにするために、仕損品の数量を含めて按分する。
>
> 原価投入額合計から月末仕掛品原価を差し引くことで、自動的に完成品に仕損費を負担させる。

☑ 月末仕掛品原価

原料費：$\dfrac{3,020,000円}{2,500個} \times 400個 = \underline{483,200円}$

加工費：$\dfrac{2,309,200円}{2,300個} \times 200個 = \underline{200,800円}$

　　　　　合　計　$\underline{684,000円}$

☑ 完成品総合原価

原料費：3,020,000円 − 483,200円 = $\underline{2,536,800円}$
加工費：2,309,200円 − 200,800円 = $\underline{2,108,400円}$
　　　　　合　計　$\underline{4,645,200円}$

Step 3 先入先出法による月末仕掛品原価・完成品総合原価の算定

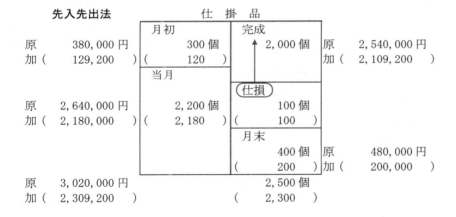

> **Point**
> 月末仕掛品原価を先に計算し、完成品総合原価は貸借差額で計算する。
>
> 月末仕掛品に仕損費を負担させないようにするために、仕損品の数量を含めて按分する。
>
> 原価投入額合計から月末仕掛品原価を差し引くことで、自動的に完成品に仕損費を負担させる。

☑ 月末仕掛品原価

原料費：$\dfrac{2,640,000円}{2,200個} \times 400個 = \underline{480,000円}$

加工費：$\dfrac{2,180,000円}{2,180個} \times 200個 = \underline{200,000円}$

　　　　　合　計　$\underline{680,000円}$

☑ 完成品総合原価

原料費：3,020,000円 − 480,000円 = $\underline{2,540,000円}$
加工費：2,309,200円 − 200,000円 = $\underline{2,109,200円}$
　　　　　合　計　$\underline{4,649,200円}$

第5問 （12点）

問1 ★ 2,600,000 円

問2 ★ 6,448,000 円

問3 ☆ 23,088,000 円

問4 ☆ 192,000 円

問5 ☆ 249,600 円

★1つにつき3点
☆1つにつき2点
合計12点

解説

Step 1 金額の集計

当月の直接材料費総額

　1,872,000円＋728,000円＝2,600,000円　→ 問1
　　主要材料費　　買入部品費

当月の製造間接費総額

　416,000円＋1,300,000円＋998,400円＋83,200円＋3,068,000円
　補助材料費　　間接工賃金　　　従業員賞与手当　減価償却費
　＋197,600円＋384,800円＝6,448,000円　→ 問2
　　その他の間接経費

当月の変動費および固定費の総額

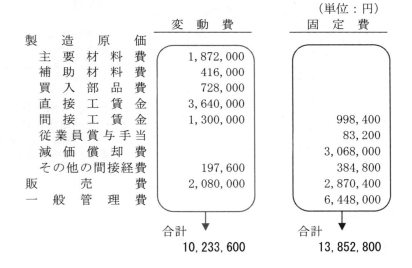

Point
直接材料費
　「主要材料費」
　「買入部品費」

製造間接費
　「補助材料費」
　「間接工賃金」
　「従業員賞与手当」
　「減価償却費」
　「その他の間接経費」

問3～問5でＣＶＰ分析を行うので、変動費および固定費の総額を集計しておく。

Step 2　金額の算定

損益分岐点の売上高：13,852,800円÷0.6＝**23,088,000円** → 問3
　貢　献　利　益：25,584,000円－10,233,600円＝15,350,400円
　貢　献　利　益　率：15,350,400円÷25,584,000円＝0.6（60％）

```
　　　　　構成比
　　　（100％）売　上　高　　23,088,000 ←
　　　（ 40％）変　動　費　　_____   ÷0.6（貢献利益率）
　　　（ 60％）貢　献　利　益　13,852,800 →
　　　　　　　　固　定　費　 (13,852,800)
　　　　　　　　営　業　利　益　　　　　0
```

貢献利益	
13,852,800円	
固定費	営業利益
13,852,800円	0円

> **Point**
> 貢献利益
> ＝売上高－変動費
>
> 貢献利益率
> ＝貢献利益÷売上高
>
> 貢献利益
> ＝固定費＋営業利益
>
> 損益分岐点は営業利益が
> ゼロとなる。
>
> 売上高の60％が貢献利益
> となるので、割り戻すこと
> により売上高を計算する。

営業利益の増加額：320,000円×0.6＝**192,000円** → 問4

```
　　　　　構成比
　　　（100％）売　上　高　　　320,000
　　　（ 40％）変　動　費　　_____   ×0.6（貢献利益率）
　　　（ 60％）貢　献　利　益　　192,000
　　　　　　　　固　定　費　　　　－　　　固定費の増減なし
　　　　　　　　営　業　利　益　　192,000
```

> **Point**
> 変動費と貢献利益は、売上
> 高の増減に比例する。
>
> 売上高の60％が貢献利益
> となる。
>
> 固定費は売上高の増減に
> 係わらず一定となるので、
> 貢献利益の増加分だけ営
> 業利益も増加する。

固定費の削減額：13,852,800円－13,603,200円＝**249,600円** → 問5
　　　　　　　　当月の固定費　営業利益がゼロ
　　　　　　　　　　　　　　　となる固定費

```
　　　　　構成比
　　　（100％）売　上　高　　22,672,000 *1
　　　（ 40％）変　動　費　　_____   ×0.6（貢献利益率）
　　　（ 60％）貢　献　利　益　13,603,200 ←
　　　　　　　　固　定　費　　13,603,200 *2
　　　　　　　　営　業　利　益　　　　　0
```

*1　当月の損益分岐点の売上高（23,088,000円）から416,000円引き下げた金額
　　23,088,000円－416,000円＝22,672,000円
*2　営業利益がゼロとなるときの固定費

> **Point**
> 当月の損益分岐点の売上
> 高から416,000円引き下げ
> た金額を計算する。
>
> 売上高の60％が貢献利益
> となる。
>
> 貢献利益と固定費が同額
> となればよい。
>
> 「当月の固定費」と「営業
> 利益がゼロとなる固定費」
> との差額が、固定費の削減
> 額となる。

第6回　解答・解説

第1問（20点）　＊　勘定科目は**記号での解答**となります。参考として、勘定科目も記入しています。

1

借方科目		金額	貸方科目		金額
備品減価償却累計額	エ	234,240	備　　　　品	ウ	480,000
減 価 償 却 費	カ	40,960	固定資産売却益	オ	15,200
営業外受取手形	イ	220,000			

減価償却累計額：￥96,000＋￥76,800＋￥61,440＝￥234,240

償 却 率：$\dfrac{1}{10年（耐用年数）}\times200\%＝0.2$（20%）

X3年度末（X3年4月1日〜X4年3月31日）
償 却 額：￥480,000×0.2＝￥96,000
帳簿価額：￥480,000−￥96,000＝￥384,000

X4年度末（X4年4月1日〜X5年3月31日）
償 却 額：￥384,000×0.2＝￥76,800
帳簿価額：￥384,000−￥76,800＝￥307,200

X5年度末（X5年4月1日〜X6年3月31日）
償 却 額：￥307,200×0.2＝￥61,440
帳簿価額：￥307,200−￥61,440＝￥245,760

減 価 償 却 費：$￥245,760\times0.2\times\dfrac{10か月}{12か月}＝￥40,960$

固定資産売却益：￥245,760−￥40,960＝￥204,800（売却時点での帳簿価額）
　　　　　　　　￥220,000−￥204,800＝￥15,200（売却益）
　　　　　　　　売却価額　　帳簿価額

> **Point**
> 営業外取引の手形の受取りは、営業外受取手形勘定で処理する。
>
> 200%定率法の償却率
> $\dfrac{1}{耐用年数}\times200\%$

2

借方科目		金額	貸方科目		金額
商　　　　品	ウ	720,000	普 通 預 金	イ	5,000,000
建　　　　物	エ	3,120,000			
備　　　　品	オ	640,000			
の れ ん	カ	520,000			

のれん：
　￥720,000＋￥3,120,000＋￥640,000＝￥4,480,000（資産の評価額の合計）
　￥5,000,000−￥4,480,000＝￥520,000
　譲渡代金　資産の評価額
　　　　　　の合計

> **Point**
> 資産の評価額の合計より高い譲渡代金を支払っている。
>
> 差額は、のれんとして計上する。

不許複製・禁無断転載

	借方科目		金額	貸方科目		金額
3	当 座 預 金	イ	8,400,000	資 本 金	ウ	4,200,000
				資 本 準 備 金	エ	4,200,000
	創 立 費	カ	109,200	現 金	ア	109,200

当 座 預 金：@¥12,000×700株＝¥8,400,000（払込金）

資 本 金：¥8,400,000×$\frac{1}{2}$＝¥4,200,000

資本準備金：¥8,400,000－¥4,200,000＝¥4,200,000

創 立 費：¥16,800＋¥92,400＝¥109,200

Point

払込金の2分の1を資本金、残額を資本準備金として計上する。

設立までに支出した費用は、すべて創立費勘定で処理する。

	借方科目		金額	貸方科目		金額
4	クレジット売掛金	イ	252,000	売 上	オ	264,000
	支 払 手 数 料	カ	12,000			

支 払 手 数 料：¥240,000×5％＝¥12,000

売 上：¥240,000×10％＝¥24,000（消費税額）
¥240,000＋¥24,000＝¥264,000

クレジット売掛金：¥264,000－¥12,000＝¥252,000

Point

信販会社へのクレジット手数料は、支払手数料勘定で処理する。

税込方式で処理するので、税込金額で売上計上する。

	借方科目		金額	貸方科目		金額
5	研 究 開 発 費	カ	468,000	当 座 預 金	ア	312,000
				未 払 金	オ	156,000

研究開発費：¥312,000＋¥156,000＝¥468,000

Point

研究開発目的の支出は、すべて研究開発費勘定で処理する。

営業外取引の未払いは、未払金勘定で処理する。

仕訳1組につき4点　合計20点

第2問（20点）
問1

建物の減価償却費の総額	￥	★　　521,600

問2

車両運搬具の減価償却費の総額	￥	★　　216,000

問3

備　　　　品

年	月	日	摘　要	借　方	年	月	日	摘　要	貸　方
X8	4	1	前 期 繰 越	(1,120,000)	X9	3	31	次 期 繰 越	(1,840,000)
X8	10	1	(営業外支払手形)	(☆　720,000)					
				(1,840,000)					(1,840,000)

備品減価償却累計額

年	月	日	摘　要	借　方	年	月	日	摘　要	貸　方
X9	3	31	次 期 繰 越	(791,500)	X8	4	1	前 期 繰 越	(☆　490,000)
					X9	3	31	(減 価 償 却 費)	(☆　301,500)
				(791,500)					(791,500)

ソ フ ト ウ ェ ア

年	月	日	摘　要	借　方	年	月	日	摘　要	貸　方
X8	4	1	前 期 繰 越	(384,000)	X9	2	1	(諸 　　口)	(☆　384,000)
X9	2	1	(未 　払 　金)	(☆ 2,280,000)	X9	3	31	(ソフトウェア償却)	(☆　76,000)
					X9	3	31	次 期 繰 越	(2,204,000)
				(2,664,000)					(2,664,000)

★　1つにつき4点
☆　1つにつき2点
合計20点

不許複製・禁無断転載

解 説

Step 1 当期の取引の仕訳

建物

① 建物（倉庫）の取得

（ 建 物 ）	2,400,000	（ 建 設 仮 勘 定 ）	1,600,000
		（ 当 座 預 金 ）	800,000

Point
引渡しを受けたときから
減価償却を行う。

備品

② 備品（備品B）の取得

（ 備 品 ）	720,000	（ 営業外支払手形 ）	756,000
（ 前 払 費 用 ）	36,000		

営業外支払手形：￥151,200×5枚＝￥756,000
前 払 費 用：￥756,000－￥720,000＝￥36,000

Point
備品Bの取得原価は、現金
販売価額となる。

営業外取引で手形を振り
出しているため、営業外支
払手形勘定で処理する。

ソフトウェア

③ ソフトウェア（システムB）の取得

（ ソフトウェア ）	2,280,000	（ 未 払 金 ）	2,280,000

Point
営業外取引の未払いは、未
払金勘定で処理する。

③ ソフトウェア（システムA）の除却

（ ソフトウェア償却 ）	320,000	（ ソフトウェア ）	384,000
（ 固定資産除却損 ）	64,000		

ソフトウェア：
　￥1,920,000×0.200×4年＝￥1,536,000（過年度償却額）
　￥1,920,000－￥1,536,000＝￥384,000（ソフトウェア勘定の前期繰越額）

ソフトウェア償却：$￥1,920,000×0.200×\dfrac{10か月}{12か月}＝￥320,000$

固定資産除却損：￥384,000－￥320,000＝￥64,000

Point
システムA
前期末までに4年経過
当期10か月経過
定額法
残存価額ゼロ
耐用年数5年
償却率0.200

Step 2 減価償却費の計上

建物

（ 減 価 償 却 費 ）	521,600	（ 建物減価償却累計額 ）	521,600

減価償却費：￥4,800,000×0.067＝￥321,600（事務所）

　　　　　　$￥2,400,000×0.100×\dfrac{10か月}{12か月}＝￥200,000$（倉庫）

　　　　　　￥321,600＋￥200,000＝￥521,600

Point
事務所
定額法
残存価額ゼロ
耐用年数15年
償却率0.067

倉庫
期中取得
当期10か月経過
定額法
残存価額ゼロ
耐用年数10年
償却率0.100

☑建物の減価償却費の総額：￥521,600 → 問1

— 133 —

備品

（ 減 価 償 却 費 ）	301,500	（ 備品減価償却累計額 ）	301,500

減価償却費：（¥1,120,000－¥490,000）×0.250＝¥157,500（備品A）

> X6年度（X6年4月1日～X7年3月31日）
> 減 価 償 却 費：¥1,120,000×0.250＝¥280,000
> 減価償却累計額：¥280,000
>
> X7年度（X7年4月1日～X8年3月31日）
> 減 価 償 却 費：（¥1,120,000－¥280,000）×0.250＝¥210,000
> 減価償却累計額：¥280,000＋¥210,000
> ＝¥490,000（備品減価償却累計額の前期繰越額）

$¥720,000 \times 0.400 \times \dfrac{6 か月}{12 か月} = ¥144,000$（備品B）

¥157,500＋¥144,000＝¥301,500

> **Point**
> 備品A
> 前期末までに2年経過
> 200％定率法
> 耐用年数8年
> 償却率0.250
>
> 備品B
> 期中取得
> 当期6か月経過
> 200％定率法
> 耐用年数5年
> 償却率0.400

車両運搬具

（ 減 価 償 却 費 ）	216,000	（ 車両運搬具減価償却累計額 ）	216,000

減価償却費：$¥960,000 \times 0.9 \times \dfrac{45,000km}{180,000km} = ¥216,000$

☑車両運搬具の減価償却費の総額：**¥216,000** → 問2

> **Point**
> 営業車
> 生産高比例法
> 残存価額は取得原価の10％
>
> 生産高比例法は、利用した分だけ減価償却費を計上する。

ソフトウェア

（ ソフトウェア償却 ）	76,000	（ **ソフトウェア** ）	76,000

ソフトウェア償却：$¥2,280,000 \times 0.200 \times \dfrac{2 か月}{12 か月} = ¥76,000$

> **Point**
> システムB
> 期中取得
> 当期2か月経過
> 定額法
> 残存価額ゼロ
> 耐用年数5年
> 償却率0.200

Step 3 諸勘定への記入

備品勘定
　前期繰越：¥1,120,000（備品Aの取得原価）

備品減価償却累計額勘定
　前期繰越：¥ 490,000（前期末における備品Aの減価償却累計額）

ソフトウェア勘定
　前期繰越：¥ 384,000（前期末におけるシステムAの未償却残高）

> **Point**
> 諸勘定の増減に関わる取引の仕訳にもとづいて勘定記入する。

不許複製・禁無断転載

第3問（20点）

損　益　計　算　書

自 X8年 4 月 1 日　至 X9年 3 月31日　　　　　　　　（単位：円）

I	売　　上　　高		(	3,472,000)
II	売　上　原　価			
③	1　期首商品棚卸高	(74,400)		
④	2　当期商品仕入高	(1,728,000)		
	合　　計	(1,802,400)		
⑤	3　期末商品棚卸高	(68,000)		
	差　　引	(1,734,400)		
⑥	4　棚卸減耗損	(★ 9,600)	(	1,744,000)
	（ 売 上 総 利 益 ）		(★	1,728,000)
III	販売費及び一般管理費			
	1　給　　　料	482,200		
	2　保　険　料	64,800		
⑧	3　退職給付費用	(★ 80,000)		
⑦	4　減価償却費	(★ 355,000)		
①	5　支払リース料	(★ 15,200)		
②	6　貸倒引当金繰入	(★ 4,400)	(	1,001,600)
	（ 営 業 利 益 ）		(	726,400)
IV	営 業 外 収 益			
⑩	1　受　取　利　息		(★	2,400)
V	営 業 外 費 用			
⑨	1　貸倒引当金繰入		(★	4,800)
	（ 経 常 利 益 ）		(	724,000)
VI	特　別　利　益			
	1　国庫補助金受贈益		(	160,000)
VII	特　別　損　失			
	1　固定資産圧縮損		(	160,000)
	税引前当期純利益		(	724,000)
⑪	法人税、住民税及び事業税	(224,280)		
⑫	法人税等調整額	(△ ★ 7,080)	(	217,200)
⑬	（ 当 期 純 利 益 ）		(★	506,800)

*　上記の○番号は、解説の番号と対応しています。

★ 1つにつき 2 点
合計20点

解説

決算整理事項等の処理

1．当座預金の修正

① 未処理（オペレーティング・リース取引に係るリース料の支払い）

（ 支 払 リ ー ス 料 ）	15,200	（ 現 金 預 金 ）	15,200

② 未処理（電子記録債権の決済）

（ 現 金 預 金 ）	8,000	（ 電 子 記 録 債 権 ）	8,000

☑支払リース料：¥15,200 … ①
☑現 金 預 金：¥675,920－¥15,200＋¥8,000＝¥668,720
☑電子記録債権：¥72,000－¥8,000＝¥64,000

> **Point**
> オペレーティング・リース取引に係るリース料は、支払リース料勘定で処理する。

2．貸倒引当金の設定（営業債権）

（ 貸 倒 引 当 金 繰 入 ）	4,400	（ 貸 倒 引 当 金 ）	4,400

貸倒引当金繰入：（¥64,000＋¥216,000）×2％＝¥5,600（設定額）
　　　　　　　　電子記録債権　　売掛金
　　　　　　　¥5,600－¥1,200＝¥4,400（繰入額）
　　　　　　　　貸倒引当金残高

☑貸倒引当金繰入（販売費及び一般管理費）：¥4,400 … ②
☑貸倒引当金（電子記録債権および売掛金）：¥5,600

> **Point**
> 営業債権に対する貸倒引当金の繰入額は、販売費及び一般管理費の区分に表示する。

3．売上原価の計算および商品の評価（売上原価を仕入勘定で算定していると仮定）

（ 仕　　　　　　入 ）	74,400	（ 繰 越 商 品 ）	74,400
（ 繰 越 商 品 ）	68,000	（ 仕　　　　　　入 ）	68,000
（ 棚 卸 減 耗 損 ）	9,600	（ 繰 越 商 品 ）	9,600
（ 仕　　　　　　入 ）	9,600	（ 棚 卸 減 耗 損 ）	9,600

棚卸減耗損：¥68,000－¥58,400＝¥9,600
　　　　　　帳簿棚卸高　実地棚卸高

☑期首商品棚卸高：¥74,400 … ③
☑当期商品仕入高：¥1,728,000 … ④
☑期末商品棚卸高：¥68,000 … ⑤
☑棚 卸 減 耗 損：¥9,600 … ⑥
☑商　　　　　　品：¥68,000－¥9,600＝¥58,400

> **Point**
> 売上原価
> ＝期首商品棚卸高
> ＋当期商品仕入高
> －期末商品棚卸高
> ＋棚卸減耗損

4．減価償却費の計上

建物

（ 減 価 償 却 費 ）	80,000	（ 建物減価償却累計額 ）	80,000

減価償却費：¥2,400,000÷30年＝¥80,000

備品

（ 減 価 償 却 費 ）	275,000	（ 備品減価償却累計額 ）	275,000

減価償却費：
　既 存 分：¥1,440,000－（¥400,000－¥160,000）＝¥1,200,000（取得原価）
　　　　　　　　　　　　期中取得分の圧縮記帳後の金額
　　　　　　（¥1,200,000－¥300,000）×0.25＝¥225,000

　期中取得分：（¥400,000－¥160,000）×0.25×$\frac{10か月}{12か月}$＝¥50,000

　合　　　計：¥225,000＋¥50,000＝¥275,000

> **Point**
> 備品の償却率
> $\frac{1}{8年}$ ×200％＝0.25

☑建物減価償却累計額：¥560,000＋¥ 80,000＝¥640,000
☑備品減価償却累計額：¥300,000＋¥275,000＝¥575,000
☑減 価 償 却 費：¥ 80,000＋¥275,000＝¥355,000 … ⑦

不許複製・禁無断転載

５．退職給付費用の計上

（ 退職給付費用 ）	80,000	（ 退職給付引当金 ）	80,000

退職給付費用：￥352,000－￥272,000＝￥80,000
退職給付引当金残高

☑退職給付費用：￥80,000 … ⑧
☑退職給付引当金：￥272,000＋￥80,000＝￥352,000

> **Point**
> 期末に引当金として計上すべき残高になるように、退職給付引当金の残高との差額を、退職給付費用として計上する。

６．貸倒引当金の設定（営業外債権）・利息の未収計上

貸倒引当金の設定

（ 貸倒引当金繰入 ）	4,800	（ 貸倒引当金 ）	4,800

利息の未収計上

（ 未 収 利 息 ）	2,400	（ 受 取 利 息 ）	2,400

貸倒引当金繰入：￥160,000×3％＝￥4,800（設定額・繰入額）

受 取 利 息：$\yen160,000 \times 4.5\% \times \dfrac{4か月}{12か月} = \yen2,400$

☑貸倒引当金繰入（営業外費用）：￥4,800 … ⑨
☑貸倒引当金（短期貸付金）：￥4,800
☑受 取 利 息：￥2,400 … ⑩
☑未 収 利 息：￥2,400

> **Point**
> 当期に貸し付けているので、設定額を全額、繰り入れる。
>
> 営業外債権に対する貸倒引当金の繰入額は、営業外費用の区分に表示する。

７．法人税、住民税及び事業税の計上

（ 法人税,住民税及び事業税 ）	224,280	（ 仮払法人税等 ）	132,000
		（ 未払法人税等 ）	92,280
（ 繰延税金資産 ）	7,080	（ 法人税等調整額 ）	7,080

未払法人税等：￥224,280－￥132,000＝￥92,280
　　　　　　　課税見込額　仮払法人税等
法人税等調整額：（￥2,400＋￥140,000）×30％＝￥42,720（期首時点の繰延税金資産）
　　　　　　　　（￥6,000＋￥160,000）×30％＝￥49,800（期末時点の繰延税金資産）
　　　　　　　　￥49,800－￥42,720＝￥7,080

> **Point**
> 答案用紙の損益計算書で税引前当期純利益まで計算しておく。
>
> 期末の繰延税金資産の金額と、期首の繰延税金資産との差額を、法人税等調整額として計上する。
>
> 法人税、住民税及び事業税の課税見込額から、法人税等調整額を差し引く。
>
> 繰越利益剰余金
> ＝決算整理前残高試算表の残高＋当期純利益

☑法人税、住民税及び事業税：￥224,280 … ⑪
☑未 払 法 人 税 等：￥92,280
☑法 人 税 等 調 整 額：△￥7,080 … ⑫
☑繰 延 税 金 資 産：￥42,720＋￥7,080＝￥49,800
☑当 期 純 利 益：￥724,000－（￥224,280－￥7,080）＝￥506,800 … ⑬
　　　　　　　　　　　　　　課税見込額　法人税等調整額
☑繰 越 利 益 剰 余 金：￥230,400＋￥506,800＝￥737,200

第6回

第4問 (28点)

問1 (12点)　＊ 勘定科目は**記号での解答**となります。参考として、勘定科目も記入しています。

	借方科目		金額	貸方科目		金額
(1)	材　　　料	ア	560,000	本　　　社	カ	560,000

本社の仕訳
（　工　　　場　）　　560,000　　（　買　掛　金　）　　560,000

Point
工場の仕訳を答える。

材料の倉庫は工場にある。

支払い関係は本社が行う。

	借方科目		金額	貸方科目		金額
(2)	法定福利費	ウ	172,000	本　　　社	イ	172,000

法定福利費：344,000円÷2＝172,000円

本社の仕訳
（　工　　　場　）　　172,000　　（　現　金　な　ど　）　　344,000
（　社会保険料預り金　）　　172,000

Point
工場の仕訳を答える。

事業主負担分の健康保険料は、法定福利費勘定で処理する。

従業員負担分は、賃金・給料の支払時に、本社において社会保険料預り金勘定で処理されている。

支払い関係は本社が行う。

	借方科目		金額	貸方科目		金額
(3)	売　上　原　価	カ	2,920,000	工　　　場	ア	2,920,000

工場の仕訳
（　本　　　社　）　　2,920,000　　（　製　　　品　）　　2,920,000

Point
本社の仕訳を答える。

売上原価勘定は本社に、製品勘定は工場に設定されている。

仕訳1組につき4点　合計12点

不許複製・禁無断転載

問2 （16点）

問1　加工費の予定配賦率　　★　4,550　円/時間

問2　X製品の月末仕掛品原価　☆　170,000　円

問3　X製品の完成品総合原価　☆　2,029,200　円

問4　Y製品の月末仕掛品原価　☆　524,000　円

問5　Y製品の完成品総合原価　☆　3,685,000　円

★1つにつき4点
☆1つにつき3点
合計16点

解説

Step 1 加工費の各製品への配賦

配賦計算

加工費の予定配賦率：32,760,000円÷7,200時間＝**4,550円/時間** … 問1

各組製品への配賦額
　X製品：4,550円/時間×180時間＝819,000円
　Y製品：4,550円/時間×320時間＝1,456,000円

Point
予定配賦率
＝加工費予算額
÷予定直接作業時間

Step 2 生産データ・原価データの整理（X製品）

X製品

Point
原：原料費
加：加工費

完成品換算量
月初
100個×50％＝50個
仕損
発生点が不明のため計算できないが、両者負担の場合は必要ない。
月末
200個×50％＝100個

工程の途中で仕損が発生しているので、完成品と月末仕掛品の両者負担

Step 3 先入先出法による月末仕掛品原価・完成品総合原価の算定（X製品）

X製品

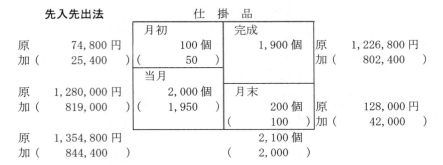

> **Point**
> 両者負担となるため、正常仕損のデータを除いて計算する。
>
> 正常仕損のデータを除くことにより、正常仕損費を完成品と月末仕掛品の両方に負担させることができる。
>
> 当月作業分から仕損が発生したので、当月投入のデータを次のように考える。
>
> 原料費
> 1,900個－100個＋200個
> ＝2,000個
>
> 加工費
> 1,900個－50個＋100個
> ＝1,950個
>
> 月末仕掛品原価を先に計算し、完成品総合原価は貸借差額で計算する。

☑ 月末仕掛品原価

原料費： $\dfrac{1,280,000円}{2,000個}×200個＝128,000円$

加工費： $\dfrac{819,000円}{1,950個}×100個＝\underline{42,000円}$

　　　　　　　　　　　　　　$\underline{170,000円}$

☑ 完成品総合原価

原料費：1,354,800円－128,000円＝1,226,800円
加工費：　844,400円－　42,000円＝　802,400円
　　　　　　　　　　　　　　　　2,029,200円

Step 4 生産データ・原価データの整理（Y製品）

Y製品

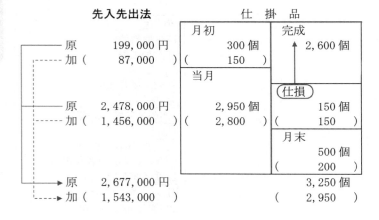

> **Point**
> 原：原料費
> 加：加工費
>
> 完成品換算量
> 月初
> 300個×50％＝150個
> 仕損
> 150個×100％＝150個
> 月末
> 500個×40％＝200個
> 当月
> 2,600個－150個＋150個＋200個＝2,800個
>
> 正常仕損費は完成品のみ負担
>
> 仕損品の処分価額あり

Step 5 先入先出法による月末仕掛品原価・完成品総合原価の算定（Y製品）

Y製品

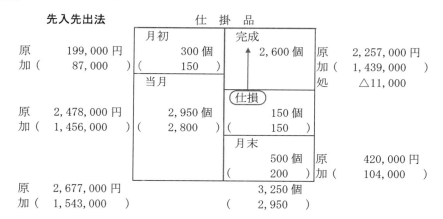

☑ 月末仕掛品原価

原料費： $\dfrac{2,478,000円}{2,950個} \times 500個 = 420,000円$

加工費： $\dfrac{1,456,000円}{2,800個} \times 200個 = \underline{104,000円}$

$\underline{524,000円}$

☑ 完成品総合原価

原 料 費：2,677,000円 － 420,000円 ＝ 2,257,000円
加 工 費：1,543,000円 － 104,000円 ＝ 1,439,000円
処分価額（原価から控除）： △ 11,000円
$\underline{3,685,000円}$

Point
処：処分価額

月末仕掛品原価を先に計算し、完成品総合原価は貸借差額で計算する。

月末仕掛品に仕損費を負担させないようにするために、仕損品の数量を含めて按分する。

原価投入額合計から月末仕掛品原価を差し引くことで、自動的に完成品に仕損費を負担させる。

完成品の原価から処分価額を控除することを忘れないように注意する。

第5問 (12点)

問1

製造間接費当月標準配賦額	★ 543,200 円

問2

製造間接費総差異	★ 8,800 円	(借)

問3

予 算 差 異	☆ 4,000 円	(貸)
能 率 差 異	☆ 5,600 円	(借)
操 業 度 差 異	☆ 7,200 円	(借)

問4

予 算 差 異	☆ 4,000 円	(貸)
能 率 差 異	☆ 2,000 円	(借)
操 業 度 差 異	☆ 10,800 円	(借)

(注) （ ）内には、借方差異ならば「借」、貸方差異ならば「貸」と記入すること。

★ 1つにつき3点
☆ 1つにつき1点
合計12点

解説

Step 1 資料の整理

生産データ

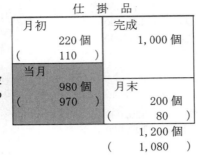

差異分析は当月投入分に対して行われる。

Point
製造間接費は、直接作業時間を基準として配賦されるので、進捗度を考慮した完成品換算量を用いる。

完成品換算量
月初
220個×50％＝110個
月末
200個×40％＝80個
当月
1,000個－110個＋80個
＝970個

原価データ
　標準配賦率
　　変動費：2,400,000円÷24,000時間＝@100円
　　固定費：4,320,000円÷24,000時間＝@180円
　　　　　　　　　　　　　　　　　　　@280円

製品Xの1個当たりの標準原価（製造間接費）
　標準配賦率　280円/時間　×　標準直接作業時間　2時間/個　＝　560円

Point
変動費率
＝変動費予算
÷正常直接作業時間

固定費率
＝固定費予算
÷正常直接作業時間

借方差異の場合、指示がない限り「△」を記入する必要はない。

問1
　製造間接費の当月標準配賦額：@560円×970個＝**543,200円**

問2
　製造間接費総差異：543,200円－552,000円＝**△8,800円（借方差異）**
　　　　　　　　　　　標準配賦額　　実際発生額

Step 2 差異分析

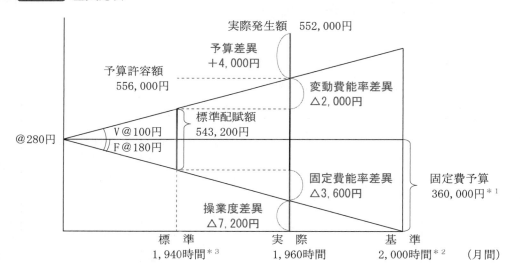

* 1　4,320,000円÷12か月＝360,000円
* 2　24,000時間÷12か月＝2,000時間
* 3　@2時間×970個＝1,940時間

問3

予　算　差　異：@100円×1,960時間＋360,000円－552,000円＝**4,000円（貸方差異）**
　　　　　　　　　　　予算許容額

能　率　差　異：△2,000円＋△3,600円＝**△5,600円（借方差異）**
　変動費能率差異：@100円×（1,940時間－1,960時間）＝△2,000円（借方差異）
　固定費能率差異：@180円×（1,940時間－1,960時間）＝△3,600円（借方差異）

操業度差異：@180円×（1,960時間－2,000時間）＝**△7,200円（借方差異）**

問4

予　算　差　異：問3と同じ

能　率　差　異：**△2,000円（借方差異）**
　変動費能率差異：@100円×（1,940時間－1,960時間）＝△2,000円（借方差異）

操業度差異：△3,600円＋△7,200円＝**△10,800円（借方差異）**
　　　　　　問3の固定費能率差異と
　　　　　　操業度差異の合計

第7回　解答・解説

第1問（20点）　＊ 勘定科目は**記号での解答**となります。参考として、勘定科目も記入しています。

	借方科目		金額	貸方科目		金額
1	当 座 預 金	ア	1,167,960	売買目的有価証券	イ	1,152,000
				有価証券売却益	オ	7,200
				有 価 証 券 利 息	エ	8,760

売買目的有価証券：¥1,200,000 × $\dfrac{@¥96.00}{@¥100}$ ＝ ¥1,152,000（帳簿価額）

有価証券売却益：¥1,200,000 × $\dfrac{@¥96.60}{@¥100}$ ＝ ¥1,159,200（売却価額）

¥1,159,200 － ¥1,152,000 ＝ ¥7,200（売却益）
売却価額　　　帳簿価額

有 価 証 券 利 息：¥1,200,000 × 1.825％ × $\dfrac{146日}{365日}$ ＝ ¥8,760（端数利息）

当 座 預 金：¥1,159,200 ＋ ¥8,760 ＝ ¥1,167,960

Point
裸相場
端数利息を含まない相場

前回の利払日の翌日から
売却日までの日数

30日（4月）
31日（5月）
30日（6月）
31日（7月）
24日（8月）
146日

	借方科目		金額	貸方科目		金額
2	追徴法人税等	カ	212,000	未払法人税等	イ	212,000

Point
過年度分の法人税等の追徴は、追徴法人税等勘定で処理する。

法人税等の未払いとなるので、未払法人税等勘定で処理する。

	借方科目		金額	貸方科目		金額
3	現　　　　金	カ	3,680,000	車両運搬具減価償却累計額	エ	464,000
	商　　　品	ウ	2,800,000	本　　　店	キ	8,336,000
	車 両 運 搬 具	イ	2,320,000			

Point
記帳方法に注意する。

貸借差額を本店勘定で処理する。

	借方科目		金額	貸方科目		金額
4	営業外支払手形	カ	722,400	当 座 預 金	ア	722,400
	支 払 利 息	キ	34,400	前 払 利 息	イ	34,400

支払利息：¥722,400 × 5枚 ＝ ¥3,612,000（手形代金の総額）
¥3,612,000 － ¥3,440,000 ＝ ¥172,000（利息部分）
¥172,000 ÷ 5枚 ＝ ¥34,400

Point
営業外取引で手形を振り出しているため、営業外支払手形勘定で処理している。

利息部分
＝手形代金の総額－現金販売価額

	借方科目		金額	貸方科目		金額
5	株式申込証拠金	オ	11,200,000	資　本　金	エ	5,600,000
				資 本 準 備 金	カ	5,600,000
	当 座 預 金	ア	11,200,000	別 段 預 金	イ	11,200,000

株式申込証拠金：@¥16,000 × 700株 ＝ ¥11,200,000

資　　本　　金：¥11,200,000 × $\dfrac{1}{2}$ ＝ ¥5,600,000

資 本 準 備 金：¥11,200,000 － ¥5,600,000 ＝ ¥5,600,000

Point
株式の払込期日に株主が決定される。

会社法が規定する資本金に組み入れる最低額は、払込金の2分の1となる。

資本金としなかった残額は、資本準備金とする。

仕訳1組につき4点　合計20点

不許複製・禁無断転載　　　　　　　　　— 144 —

第2問 （20点）

連 結 損 益 計 算 書

自X8年4月1日 至X9年3月31日 （単位：千円）

④ I 売 上 高	（	1,911,600	）
⑨ II 売 上 原 価	（★	1,398,600	）
売 上 総 利 益	（	513,000	）
⑦ III 販 売 費 及 び 一 般 管 理 費	（★	339,300	）
営 業 利 益	（	173,700	）
⑫ 営 業 外 収 益	（★	112,500	）
⑬ 営 業 外 費 用	（	96,300	）
当 期 純 利 益	（	189,900	）
⑩ 非支配株主に帰属する当期純利益	（★	36,936	）
親会社株主に帰属する当期純利益	（	152,964	）

連 結 貸 借 対 照 表

X9年3月31日 （単位：千円）

	資　　産	金　額	負債・純資産	金　額	
⑯	現 金 預 金	（　952,400）	支 払 手 形	（　313,200）	⑰
⑤	売 掛 金	（　234,000）	買 掛 金	（★　124,200）	⑥
⑧	貸 倒 引 当 金	（△　2,340）	固 定 負 債	（　120,600）	⑮
⑪	商 品	（★　359,080）	資 本 金	（　810,000）	①
⑭	固 定 資 産	（★　153,000）	資 本 剰 余 金	（　54,000）	②
③	の れ ん	（★　40,320）	利 益 剰 余 金	（★　184,644）	⑱
			非 支 配 株 主 持 分	（★　129,816）	⑲
	合 計	（　1,736,460）	合 計	（　1,736,460）	

★1つにつき2点
合計20点

解　説

Step 1　連結開始仕訳（仕訳の単位：千円）

(1)　投資と資本の相殺消去

（ 資本金当期首残高 ）	162,000	（ Ｓ 社 株 式 ）	180,000
（ 資本剰余金当期首残高 ）	43,200	（ 非支配株主持分当期首残高 ）	86,400
（ 利益剰余金当期首残高 ）	10,800		
（ の　れ　ん ）	50,400		

のれん：
　　（162,000千円＋43,200千円＋10,800千円）×60％＝129,600千円（Ｐ社持分）
　　<u>180,000千円</u>－<u>129,600千円</u>＝50,400千円
　　　Ｓ社株式　　　　Ｐ社持分
非支配株主持分当期首残高：
　　（162,000千円＋43,200千円＋10,800千円）×40％＝86,400千円（非支配株主持分）

(2)　のれんの償却

（ <u>利益剰余金当期首残高</u> ）	5,040	（ の　れ　ん ）	5,040
のれん償却			

利益剰余金当期首残高（のれん償却）：50,400千円÷10年＝5,040千円

(3)　Ｓ社の利益剰余金（前期の当期純利益）の非支配株主持分への振替え

（ <u>利益剰余金当期首残高</u> ）	17,280	（ 非支配株主持分当期首残高 ）	17,280
非支配株主に帰属する当期純利益			

利益剰余金当期首残高（非支配株主に帰属する当期純利益）：
　　43,200千円×40％＝17,280千円

上記の(1)～(3)を一つにまとめた仕訳（**連結開始仕訳**）

（ 資本金当期首残高 ）	162,000	（ Ｓ 社 株 式 ）	180,000
（ 資本剰余金当期首残高 ）	43,200	（ 非支配株主持分当期首残高 ）	103,680
（ 利益剰余金当期首残高 ）	33,120		
（ の　れ　ん ）	45,360		

☑連結貸借対照表
　　資　本　金：810,000千円＋162,000千円－162,000千円＝**810,000千円** … ①
　　資本剰余金：54,000千円＋43,200千円－43,200千円＝**54,000千円** … ②

> **Point**
> 支配獲得時はX7年3月31日なので、支配獲得時の翌年度とは、前期（X7年4月1日からX8年3月31日）のことを指す。
>
> 前期に行った連結修正仕訳を考え、一つにまとめる。
>
> 純資産の項目は「当期首残高」の変動となる。
>
> 損益の項目は「利益剰余金当期首残高」で調整する。
>
> 連結株主資本等変動計算書の作成は求められていないので、純資産の項目は、期末残高のみ算定すればよい。

Step 2　当期の連結修正仕訳（仕訳の単位：千円）

1．のれんの償却

（ <u>販売費及び一般管理費</u> ）	5,040	（ の　れ　ん ）	5,040
のれん償却			

販売費及び一般管理費：45,360千円÷9年＝5,040千円

☑連結貸借対照表
　　のれん：45,360千円－5,040千円＝**40,320千円** … ③

> **Point**
> のれんは1年分償却済みなので、残り9年で償却する。

2．Ｓ社の当期純利益の非支配株主持分への振替え

（ 非支配株主に帰属する当期純利益 ）	38,880	（ 非支配株主持分当期変動額 ）	38,880

非支配株主に帰属する当期純利益：97,200千円×40％＝38,880千円

> **Point**
> 非支配株主の持分割合に応じて、Ｓ社の当期純利益を非支配株主持分に振り替える。

不許複製・禁無断転載

３．Ｓ社の配当の修正

（営業外収益）	16,200	（利益剰余金当期変動額）	27,000
受取配当金		配当金	
（非支配株主持分当期変動額）	10,800		

Point
持分割合に応じて配当が行われたと考える。

営 業 外 収 益：27,000千円×60％＝16,200千円
非支配株主持分当期変動額：27,000千円×40％＝10,800千円

４．売上高と売上原価の相殺消去

（売　上　高）	356,400	（売　上　原　価）	356,400
		当期商品仕入高	

☑連結損益計算書
　　売上高：1,296,000千円＋972,000千円－356,400千円＝**1,911,600千円** … ④

５．売掛金と買掛金の相殺消去

（買　掛　金）	54,000	（売　掛　金）	54,000

☑連結貸借対照表
　　売掛金：180,000千円＋108,000千円－54,000千円＝**234,000千円** … ⑤
　　買掛金：86,400千円＋91,800千円－54,000千円＝**124,200千円** … ⑥

６．貸倒引当金の修正（アップストリーム）

（貸　倒　引　当　金）	540	（販売費及び一般管理費）	540
		貸倒引当金繰入	
（非支配株主に帰属する当期純利益）	216	（非支配株主持分当期変動額）	216

Point
Ｓ社の貸倒引当金繰入が消去され、子会社の利益が増加するため、持分割合に応じて非支配株主持分を増加させる。

販 売 費 及 び 一 般 管 理 費：54,000千円×１％＝540千円
非支配株主に帰属する当期純利益：540千円×40％＝216千円

☑連結損益計算書
　　販売費及び一般管理費：216,000千円＋118,800千円＋5,040千円－540千円＝**339,300千円** … ⑦
☑連結貸借対照表
　　貸 倒 引 当 金：1,800千円＋1,080千円－540千円＝**2,340千円** … ⑧

７．商品の未実現利益の消去（アップストリーム）

（売　上　原　価）	5,400	（商　　　品）	5,400
期末商品棚卸高			
（非支配株主持分当期変動額）	2,160	（非支配株主に帰属する当期純利益）	2,160

Point
Ｐ社が保有する商品に、Ｓ社から仕入れたものが含まれているため、未実現利益を消去する。

Ｓ社が付加した利益のため、持分割合に応じてＰ社と非支配株主が負担することになる。

売 上 原 価：21,600千円×25％＝5,400千円（未実現利益）
非支配株主に帰属する当期純利益：5,400千円×40％＝2,160千円

☑連結損益計算書
　　売上原価：972,000千円＋777,600千円－356,400千円＋5,400千円＝**1,398,600千円** … ⑨
　　非支配株主に帰属する当期純利益：38,880千円＋216千円－2,160千円＝**36,936千円** … ⑩
☑連結貸借対照表
　　商　　品：252,000千円＋112,480千円－5,400千円＝**359,080千円** … ⑪

8．資金の貸付け・借入れに係る相殺消去（ダウンストリーム）

修正・消去欄

| （ 固 定 負 債 ） 借入金 | 45,000 | （ 固 定 資 産 ） 貸付金 | 45,000 |
| （ 営 業 外 収 益 ） 受取利息 | 900 | （ 営 業 外 費 用 ） 支払利息 | 900 |

> **Point**
> 当期首に貸付けを行っているので、1年分の利息を計上している。

営業外収益：45,000千円×2％＝900千円

☑連結損益計算書
　営業外収益：75,600千円＋54,000千円－16,200千円－900千円＝**112,500千円** … ⑫
　営業外費用：64,800千円＋32,400千円－900千円＝**96,300千円** … ⑬

☑連結貸借対照表
　固 定 資 産：135,000千円＋63,000千円－45,000千円＝**153,000千円** … ⑭
　固 定 負 債：99,000千円＋66,600千円－45,000千円＝**120,600千円** … ⑮

Step 3　その他の項目の集計

☑連結損益計算書
　親会社株主に帰属する当期純利益：152,964千円（連結損益計算書より）

☑連結貸借対照表
　現 金 預 金：649,800千円＋302,600千円＝**952,400千円** … ⑯
　支 払 手 形：216,000千円＋97,200千円＝**313,200千円** … ⑰
　利益剰余金：129,600千円＋124,200千円－33,120千円＋27,000千円－63,036千円＝**184,644千円** … ⑱
　　　　　　　　 P社　　　　　　S社　　　　　　（1）　　　　　　（2）　　　　　　（3）

利益剰余金の変動

　連結株主資本等変動計算書を作成する場合、個別上の数値を合算した後、連結修正仕訳を行うことにより、連結上あるべき数値に修正する必要がある。

　単純合算すると「P社およびS社の当期純利益を合計した金額」になるので、連結上あるべき金額（親会社株主に帰属する当期純利益）に修正するために、差額を調整する。

　上記の(3)：(118,800千円＋97,200千円) －152,964千円＝63,036千円
　　　　　　　　P社およびS社の　　　　　　親会社株主に
　　　　　　　　当期純利益の合計　　　　帰属する当期純利益

> **Point**
> **増加**
> (2)
> 剰余金の配当の取消し
> →利益剰余金当期末残高が増加する
>
> **減少**
> (1)
> 連結開始仕訳における利益剰余金当期首残高の減少
> →利益剰余金当期末残高が減少する
>
> (3)
> 「P社およびS社の当期純利益の合計」と「親会社株主に帰属する当期純利益」との差額
> →利益剰余金当期末残高が減少する

利益剰余金の修正＊

| 減少
　(2)　△27,000千円 | 当期首
　(1)　△33,120千円 |
| 当期末 | 増加
　(3)　△63,036千円 |

＊　連結上あるべき数値への調整

非支配株主持分：103,680千円＋38,880千円－10,800千円＋216千円－2,160千円＝**129,816千円** … ⑲

非支配株主持分

| 減少
　　　　　10,800千円
　　　　　2,160千円 | 当期首
　　　　　103,680千円 |
| 当期末
　　　　　129,816千円 | 増加
　　　　　38,880千円
　　　　　216千円 |

第3問 （20点）

貸　借　対　照　表

X8年3月31日　　　　　　　　　　　　　　　　（単位：円）

	資　産　の　部				負　債　の　部		
	Ⅰ 流　動　資　産				Ⅰ 流　動　負　債		
⑩	現　金　預　金		（　498,080　）		支　払　手　形		132,720
	受　取　手　形	（　128,000　）			買　掛　金		252,000
①	貸倒引当金	（　1,280　）	（　126,720　）		未払法人税等	（★　7,800　）⑯	
	売　掛　金	（　352,000　）			未　払　費　用	（　1,800　）⑮	
②	貸倒引当金	（　3,520　）	（★　348,480　）		流動負債合計	（　394,320　）	
④	有　価　証　券		（　41,480　）				
③	商　　　品		（★　116,400　）		Ⅱ 固　定　負　債		
⑭	前　払　費　用		（★　15,360　）		長　期　借　入　金		216,000
⑧	未　収　収　益		（★　720　）		繰延税金負債	（　600　）⑤	
	流動資産合計		（　1,147,240　）		固定負債合計	（　216,600　）	
	Ⅱ 固　定　資　産				負　債　合　計	（　610,920　）	
	有　形　固　定　資　産						
	建　　　物	（　3,492,000　）			純　資　産　の　部		
⑪	減価償却累計額	（　698,400　）	（　2,793,600　）		Ⅰ 株　主　資　本		
	備　　　品	（　384,000　）			資　本　金		3,360,000
⑫	減価償却累計額	（　222,000　）	（★　162,000　）		利　益　準　備　金		203,760
	有形固定資産合計		（　2,955,600　）		繰越利益剰余金	（　283,000　）⑰	
	無　形　固　定　資　産				株主資本合計	（　3,846,760　）	
⑬	ソ　フ　ト　ウ　ェ　ア		（★　129,600　）		Ⅱ 評価・換算差額等		
	無形固定資産合計		（　129,600　）		その他有価証券評価差額金	（★　1,400　）⑥	
	投資その他の資産				評価・換算差額等合計	（　1,400　）	
⑦	投　資　有　価　証　券		（★　82,640　）		純　資　産　合　計	（　3,848,160　）	
⑨	長　期　性　預　金		（★　144,000　）				
	投資その他の資産合計		（　226,640　）				
	固定資産合計		（　3,311,840　）				
	資　産　合　計		（　4,459,080　）		負債及び純資産合計	（　4,459,080　）	

＊　上記の○番号は、解説の番号と対応しています。

★１つにつき２点

合計20点

解説

決算整理事項の処理

1．貸倒引当金の設定

（ 貸倒引当金繰入 ）	3,360	（ 貸 倒 引 当 金 ）	3,360

貸倒引当金繰入：￥128,000×1％＝￥1,280（受取手形に対する設定額）
　　　　　　　　￥352,000×1％＝￥3,520（売 掛 金に対する設定額）
　　　　　　　　（￥1,280＋￥3,520）－￥1,440＝￥3,360
　　　　　　　　　　　設定額合計　　　貸倒引当金残高

☑貸 倒 引 当 金（受取手形）：￥1,280 … ①
☑貸 倒 引 当 金（売 掛 金）：￥3,520 … ②
☑貸倒引当金繰入：￥3,360

2．売上原価の計算および商品の評価（売上原価を仕入勘定で算定していると仮定）

（ 仕 入 ）	110,400	（ 繰 越 商 品 ）	110,400
（ 繰 越 商 品 ）	120,000	（ 仕 入 ）	120,000
（ 棚 卸 減 耗 損 ）	3,600	（ 繰 越 商 品 ）	3,600
（ 仕 入 ）	3,600	（ 棚 卸 減 耗 損 ）	3,600

棚卸減耗損：￥120,000－￥116,400＝￥3,600

☑売 上 原 価：￥110,400＋￥2,784,000－￥120,000＋￥3,600＝￥2,778,000
☑商 品：￥110,400－￥110,400＋￥120,000－￥3,600＝￥116,400 … ③

3．有価証券の評価

売買目的有価証券（N社株式）の評価替え

（ 売買目的有価証券 ）	1,160	（ 有価証券評価益 ）	1,160

有価証券評価益：￥41,480－￥40,320＝￥1,160（評価益）
　　　　　　　　期末時価　　帳簿価額

その他有価証券（E社株式）の評価替え

（ その他有価証券 ）	2,000	（ 繰 延 税 金 負 債 ）	600
		（ その他有価証券評価差額金 ）	1,400

そ の 他 有 価 証 券：￥48,080－￥46,080＝￥2,000（評価益相当）
　　　　　　　　　　　期末時価　　帳簿価額
繰 延 税 金 負 債：￥2,000×30％＝￥600
その他有価証券評価差額金：￥2,000－￥600＝￥1,400

> **Point**
> 評価益相当の場合
> 評価差額の30％を繰延税金負債勘定、残りの70％をその他有価証券評価差額金勘定で処理する。

満期保有目的債券（T社社債）の償却原価法による評価替え

（ 満期保有目的債券 ）	720	（ 有 価 証 券 利 息 ）	720

有価証券利息：（￥36,000－￥33,840）÷3年＝￥720
　　　　　　　額面総額　　帳簿価額

> **Point**
> 満期保有目的債券
> T社社債の帳簿価額は、前期末までの償却後の金額
>
> 額面総額と帳簿価額との差額を3年間で償却する。

☑有 価 証 券（売買目的有価証券）：￥40,320＋￥1,160＝￥41,480 … ④
☑有価証券評価益：￥1,160
☑繰 延 税 金 負 債：￥600 … ⑤
☑その他有価証券評価差額金：￥1,400 … ⑥
☑投 資 有 価 証 券：（￥46,080＋￥2,000）＋（￥33,840＋￥720）＝￥82,640 … ⑦
　　　　　　　　　　　　その他有価証券　　　満期保有目的債券
☑有 価 証 券 利 息：￥720＋￥720＝￥1,440

不許複製・禁無断転載

４．定期預金

（ 未 収 利 息 ）	720	（ 受 取 利 息 ）	720

受取利息：¥144,000×1.2％×$\dfrac{5か月}{12か月}$＝¥720

> **Point**
> 期間２年、満期日がX9年10月31日ということは、預入日はX7年11月１日となる。
>
> 満期日が決算日の翌日より１年超となる場合、長期性預金として表示する。

☑未 収 収 益 （未収利息）：¥**720** … ⑧
☑受 取 利 息：¥720
☑長 期 性 預 金：¥**144,000** … ⑨
☑現 金 預 金：¥642,080－¥144,000＝¥**498,080** … ⑩

５．減価償却費の計上

建物

（ 減 価 償 却 費 ）	116,400	（ 建物減価償却累計額 ）	116,400

減価償却費：¥3,492,000÷30年＝¥116,400

備品

（ 減 価 償 却 費 ）	54,000	（ 備品減価償却累計額 ）	54,000

減価償却費：（¥384,000－¥168,000）×0.25＝¥54,000

> **Point**
> 備品の償却率
> $\dfrac{1}{8年}$×200％＝0.25

☑減価償却累計額（建物）：¥582,000＋¥116,400＝¥**698,400** … ⑪
☑減価償却累計額（備品）：¥168,000＋¥54,000＝¥**222,000** … ⑫
☑減 価 償 却 費：¥116,400＋¥54,000＝¥170,400

６．ソフトウェア

（ ソフトウェア償却 ）	14,400	（ ソフトウェア ）	14,400

ソフトウェア償却：¥144,000×$\dfrac{6か月}{60か月}$＝¥14,400

> **Point**
> 当期の10月１日に取得・使用開始したので、当期末まで６か月経過している。
>
> ５年＝60か月

☑ソフトウェア償却：¥14,400
☑ソフトウェア：¥144,000－¥14,400＝¥**129,600** … ⑬

７．保険料の前払計上

（ 前 払 保 険 料 ）	15,360	（ 保 険 料 ）	15,360

¥61,440×$\dfrac{4か月}{16か月}$＝¥15,360

> **Point**
> 再振替仕訳による４か月分と、８月１日に支払った12か月分の合計16か月分が計上されている。

☑前払費用（前払保険料）：¥**15,360** … ⑭
☑保 険 料：¥61,440－¥15,360＝¥46,080

８．利息の未払計上

（ 支 払 利 息 ）	1,800	（ 未 払 利 息 ）	1,800

> **Point**
> 返済期日がX9年４月１日以降に到来するということは、決算日の翌日から１年超となるため長期借入金として表示する。

☑支払利息：¥11,600＋¥1,800＝¥13,400
☑未払費用（未払利息）：¥**1,800** … ⑮

９．法人税、住民税及び事業税の計上

売　上　総　利　益

売　上　原　価 ¥	2,778,000	売　　　上　　　高 ¥	4,080,000
売　上　総　利　益 ¥	**1,302,000**		

営　業　利　益

販売費及び一般管理費		売　上　総　利　益 ¥	1,302,000
給　　　　　　　料 ¥	936,000		
水　道　光　熱　費 ¥	95,680		
保　　険　　料 ¥	46,080		
減　価　償　却　費 ¥	170,400		
ソフトウェア償却 ¥	14,400		
貸倒引当金繰入 ¥	3,360		
営　業　利　益 ¥	**36,080**		

税引前当期純利益

営　業　外　費　用		営　業　利　益 ¥	36,080
支　払　利　息 ¥	13,400	営　業　外　収　益	
		有　価　証　券　利　息 ¥	1,440
		受　取　利　息 ¥	720
税引前当期純利益 ¥	**26,000**	有　価　証　券　評　価　益 ¥	1,160

（　法人税、住民税及び事業税　）	7,800	（　未　払　法　人　税　等　）	7,800

法人税、住民税及び事業税：¥26,000×30％＝¥7,800

☑未　払　法　人　税　等：**¥7,800** … ⑯
☑法人税、住民税及び事業税：¥7,800
☑当　期　純　利　益：¥26,000－¥7,800＝¥18,200
☑繰　越　利　益　剰　余　金：¥264,800＋¥18,200＝**¥283,000** … ⑰

Point
売上高－売上原価＝売上総利益

売上総利益－販売費及び一般管理費＝営業利益

営業利益＋営業外収益－営業外費用＝税引前当期純利益

繰越利益剰余金＝決算整理前残高試算表の残高＋当期純利益

第4問（28点）

問1（12点）　＊ 勘定科目は**記号での解答**となります。参考として、勘定科目も記入しています。

(1)

借方科目		金額	貸方科目		金額
賃 率 差 異	エ	3,200	売 上 原 価	ア	3,200

「実際消費高＜予定消費高」 → 有利差異（貸方差異）

```
            賃       金
    実際消費高  │  予定消費高
    ─────────┤
    差額      │
    800円
```

```
    売上原価              賃率差異
  賃率差異         │    前月繰越高
  3,200円         │    2,400円
        残高      │    当月発生
        3,200円  │    800円
```

Point

賃率差異
＝賃金の予定消費高
　－賃金の実際消費高
　　　↓
　＋の場合 → 貸方差異
　－の場合 → 借方差異

正常な状態で発生する原価差異は、会計期末において、売上原価に加減する。

本問では、期末の賃率差異は貸方残高なので、売上原価を減少させる。

(2)

借方科目		金額	貸方科目		金額
製 造 間 接 費	ア	20,000	材 　 料	エ	20,000

「20日に受け入れた数量 600kg＞6月末の帳簿棚卸数量 260kg」であり、消費単価の計算は先入先出法によるので、消費単価は20日の@1,000円を用いる。

　棚卸減耗損：@1,000円×20kg＝20,000円 → 間接経費として、製造間接費に振替え

```
              材      料
  前月繰越      │  12日 払出
    500kg      │    800kg
  10日 受入    │  24日 払出
    700kg      │    740kg
  20日 受入    │  次月繰越
    600kg      │    260kg
  合計 1,800kg
```

240kg → 実地棚卸数量
20kg → 棚卸減耗損

Point

材料の棚卸減耗損は間接経費として、製造間接費に振り替える。

(3)

借方科目		金額	貸方科目		金額
仕 掛 品 － A 組	イ	868,000	製 造 間 接 費	ア	1,240,000
仕 掛 品 － B 組	オ	372,000			

配賦率の算定

　A組直接費：1,548,000円＋2,168,000円＋624,000円＝4,340,000円

　B組直接費：　456,000円＋　892,000円＋512,000円＝1,860,000円

　組間接費：　152,000円＋　380,000円＋708,000円＝1,240,000円

　配 賦 率：$\dfrac{1,240,000円}{4,340,000円＋1,860,000円}＝0.2$

　A組への配賦額：4,340,000円×0.2＝868,000円

　B組への配賦額：1,860,000円×0.2＝372,000円

Point

組間接費を、各組の組直接費の割合で按分することになる。

仕訳1組につき4点　合計12点

問2 (16点)

月末仕掛品原価	★	1,164,000	円
等級製品Nの完成品総合原価	☆	7,440,000	円
等級製品Nの完成品単位原価	☆	4,650	円/個
等級製品Sの完成品総合原価	☆	2,976,000	円
等級製品Sの完成品単位原価	☆	3,720	円/個

★1つにつき4点
☆1つにつき3点
合計16点

解説

Step 1 生産データ・原価データの整理

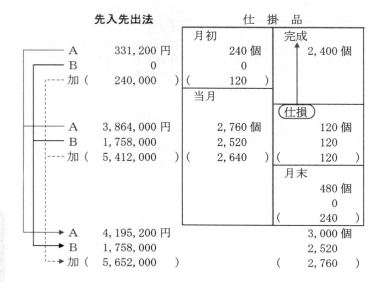

Point
A：A原料費
B：B原料費
加：加工費

完成品換算量
月初
240個×50%＝120個
仕損
120個×100%＝120個
月末
480個×50%＝240個
当月
2,400個－120個＋120個＋240個＝2,640個

B原料は工程の60%の点で投入しているので、月初・月末ともに未投入となる。

正常仕損費は完成品のみ負担

仕損品の処分価額あり

Step 2 先入先出法による月末仕掛品原価・完成品総合原価の算定

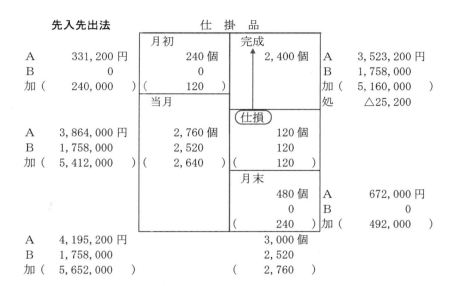

☑月末仕掛品原価

A原料費：$\dfrac{3,864,000円}{2,760個} \times 480個 =$ 　672,000円

B原料費：　　　　　　　　　　　　　　　　　0円

加 工 費：$\dfrac{5,412,000円}{2,640個} \times 240個 =$ 　492,000円

　　　　　　　　　　　　　　　　　　　1,164,000円

☑完成品総合原価

A原料費：4,195,200円 − 672,000円 ＝ 　3,523,200円
B原料費：　　　　　　　　　　　　　　1,758,000円
加 工 費：5,652,000円 − 492,000円 ＝ 　5,160,000円
処分価額：　　　　　　　　　　　　△　　25,200円
　　　　　　　　　　　　　　　　　　10,416,000円

Step 3 完成品総合原価の按分

☑積数

等級製品N：1 ×1,600個＝1,600個

等級製品S：0.8× 800個＝ 640個

☑各等級製品の完成品総合原価

等級製品N：$\dfrac{10,416,000円}{1,600個 + 640個} \times 1,600個 = 7,440,000円$

等級製品S：$\dfrac{10,416,000円}{1,600個 + 640個} \times 640個 = 2,976,000円$

☑各等級製品の完成品単位原価

等級製品N：7,440,000円 ÷ 1,600個 ＝ **4,650円/個**

等級製品S：2,976,000円 ÷ 800個 ＝ **3,720円/個**

Point
処：処分価額

月末仕掛品原価を先に計算し、完成品総合原価は貸借差額で計算する。

月末仕掛品に仕損費を負担させないようにするために、仕損品の数量を含めて按分する。

原価投入額合計から月末仕掛品原価を差し引くことで、自動的に完成品に仕損費を負担させる。

完成品の原価から処分価額を控除することを忘れないように注意する。

Point
積数
＝等価係数×完成品数量

積数は、完成品総合原価を按分するために用いる。

完成品単位原価の算定には、完成品数量を用いる。

第5問 (12点)

直接原価計算による損益計算書

(単位:円)

I	売上高		4,028,000
II	変動売上原価		
1	期首製品棚卸高	284,000	
2	当期製品変動製造原価	(★ 2,482,000)	
	合計	(2,766,000)	
3	期末製品棚卸高	(250,000)	(2,516,000)
	変動製造マージン		(★ 1,512,000)
III	変動販売費		262,000
	貢献利益		(★ 1,250,000)
IV	固定費		
1	製造固定費	(★ 549,600)	
2	固定販売費・一般管理費	352,400	(902,000)
	営業利益		(348,000)

★1つにつき3点
合計12点

解説

勘定連絡図

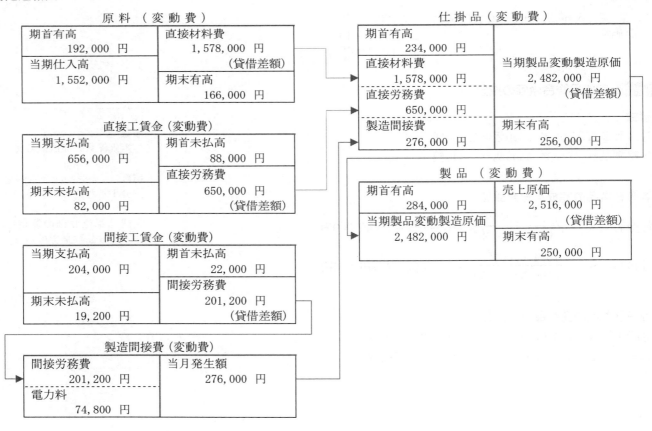

直接原価計算による損益計算書

売　　上　　高		4,028,000円
変　動　売　上　原　価		
期　首　製　品　棚　卸　高	284,000円	
当期製品変動製造原価	**2,482,000円**	
合　　　計	2,766,000円	
期　末　製　品　棚　卸　高	250,000円	2,516,000円
変　動　製　造　マ　ー　ジ　ン		1,512,000円
変　動　販　売　費		262,000円
貢　　献　　利　　益		1,250,000円
固　　　定　　　費		
製　造　固　定　費	**549,600円** *	
固定販売費・一般管理費	352,400円	902,000円
営　　業　　利　　益		348,000円

* 　製造固定費：286,000円＋84,000円＋105,600円＋74,000円＝549,600円
　　　　　　　　　工場従業員給料　　保険料　　減価償却費　　その他

工場従業員給料（固定費）

当期支払高		期首未払高	
	288,000 円		34,000 円
		間接労務費	
期末未払高			286,000 円
	32,000 円		（貸借差額）

Point

直接原価計算による損益計算書を作成するため、仕掛品勘定・製品勘定には、変動費のみ集計する。

変動製造原価
・原料
・直接工賃金
・間接工賃金
・電力料

固定製造原価
・工場従業員給料
・保険料
・減価償却費
・その他

第8回　解答・解説

第1問（20点）　＊ 勘定科目は**記号での解答**となります。参考として、勘定科目も記入しています。

1

借方科目		金額	貸方科目		金額
固定資産圧縮損	カ	300,000	機 械 装 置	イ	300,000

Point
機械装置の取得原価から国庫補助金相当額を直接控除し、借方に固定資産圧縮損勘定を計上する。

2

借方科目		金額	貸方科目		金額
リ ー ス 資 産	ウ	120,000	リ ー ス 債 務	エ	120,000

リース資産：見積現金購入価額

Point
利子抜き法
見積現金購入価額を取得原価とし、リース資産勘定を借方に計上する。

同額を借り入れたと考え、リース債務勘定を貸方に計上する。

3

借方科目		金額	貸方科目		金額
為 替 差 損 益	カ	32,000	売 　 掛 　 金	ウ	32,000

売 掛 金：@￥110×16,000ドル＝￥1,760,000（輸出取引時の円換算額）
為替差損益：@￥108×16,000ドル＝￥1,728,000（為替予約による円換算額）
　　　　　￥1,760,000－￥1,728,000＝￥32,000（売掛金の減少 → 損）

Point
売掛金は輸出取引時の直物為替相場で換算している。

為替差損益勘定を借方に計上するということは、為替差損となる。

4

借方科目		金額	貸方科目		金額
繰 延 税 金 資 産	ウ	180,000	その他有価証券	イ	600,000
その他有価証券評価差額金	オ	420,000			

その他有価証券：
　@￥　950×4,000株＝￥3,800,000（時価評価額）
　@￥1,100×4,000株＝￥4,400,000（帳簿価額）
　￥3,800,000－￥4,400,000＝△￥600,000（評価損相当）
　　　時価評価額　　　帳簿価額
繰 延 税 金 資 産：￥600,000×30％＝￥180,000
その他有価証券評価差額金：￥600,000－￥180,000＝￥420,000

Point
長期投資目的の株式であり、子会社にも関連会社にも該当しないので、その他有価証券勘定で処理する。

評価損相当の場合
評価差額の30％を繰延税金資産勘定、残りの70％をその他有価証券評価差額金勘定（借方）で処理する。

5

借方科目		金額	貸方科目		金額
現 　 　 　 金	ア	5,232,000	買 　 掛 　 金	オ	7,920,000
売 　 掛 　 金	カ	8,928,000	資 　 本 　 金	キ	5,940,000
土 　 　 　 地	ウ	3,840,000	資 本 準 備 金	エ	3,960,000
			負ののれん発生益	イ	180,000

資 　 本 　 金：@￥8,250×1,200株＝￥9,900,000（株主資本の増加額）
　　　　　　　　￥9,900,000×60％＝￥5,940,000
資 本 準 備 金：￥9,900,000×40％＝￥3,960,000
負ののれん発生益：
　（￥5,232,000＋￥8,928,000＋￥3,840,000）－￥7,920,000
　　承継した資産合計（時価）　　　　　承継した負債合計（時価）
　＝￥10,080,000（承継した諸資産と諸負債の差額）
　￥10,080,000－￥9,900,000＝￥180,000

Point
承継した資産および負債は、時価で評価する。

「承継した資産合計と承継した負債合計の差額＞株主資本の増加額」の場合、差額を負ののれん発生益勘定で処理する。

仕訳1組につき4点　合計20点

不許複製・禁無断転載

第2問 （20点）

連結精算表　(単位：千円)

科　目	個別財務諸表 P　社	個別財務諸表 S　社	修正・消去 借　方	修正・消去 貸　方	連結財務諸表
貸借対照表					
諸　資　産	586,800	273,600			860,400
⑩ 売　掛　金	180,000	120,000		54,000	246,000
貸倒引当金	(1,800)	(1,200)			(3,000)
⑫ 商　品	270,000	108,000		5,400	★ 372,600
S　社　株　式	162,000			162,000	
⑭ 土　地	45,000	18,000		1,800	★ 61,200
⑤ ［の　れ　ん］			29,160	3,240	★ 25,920
資　産　合　計	1,242,000	518,400	29,160	226,440	1,563,120
諸　負　債	(216,000)	(97,200)			(313,200)
⑪ 買　掛　金	(86,400)	(91,800)	54,000		(★ 124,200)
① 資　本　金	(756,000)	(180,000)	180,000		(756,000)
② 資　本　剰　余　金	(54,000)	(25,200)	25,200		(54,000)
利　益　剰　余　金	(129,600)	(124,200)	453,240	386,280	(186,840)
非支配株主持分			13,680	142,560	(128,880)
負債・純資産合計	(1,242,000)	(518,400)	726,120	528,840	(1,563,120)
損益計算書					
⑨ 売　上　高	(1,296,000)	(972,000)	356,400		(1,911,600)
⑬ 売　上　原　価	973,800	777,600	5,400	356,400	★ 1,400,400
販売費及び一般管理費	270,000	145,800			415,800
⑦ 営　業　外　収　益	(75,600)	(54,000)	16,200		(★ 113,400)
営　業　外　費　用	9,000	7,200		16,200	16,200
特　別　利　益		(1,800)	1,800		
⑥ ［の　れ　ん］償却			3,240		3,240
当　期　純　利　益	(118,800)	(97,200)	383,040	356,400	(189,360)
⑮ 非支配株主に帰属する当期純利益			38,880	2,160	★ 36,000
				720	
親会社株主に帰属する当期純利益			421,920	359,280	(153,360)
株主資本等変動計算書					
③ 利益剰余金当期首残高	(82,800)	(54,000)	31,320		(★ 105,480)
⑧ 配　当　金	72,000	27,000		27,000	★ 72,000
親会社株主に帰属する当期純利益	(118,800)	(97,200)	421,920	359,280	(153,360)
利益剰余金当期末残高	(129,600)	(124,200)	453,240	386,280	(186,840)
④ 非支配株主持分当期首残高				103,680	(103,680)
⑯ 非支配株主持分当期変動額			10,800	38,880	(★ 25,200)
			2,160		
			720		
非支配株主持分当期末残高			13,680	142,560	(128,880)

★ 1つにつき2点
合計20点

解説

Step 1 連結開始仕訳（仕訳の単位：千円）

(1) 投資と資本の相殺消去

（ 資本金当期首残高 ）	180,000	（ S 社 株 式 ）	162,000
（ 資本剰余金当期首残高 ）	25,200	（ 非支配株主持分当期首残高 ）	86,400
（ 利益剰余金当期首残高 ）	10,800		
（ の れ ん ）	32,400		

のれん：
　(180,000千円＋25,200千円＋10,800千円)×60％＝129,600千円（P社持分）
　162,000千円－129,600千円＝32,400千円
　　S社株式　　　　P社持分
非支配株主持分当期首残高：
　(180,000千円＋25,200千円＋10,800千円)×40％＝86,400千円（非支配株主持分）

(2) のれんの償却

（ 利益剰余金当期首残高 ）	3,240	（ の れ ん ）	3,240
のれん償却			

利益剰余金当期首残高（のれん償却）：32,400千円÷10年＝3,240千円

(3) S社の利益剰余金（連結第1年度の当期純利益）の非支配株主持分への振替え

（ 利益剰余金当期首残高 ）	17,280	（ 非支配株主持分当期首残高 ）	17,280
非支配株主に帰属する当期純利益			

利益剰余金当期首残高（非支配株主に帰属する当期純利益）：
　43,200千円×40％＝17,280千円

上記の(1)～(3)を一つにまとめた仕訳（**連結開始仕訳**）
修正・消去欄

（ 資本金当期首残高 ）	180,000	（ S 社 株 式 ）	162,000
（ 資本剰余金当期首残高 ）	25,200	（ 非支配株主持分当期首残高 ）	103,680
（ 利益剰余金当期首残高 ）	31,320		
（ の れ ん ）	29,160		

☑連結財務諸表欄
　資　　　　　本　　　金：756,000千円＋180,000千円－180,000千円＝**756,000千円** … ①
　資　本　剰　余　金：54,000千円＋25,200千円－25,200千円＝**54,000千円** … ②
　利益剰余金当期首残高：82,800千円＋54,000千円－31,320千円＝**105,480千円** … ③
　非支配株主持分当期首残高：**103,680千円** … ④

Step 2 当期の連結修正仕訳（仕訳の単位：千円）

1．のれんの償却

修正・消去欄

（ の れ ん 償 却 ）	3,240	（ の れ ん ）	3,240

のれん償却：29,160千円÷9年＝3,240千円

☑連結財務諸表欄
　[**のれん**]：29,160千円－3,240千円＝**25,920千円** … ⑤
　[**のれん**]償却：**3,240千円** … ⑥

> **Point**
> 前期に行った連結修正仕訳を考え、一つにまとめる。
>
> 純資産の項目は「当期首残高」の変動となる。
>
> 損益の項目は「利益剰余金当期首残高」で調整する。
>
> 株主資本等変動計算書は、利益剰余金と非支配株主持分の変動のみを記入するため、資本金当期首残高の変動は「資本金」、資本剰余金当期首残高の変動は「資本剰余金」の行で調整することになる。

> **Point**
> のれんは1年分償却済みなので、残り9年で償却する。

２．Ｓ社の当期純利益の非支配株主持分への振替え

修正・消去欄

（ 非支配株主に帰属する当期純利益 ）	38,880	（ 非支配株主持分当期変動額 ）	38,880

非支配株主に帰属する当期純利益：97,200千円×40％＝38,880千円

> **Point**
> 非支配株主の持分割合に応じて、Ｓ社の当期純利益を非支配株主持分に振り替える。
>
> 当期の変動なので、「非支配株主持分当期変動額」となる。

３．Ｓ社の配当の修正

修正・消去欄

（ 営 業 外 収 益 ） 受取配当金	16,200	（ 配　当　金 ）	27,000
（ 非支配株主持分当期変動額 ）	10,800		

営　業　外　収　益：27,000千円×60％＝16,200千円
非支配株主持分当期変動額：27,000千円×40％＝10,800千円

☑連結財務諸表欄
　　営業外収益：75,600千円＋54,000千円－16,200千円＝**113,400千円** … ⑦
　　配　当　金：72,000千円＋27,000千円－27,000千円＝**72,000千円** … ⑧

> **Point**
> 持分割合に応じて配当が行われたと考える。
>
> Ｐ社への配当分はＰ社が計上した「営業外収益（受取配当金）」と相殺し、非支配株主への配当分は「非支配株主持分当期変動額」の減少として処理する。

４．売上高と売上原価の相殺消去

修正・消去欄

（ 売　　上　　高 ）	356,400	（ 売　上　原　価 ） 当期商品仕入高	356,400

☑連結財務諸表欄
　　売上高：1,296,000千円＋972,000千円－356,400千円＝**1,911,600千円** … ⑨

> **Point**
> Ｓ社がＰ社に対して商品を販売しているので、Ｓ社の売上高とＰ社の売上原価（仕入）を相殺する。

５．売掛金と買掛金の相殺消去

修正・消去欄

（ 買　　掛　　金 ）	54,000	（ 売　　掛　　金 ）	54,000

☑連結財務諸表欄
　　売掛金：180,000千円＋120,000千円－54,000千円＝**246,000千円** … ⑩
　　買掛金：86,400千円＋91,800千円－54,000千円＝**124,200千円** … ⑪

> **Point**
> Ｓ社の売掛金の残高に、Ｐ社に対するものが含まれているので、Ｐ社の買掛金と相殺する。

６．商品の未実現利益の消去（アップストリーム）

修正・消去欄

（ 売　上　原　価 ） 期末商品棚卸高	5,400	（ 商　　　　品 ）	5,400
（ 非支配株主持分当期変動額 ）	2,160	（ 非支配株主に帰属する当期純利益 ）	2,160

売　上　原　価：21,600千円×25％＝5,400千円（未実現利益）
非支配株主に帰属する当期純利益：5,400千円×40％＝2,160千円

☑連結財務諸表欄
　　商　　品：270,000千円＋108,000千円－5,400千円＝**372,600千円** … ⑫
　　売上原価：973,800千円＋777,600千円－356,400千円＋5,400千円＝**1,400,400千円** … ⑬

> **Point**
> Ｐ社が保有する商品に、Ｓ社から仕入れたものが含まれているため、未実現利益を消去する。
>
> Ｓ社が付加した利益のため、持分割合に応じてＰ社と非支配株主が負担することになる。

7．固定資産売却益の修正（アップストリーム）

修正・消去欄

（ 特 別 利 益 ）	1,800	（ 土　　　地 ）	1,800
固定資産売却益			
（ 非支配株主持分当期変動額 ）	720	（ 非支配株主に帰属する当期純利益 ）	720

特別利益：18,000千円－16,200千円＝1,800千円（益）→ 利益の取消し
非支配株主に帰属する当期純利益：1,800千円×40％＝720千円

> **Point**
>
> 固定資産売却益の金額は「特別利益」に含まれている。
>
> Ｐ社が保有する土地の取得原価に、Ｓ社が付加した利益が含まれているため、未実現利益を消去する。
>
> Ｓ社が付加した利益のため、持分割合に応じてＰ社と非支配株主が負担することになる。

☑連結財務諸表欄

土地：45,000千円＋18,000千円－1,800千円＝**61,200千円** … ⑭
非支配株主に帰属する当期純利益：38,880千円－2,160千円－720千円＝**36,000千円** … ⑮
非支配株主持分当期変動額：38,880千円－10,800千円－2,160千円－720千円＝**25,200千円** … ⑯

不許複製・禁無断転載

第3問 （20点）

貸 借 対 照 表
X2年3月31日
（単位：円）

	資　産　の　部				負　債　の　部		
	I 流　動　資　産				I 流　動　負　債		
②	現　金　預　金		（ 4,423,000 ）		支　払　手　形	128,000	
	受　取　手　形	（ 800,000 ）			買　掛　金	（ 228,000 ）	①
⑨	貸　倒　引　当　金	（ 8,000 ）	（ 792,000 ）		未　払　法　人　税　等	（★ 26,800 ）	⑭
④	売　掛　金	（ 620,000 ）			製　品　保　証　引　当　金	（★ 1,200 ）	⑬
⑩	貸　倒　引　当　金	（ 6,200 ）	（★ 613,800 ）		流　動　負　債　合　計	（ 384,000 ）	
⑥	製　　　　品		（★ 7,920 ）		II 固　定　負　債		
③	仕　掛　品		（★ 14,000 ）		長　期　借　入　金	（ 200,000 ）	
⑤	材　　　料		（★ 11,520 ）		退　職　給　付　引　当　金	（★ 360,320 ）	⑫
	短　期　貸　付　金	（ 24,000 ）			固　定　負　債　合　計	（ 560,320 ）	
⑪	貸　倒　引　当　金	（ 480 ）	（★ 23,520 ）		負　債　合　計	（ 944,320 ）	
	流　動　資　産　合　計		（ 5,885,760 ）		純　資　産　の　部		
	II 固　定　資　産				I 株　主　資　本		
	建　　　　物	（ 360,000 ）			資　本　金	3,200,000	
⑦	減　価　償　却　累　計　額	（ 48,000 ）	（★ 312,000 ）		利　益　準　備　金	640,000	
	機　械　装　置	（ 240,000 ）			繰　越　利　益　剰　余　金	（ 1,536,320 ）	⑮
⑧	減　価　償　却　累　計　額	（ 117,120 ）	（★ 122,880 ）		株　主　資　本　合　計	（ 5,376,320 ）	
	固　定　資　産　合　計		（ 434,880 ）		純　資　産　合　計	（ 5,376,320 ）	
	資　産　合　計		（ 6,320,640 ）		負債及び純資産合計	（ 6,320,640 ）	

＊　上記の○番号は、解説の番号と対応しています。

★ 1つにつき2点
合計20点

第8回

解　説

3月の取引・決算整理事項等に関する事項の処理

1．3月の取引等

材料の仕入

（ 材　　　料 ）	21,600	（ 買　　掛　　金 ）	21,600

材料：①材料仕入高より

☑買掛金：¥206,400＋¥21,600＝**¥228,000** … ①

材料の消費

（ 仕　　掛　　品 ）	16,800	（ 材　　　料 ）	21,600
（ 製　造　間　接　費 ）	4,800		

仕　掛　品：②直接材料費より
製造間接費：⑤間接材料費実際発生額より

— 163 —

不許複製・禁無断転載

賃金の支払

（ 賃 　　　 金 ）	19,200	（ 現 金 預 金 ）	19,200

賃金：③直接工直接作業賃金支払高より

賃金の消費および製造間接費の予定配賦

（ 仕 　 掛 　 品 ）	40,400	（ 賃 　　　 金 ）	19,200
		（ 製 造 間 接 費 ）	21,200

製造間接費：④製造間接費予定配賦額より

製造間接費（諸勘定経由）の支払

（ 製 造 間 接 費 ）	7,800	（ 現 金 預 金 ）	7,800

製造間接費：⑥製造間接費実際発生額より

☑現金預金：￥4,450,000－￥19,200－￥7,800＝**￥4,423,000** … ②

製品の完成

（ 製 　　　 品 ）	55,200	（ 仕 　 掛 　 品 ）	55,200

製品：⑦当月完成品総合原価より

☑仕掛品：￥12,000＋￥16,800＋￥40,400－￥55,200＝**￥14,000** … ③

売上原価への振替え

（ 売 上 原 価 ）	52,800	（ 製 　　　 品 ）	52,800

売上原価：⑧当月売上原価より

製品の売上

（ 売 　 掛 　 金 ）	80,000	（ 売 　　　 上 ）	80,000

売上：⑨当月売上高より

☑売掛金：￥540,000＋￥80,000＝**￥620,000** … ④
☑売　上：￥840,000＋￥80,000＝￥920,000

2．棚卸減耗損

材料

（ 製 造 間 接 費 ）	80	（ 材 　　　 料 ）	80

材料：￥11,600＋￥21,600－￥21,600＝￥11,600（帳簿棚卸高）
　　　￥11,600－￥11,520＝￥80
　　　帳簿棚卸高　実際有高

> **Point**
> 材料の棚卸減耗損は製造間接費に振り替える。

製品

（ 売 上 原 価 ）	480	（ 製 　　　 品 ）	480

製品：￥6,000＋￥55,200－￥52,800＝￥8,400（帳簿棚卸高）
　　　￥8,400－￥7,920＝￥480
　　　帳簿棚卸高　実際有高

> **Point**
> 製品の棚卸減耗損は売上原価に賦課する。

☑材料：￥11,600－￥80＝**￥11,520** … ⑤
☑製品：￥8,400－￥480＝**￥7,920** … ⑥

不許複製・禁無断転載

３．減価償却費の計上

減価償却費の計上

（ 減 価 償 却 費 ）	3,560	（ 建物減価償却累計額 ）	1,000
		（ 機械装置減価償却累計額 ）	2,560

減価償却費の振替え

（ 製 造 間 接 費 ）	3,160	（ 減 価 償 却 費 ）	3,560
（ 販売費及び一般管理費 ）	400		

製造間接費：￥600＋￥2,560＝￥3,160

☑減価償却累計額（建 　 物）：￥47,000＋￥1,000＝￥48,000 … ⑦
☑減価償却累計額（機械装置）：￥114,560＋￥2,560＝￥117,120 … ⑧

> **Point**
> 減価償却費のうち、製造活動にかかわるものは製造間接費に、販売・一般管理活動にかかわるものは販売費及び一般管理費に振り替える。

４．貸倒引当金の設定

（1） 売上債権（受取手形および売掛金）

（ 貸倒引当金繰入 ）	3,400	（ 貸 倒 引 当 金 ）	3,400

（ 販売費及び一般管理費 ）	3,400	（ 貸倒引当金繰入 ）	3,400

貸倒引当金繰入：￥800,000×１％＝￥ 8,000（受取手形に対する設定額）
　　　　　　　　￥620,000×１％＝￥ 6,200（売 掛 金に対する設定額）
　　　　　　　　　　　　　　　　￥14,200（売上債権に対する設定額）

　　　　　　　￥14,200－￥10,800＝￥3,400（繰入額）

（2） 営業外債権（短期貸付金）

（ 貸倒引当金繰入 ）	480	（ 貸 倒 引 当 金 ）	480
営業外費用			

貸倒引当金繰入：￥24,000×２％＝￥480（設定額・繰入額）

☑貸倒引当金（受 取 手 形）：￥8,000 … ⑨
☑貸倒引当金（売 　 掛 　 金）：￥6,200 … ⑩
☑貸倒引当金（短期貸付金）：￥ 480 … ⑪

> **Point**
> 決算整理前残高試算表の貸倒引当金の残高は、売上債権に対するものである。
>
> 売上債権に対する貸倒引当金の繰入額は、販売費及び一般管理費に振り替える。

> **Point**
> 営業外債権に対する貸倒引当金の繰入額は、営業外費用となる。

５．退職給付引当金

退職給付費用の計上

（ 退 職 給 付 費 用 ）	9,600	（ 退職給付引当金 ）	9,600

退職給付費用の振替え

（ 製 造 間 接 費 ）	5,760	（ 退 職 給 付 費 用 ）	9,600
（ 販売費及び一般管理費 ）	3,840		

原価差異

（ 原 価 差 異 ）	320	（ 退職給付引当金 ）	320

☑退 職 給 付 引 当 金：￥350,400＋￥9,600＋￥320＝￥360,320 … ⑫
☑販売費及び一般管理費：￥114,800＋￥400＋￥3,400＋￥3,840＝￥122,440

> **Point**
> 製造活動に携わる従業員に関わるものは製造間接費に、それ以外の従業員に関わるものは販売費及び一般管理費に振り替える。
>
> 製造活動に携わる従業員に関わる繰入額の差異は、原価差異として処理する。

６．製品保証引当金

（ 製品保証引当金 ）	1,600	（ 製品保証引当金戻入 ）	1,600

（ 製品保証引当金繰入 ）	1,200	（ 製品保証引当金 ）	1,200

☑製品保証引当金：￥1,600－￥1,600＋￥1,200＝￥1,200 … ⑬
☑製品保証引当金戻入：￥1,600－￥1,200＝￥400

> **Point**
> 繰入額より戻入額の方が多いため、差額は営業外収益の区分に計上する。

第8回

7. 製造間接費配賦差異

（ 原 価 差 異 ）	400	（ 製 造 間 接 費 ）	400

予定配賦額：¥21,200
実際発生額：¥4,800＋¥7,800＋¥80＋¥3,160＋¥5,760＝¥21,600
配賦差異：¥21,200－¥21,600＝△¥400（不利差異）

> **Point**
> 製造間接費の予定配賦額と実際発生額との差額を原価差異として処理する。

8. 原価差異

（ 売 上 原 価 ）	720	（ 原 価 差 異 ）	720

原価差異：¥320＋¥400＝¥720

☑売上原価：¥543,200＋¥52,800＋¥480＋¥720＝¥597,200

> **Point**
> 原価差異は売上原価に賦課する。

9. 法人税、住民税及び事業税の計上

売上総利益

売 上 原 価 ¥	597,200	売 上 高 ¥	920,000
売 上 総 利 益 ¥	**322,800**		

営業利益

販売費及び一般管理費 ¥	122,440	売 上 総 利 益 ¥	322,800
営 業 利 益 ¥	**200,360**		

経常利益

営 業 外 費 用		営 業 利 益 ¥	200,360
支 払 利 息 ¥	4,000	営 業 外 収 益	
手 形 売 却 損 ¥	800	製品保証引当金戻入 ¥	400
貸 倒 引 当 金 繰 入 ¥	480		
経 常 利 益 ¥	**195,480**		

税引前当期純利益

税 引 前 当 期 純 利 益 ¥	**201,480**	経 常 利 益 ¥	195,480
		特 別 利 益	
		固 定 資 産 売 却 益 ¥	6,000

（ 法人税、住民税及び事業税 ）	60,400	（ 仮 払 法 人 税 等 ）	33,600
		（ 未 払 法 人 税 等 ）	26,800

法人税、住民税及び事業税：¥201,480×30％＝¥60,444 → ¥60,400（¥100未満切捨）
未 払 法 人 税 等：¥60,400－¥33,600＝¥26,800

☑未払法人税等：**¥26,800** … ⑭
☑当期純利益：¥201,480－¥60,400＝¥141,080
☑繰越利益剰余金：¥1,395,240＋¥141,080＝**¥1,536,320** … ⑮

> **Point**
> 売上高－売上原価＝売上総利益
>
> 売上総利益－販売費及び一般管理費＝営業利益
>
> 営業利益＋営業外収益－営業外費用＝経常利益
>
> 経常利益＋特別利益－特別損失＝税引前当期純利益
>
> 繰越利益剰余金＝決算整理前残高試算表の残高＋当期純利益

不許複製・禁無断転載

第4問（28点）

問1（12点）　＊ 勘定科目は**記号での**解答となります。参考として、勘定科目も記入しています。

(1)

借方科目		金額	貸方科目		金額
消費価格差異	エ	4,000	材　　料	カ	4,000

Point
「予定価格による消費高＜実際価格による消費高」なので、不利差異（借方差異）となる。

総平均法による実際消費単価：$\dfrac{60,000円＋264,000円}{120個＋480個}＝@540円$

材料消費価格差異：
　@530円×400個＝212,000円（予定価格による消費高）
　@540円×400個＝216,000円（実際価格による消費高）
　212,000円－216,000円＝△4,000円（不利差異）

(2)

借方科目		金額	貸方科目		金額
X　製　品	ウ	1,536,000	仕　掛　品	イ	3,904,000
Y　製　品	オ	1,600,000			
Z　製　品	ア	768,000			

Point
完成品総合原価
＝完成品単位原価
×完成品数量

積数
＝等価係数×完成品数量

積数は、完成品総合原価を各等級製品に按分するために用いる。

　X製品：@1,920円×　　800個＝1,536,000円
　Y製品：@1,600円×1,000個＝1,600,000円
　Z製品：@1,280円×　　600個＝　768,000円

参考

等級別総合原価計算表
X1年1月分

等級製品	重量	等価係数	完成品数量	積数	完成品総合原価	完成品単位原価
X製品	240 g	1.2	800個	960	1,536,000円	1,920円
Y製品	200 g	1.0	1,000個	1,000	1,600,000円	1,600円
Z製品	160 g	0.8	600個	480	768,000円	1,280円
				2,440	3,904,000円	

積数
　X製品：　　800個×1.2＝　　960
　Y製品：1,000個×1.0＝1,000
　Z製品：　　600個×0.8＝　　480
　　　　　　合計　2,440

完成品総合原価の各等級製品への按分
　X製品：$\dfrac{3,904,000円}{2,440}×　960＝1,536,000円$

　Y製品：$\dfrac{3,904,000円}{2,440}×1,000＝1,600,000円$

　Z製品：$\dfrac{3,904,000円}{2,440}×　480＝　768,000円$
　　　　　　　　　　　　　　　　　　3,904,000円

(3)

借方科目		金額	貸方科目		金額
仕　掛　品	イ	3,600	仕　損　費	ウ	3,600

Point
補修指図書＃3-1に集計された製造原価は、製造指図書＃3の製品を合格品とするためにかかったものと考える。

仕訳1組につき4点　合計12点

問2 （16点）

第1工程月末仕掛品の原料費＝ ☆ 181,200 円

第1工程月末仕掛品の加工費＝ ☆ 75,000 円

第2工程月末仕掛品の前工程費＝ ★ 116,000 円

第2工程月末仕掛品の加工費＝ ★ 20,800 円

第2工程完成品総合原価＝ ★ 5,244,000 円

★1つにつき4点
☆1つにつき2点
合計16点

解説

Step 1 生産データ・原価データの整理

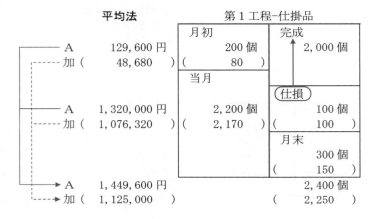

第1工程

Point
A：A原料費
加：加 工 費
完成品換算量
月初
200個×40％＝80個
仕損
100個×100％＝100個
月末
300個×50％＝150個
当月
2,000個－80個＋100個＋150個＝2,170個
正常仕損費は完成品のみ負担
仕損品の処分価額あり

第2工程

Point
前：前工程費
B：B原料費
加：加 工 費
完成品換算量
月初
400個×30％＝120個
月末
100個×40％＝40個
当月
2,300個－120個＋40個＝2,220個
B原料は平均的に投入しているので、加工費と同様に完成品換算量を用いて計算する。

— 168 —

Step 2 平均法による月末仕掛品原価・完成品総合原価の算定

第1工程

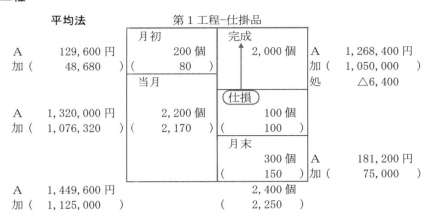

☑月末仕掛品原価

A原料費：$\dfrac{1,449,600円}{2,400個} \times 300個 = 181,200円$

加工費：$\dfrac{1,125,000円}{2,250個} \times 150個 = 75,000円$

☑完成品総合原価
A原料費：1,449,600円 − 181,200円 ＝ 1,268,400円
加 工 費：1,125,000円 − 75,000円 ＝ 1,050,000円
処分価額（原価から控除）：　　　△ 6,400円
　　　　　　　　　　　　　　　　2,312,000円 → 第2工程へ振替

第2工程

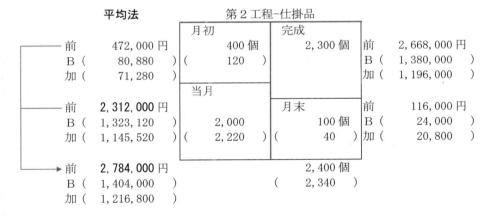

☑月末仕掛品原価

前工程費：$\dfrac{2,784,000円}{2,400個} \times 100個 = 116,000円$

B原料費：$\dfrac{1,404,000円}{2,340個} \times 40個 = 24,000円$

加工費：$\dfrac{1,216,800円}{2,340個} \times 40個 = 20,800円$

☑完成品総合原価
前工程費：2,784,000円 − 116,000円 ＝ 2,668,000円
B原料費：1,404,000円 − 24,000円 ＝ 1,380,000円
加 工 費：1,216,800円 − 20,800円 ＝ 1,196,000円
　　　　　　　　　　　　　　　　5,244,000円

Point
処：処分価額

月末仕掛品原価を先に計算し、完成品総合原価は貸借差額で計算する。

月末仕掛品に仕損費を負担させないようにするために、仕損品の数量を含めて按分する。

原価投入額合計から月末仕掛品原価を差し引くことで、自動的に完成品に仕損費を負担させる。

完成品の原価から処分価額を控除することを忘れないように注意する。

Point
月末仕掛品原価を先に計算し、完成品総合原価は貸借差額で計算する。

第5問 （12点）

問1

製造間接費総差異	★	△280,000	円
予 算 差 異	★	△32,000	円
能 率 差 異	★	△56,000	円
操 業 度 差 異	★	△192,000	円

問2

月次損益計算書（一部）　　　　　　（単位：円）

Ⅰ 売 上 高		（ 25,200,000 ）
Ⅱ 売 上 原 価		
月初製品棚卸高	（ 2,016,000 ）	
当月製品製造原価	（ 22,176,000 ）	
合 計	（ 24,192,000 ）	
月末製品棚卸高	（ 4,032,000 ）	
差 引	（ 20,160,000 ）	
標 準 原 価 差 異	（ ★ 437,600 ）	（ 20,597,600 ）
売 上 総 利 益		（ ★ 4,602,400 ）

★1つにつき2点
合計12点

解 説

Step 1 生産・販売データの整理

生産・販売データ

仕 掛 品

月初		完成	
	0 個		3,850 個
（	0 ）		
当月		月末	
	3,850 個		0 個
（	3,850 ）	（	0 ）

製 品

月初		販売	
	350 個		3,500 個
完成		月末	
	3,850 個		700 個

Point
差異分析は、当月投入分に
対して行われる。

不許複製・禁無断転載　　　　　　　　　— 170 —

Step 2 差異分析

製造間接費

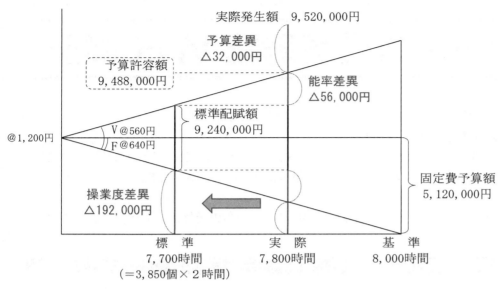

総　差　異：@1,200円×7,700時間−9,520,000円＝△280,000円（不利差異）
　　　　　　　標準配賦額　　　実際発生額
予　算　差　異：@560円×7,800時間＋5,120,000円−9,520,000円＝△32,000円（不利差異）
　　　　　　　　予算許容額　　　　　　　実際発生額
能　率　差　異：@560円×（7,700時間−7,800時間）＝△56,000円（不利差異）
操業度差異：@640円×（7,700時間−8,000時間）＝△192,000円（不利差異）

Point
V：変動費率
F：固定費率

標準
　標準直接作業時間
実際
　実際直接作業時間
基準
　正常直接作業時間
総差異
＝標準配賦額−実際発生額
予算差異
＝予算許容額−実際発生額
能率差異
＝変動費率×（標準直接作業時間−実際直接作業時間）
操業度差異
＝固定費率×（標準直接作業時間−正常直接作業時間）
固定費部分の差異は、すべて操業度差異として計算する。

Step 3 標準原価差異の計算

　　　　　　　　　　標準原価　　　　実際原価
直接材料費差異：@1,800円×3,850個−7,084,000円＝△154,000円（不利差異）
直接労務費差異：@1,560円×3,850個−6,009,600円＝△　3,600円（不利差異）
製造間接費差異：@2,400円×3,850個−9,520,000円＝△280,000円（不利差異）
　　　　　　　　　　　　　　　標準原価差異：△437,600円（不利差異）

Point
差異
＝標準原価−実際原価
　＋の場合⇒有利差異
　−の場合⇒不利差異

Step 4 月次損益計算書の作成

売　上　高：@7,200円×3,500個＝25,200,000円
売上原価：
　月初製品棚卸高：@5,760円×　　350個＝　　2,016,000円
　当月製品製造原価：@5,760円×3,850個＝　22,176,000円
　　合　　　計　　　　　　　　　　　　　24,192,000円
　月末製品製造原価：@5,760円×　　700個＝　4,032,000円
　　差　　引　　　　　　　　　　　　　　20,160,000円
　　標準原価差異　　　　　　　　　　　　　　437,600円　　20,597,600円

売上総利益：25,200,000円−20,597,600円＝4,602,400円

Point
標準原価差異は不利差異なので、売上原価に加算する。

90%の方から「受講してよかった」*との回答をいただきました。

*「WEB講座を受講してよかったか」という設問に0〜10の段階中6以上を付けた人の割合。

ネットスクールの日商簿記 WEB講座

ここが違う！

❶ 教材
分かりやすいと好評の『"とおる"シリーズ』を使っています。

❷ どこでも学べるオンライン抗議
インターネット環境とパソコンやスマートフォン、タブレット端末があれば、学校に通わなくても受講できるほか、講義は全て録画されるので、期間内なら何度でも見直せます。

❸ 講師
圧倒的にわかりやすい。圧倒的に面白い。ネットスクールの講師は実力派揃い。その講義は群を抜くわかりやすさです。

受講生のアンケート回答結果

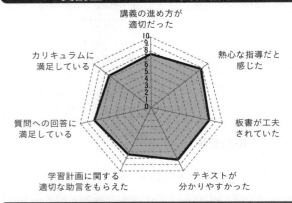

講師陣

桑原知之 講師
2級・3級担当

中村雄行 講師
2級・1級商会担当

藤本拓也 講師
1級工原担当

WEB講座の受講イメージ

スマートフォン・タブレット端末では、オンデマンド講義をダウンロードして持ち運ぶことも可能です。

❶ 講義画面 講義中に講師が映し出されます。臨場感あふれる画面です。	**❸ ホワイトボード画面** 板書画面です。あらかじめ準備された「まとめ画面」や「テキスト画面」に講師が書き込みながら授業を進めます。画面はキャプチャができ、保存しておくことが可能です。
❷ チャット画面 講義中の講師に対してメッセージを書き込めます。「質問」はもちろんの事、「今のところもう一度説明して」等のご要望もOK！参加型の授業で習熟度がアップします。	**❹ 状況報告画面** 講義中、まだ理解ができていない場合は「え？」。理解した場合は「うん」を押していただくと、講師に状況を伝えられます。

※ ②・④の機能はライブ配信限定の機能となります。

WEB講座の最新情報とお問い合わせ・お申し込みは

ネットスクール簿記WEB講座 フリーコール **0120-979-919** (平日 10:00〜18:00)

ネットスクール 検索 今すぐアクセス！

https://www.net-school.co.jp/

> 講義中は、先生がリアルタイムで質問に回答してくれます。対面式の授業だと、むしろここまで質問できない場合が多いと思います。
> （loloさん）

> ネットスクールが良かったことの1番は講義がよかったこと、これに尽きます。講師と生徒の距離がとても近く感じました。ライブに参加すると同じ時間を先生と全国の生徒が共有できる為、必然的に勉強する習慣が身につきました。
> （みきさん）

> 試験の前日に桑原先生から激励の電話を直接いただきました。ほんとうにうれしかったです。WEB講座の端々に先生の人柄がでており、めげずに再試験を受ける気持ちにさせてくれたのは、先生の言葉が大きかったと思います。
> （りんさん）

> 合格出来たのは、ネットスクールに出会えたからだと思います。
> 40代、2児の母です。小さな会社の経理をしています。勉強できる時間は1日1時間がせいぜいでしたが、能率のよい講座のおかげで3回目の受験でやっと合格できました！
> （M.Kさん）

 ## WEB講座受講生の声
合格された皆様の喜びの声をお届けします！

> 本試験直前まで新しい予想問題を作って解説していただくなど、非常に充実したすばらしい講座でした。WEB講座を受講してなければ合格は無理だったと思います。
> （としくんさん）

> 無事合格しました!!
> 平日休んで学校に通うわけにもいかず困っていましたが、WEB講座を知り、即申し込みました。桑原先生の解説は本当に解りやすく、テキストの独学だけでは合格出来なかったと思います。本当に申し込んで良かったと思っています。
> （匿名希望さん）

> 専門学校に通うことを検討しましたが、仕事の関係で週末しか通えないこと、せっかくの休日が専門学校での勉強だけの時間になる事に不満を感じ断念しました。
> WEB講座を選んだ事は、素晴らしい講師の授業を、自分の好きな時間に早朝でも深夜でも繰り返し受講できるので、大正解でした！
> （ラナさん）

> 予想が面白いくらい的中して、試験中に「ニヤリ」としてしまいました。更なるステップアップを目指したいと思います。
> （NMさん）

お問い合わせ・お申し込みは
ネットスクール WEB 講座　0120-979-919
ネットスクール 検索 今すぐアクセス！　https://www.net-school.co.jp/

スマホで勉強できる今までにない講座受講ができる

モバイルスクール
mobile school

今までなかった
スマホ※で勉強できるレッスン方式!!

カリキュラムも充実しており
難易度の高い資格から趣味としての
講座まで多彩なラインナップ!

まずは無料体験!

※パソコン・タブレット端末でも利用可能

特長1
スマホ・タブレットでも学べるから場所を選ばない

学校に通ったり机に向かったりするだけが勉強の
やり方ではありません。モバイルスクールを使えば
お手持ちのパソコンやスマホ・タブレットがあなただけの
教室や問題集になります

モバイルスクールなら
空いた時間に気軽に学べる!

特長2
短時間で学べるから通勤や休憩時でもOK

「勉強したいけど時間がない」とお悩みの方でも
大丈夫。通勤・通学途中や休憩中などの
「スキマ時間」を有効活用して学習できます。

特長3
好きなものだけできるだから安い

「確認テストだけたくさん解きたい」など
ご要望になるべくお応えするラインナップをご用意
する予定です。「必要な分だけ」お支払い頂くので
学習のコストも大幅カットできます。

無料体験実施中!

ネットスクール 検索 今すぐアクセス!

https://www.net-school.co.jp/

日商簿記検定　模擬試験問題集

問題・答案用紙編

この別冊には、模試8回の問題・答案用紙を収録しています。
次の方法に従って抜き取り、ご利用ください。

〈ご利用方法〉

1 この色紙を残して別冊を外す
オレンジ色の本色紙をしっかり広げます。
次に、本色紙を残したまま、ゆっくり別冊を抜き取ります。

2 ホッチキスの針を外す
別冊を真ん中で開きホッチキスの針を外します。
針を外すさいは、必ず、素手ではなくドライバー等の器具をご使用ください。
なお、抜取りのさいの損傷についてのお取り替えはご遠慮願います。

3 模試8回に分ける
別冊の外側から、第1回模試⇒第2回模試
⇒・・・⇒第8回模試の順にまとめてあり
ますので、各回に分けてご利用ください。

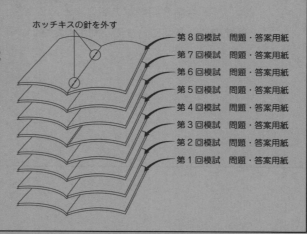

ネットスクール出版

https://www.net-school.co.jp/

©Net-School

この別冊には、模試8回の問題・答案用紙を収録しています。
次の方法に従って抜き取り、ご利用ください。

〈ご利用方法〉

1 この色紙を残して別冊を外す

オレンジ色の本色紙をしっかり広げます。
次に、本色紙を残したまま、ゆっくり別冊を抜き取ります。

2 ホッチキスの針を外す

別冊を真ん中で開きホッチキスの針を外します。
針を外すさいは、必ず、素手ではなくドライバー等の器具をご使用ください。
なお、抜取りのさいの損傷についてのお取り替えはご遠慮願います。

3 模試8回に分ける

別冊の外側から、第1回模試⇒第2回模試
⇒・・・⇒第8回模試の順にまとめてあり
ますので、各回に分けてご利用ください。

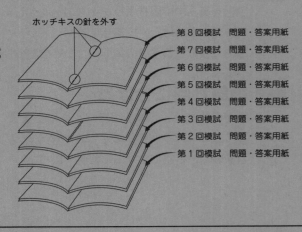

日　商

簿　記　検　定

模　擬　試　験　問　題　集

2　級

問題・答案用紙編

2級

第1回 日商簿記検定試験対策
問題・答案用紙
（制限時間　90分）

出題論点と難易度

設問	出題論点		論点の詳細	難易度
第1問	1.	有形固定資産の購入	備品の購入時の処理	★
	2.	退職給付引当金	退職一時金の支払時の処理	★
	3.	仕入割引	掛代金の支払時の処理	★
	4.	売上割戻	割戻額の振込時の処理	★★
	5.	本支店会計	本店の仕訳（本店集中計算制度）	★
第2問	現金預金		当座預金勘定調整表の作成、決算に必要な整理仕訳	★★
第3問	本支店会計		本店の損益勘定の作成	★★
第4問	問1　仕訳		工業簿記の仕訳	★
	問2　部門別計算		予算部門別配賦表の作成、部門別予定配賦率の算定	★
第5問	CVP分析		直接原価計算方式の損益計算書にもとづいたCVP分析	★

（難易度　★★★…高い　★★…普通　★…低い）

https://www.net-school.co.jp/
©Net-School

第1問（20点）

　下記の各取引について仕訳しなさい。ただし、勘定科目は、各取引の右の勘定科目から最も適当と思われるものを選び、**記号**で解答すること。なお、消費税については、指示がある取引についてのみ考慮すること。また、各取引は独立している。

1	備品10台（@¥260,000）を購入し、割戻額¥62,400を控除した残額を現金で支払った。			

借方科目	金額	貸方科目	金額

勘定科目
ア．現　　　　　金
イ．普　通　預　金
ウ．備　　　　　品
エ．売　　　　　上
オ．仕　入　割　引
カ．仕　　　　　入
キ．売　上　割　引

2　従業員の退職時に支払われる退職一時金の給付は内部積立方式により行ってきたが、従業員3名が退職したため退職一時金総額¥13,200,000を支払うこととなり、源泉所得税分¥1,960,000を控除した残額を当座預金から支払った。

借方科目	金額	貸方科目	金額

勘定科目
ア．当　座　預　金
イ．普　通　預　金
ウ．預　　り　　金
エ．退職給付引当金
オ．給　　　　　料
カ．退職給付費用
キ．法　定　福　利　費

3　一週間前に「10日以内に代金を支払えば、代金の0.15％の支払いを免除する」という条件で、埼玉商店から商品¥1,200,000を掛けにて仕入れていたが、この条件を満たすために本日、割引控除後の金額を小切手を振り出して支払った。

借方科目	金額	貸方科目	金額

勘定科目
ア．現　　　　　金
イ．当　座　預　金
ウ．普　通　預　金
エ．売　　掛　　金
オ．買　　掛　　金
カ．仕　入　割　引
キ．売　上　割　引

不許複製・禁無断転載

4	得意先に「当社の規定に従い、一定数量以上の商品を注文した大口の顧客に対し、代金の0.7%相当額の支払いを免除する」という連絡を入れ、当社の当座預金口座から得意先の普通預金口座に¥14,000を振り込んだ。				勘 定 科 目 ア．現　　　　　金 イ．当 座 預 金 ウ．普 通 預 金 エ．売　　　　　上 オ．仕 入 割 引 カ．仕　　　　　入 キ．売 上 割 引

借方科目	金額	貸方科目	金額

5	新潟商会株式会社の本店は、長野支店が山梨支店の買掛金¥200,000を代わりに支払ったとの報告を受け、この報告にもとづき処理を行った。なお、同社は本店集中計算制度を採用している。				勘 定 科 目 ア．現　　　　　金 イ．普 通 預 金 ウ．売 　 掛 　 金 エ．買 　 掛 　 金 オ．長 野 支 店 カ．本　　　　　店 キ．山 梨 支 店

借方科目	金額	貸方科目	金額

第2問 （20点）

次の ［資料Ⅰ］ および ［資料Ⅱ］ にもとづいて、下記の**各問**に答えなさい。

［資料Ⅰ］

3月31日現在の現金勘定および当座預金勘定の内容は、次のとおりであった。

（単位：円）

	帳簿残高	銀行残高（または実査残高）
現　金	638,520	724,920
当座預金	1,154,880	1,382,880

現金残高について、金庫の内容を実査したところ、次のものが入っていた。

金 庫 内 実 査 表　　　（単位：円）

摘　　　要	金　　額
日本銀行券及び硬貨	250,120
米国ドル紙幣　100ドル札16枚、50ドル札32枚	358,400
出張旅費仮払い額の従業員からの受取書	30,000
小切手	80,000
12月決算会社の配当金領収証	6,400
合　　　計	724,920

上記の内容について、以下の事実が判明している。

(1) 米国ドル紙幣は円貨による取得価額であり、3月31日の為替レートは、1ドル¥110であった。

(2) 旅費仮払い額は、出金の会計処理が行われておらず、また、3月31日時点で従業員が出張から戻っていないため、旅費精算も行われていない。

(3) 得意先より受け取った小切手¥80,000を、当座預金口座に入金の会計処理を行ったが、銀行への持参を失念したため、金庫の中にそのまま残っていた。（［**資料Ⅱ**］ の(4)参照）

(4) 配当金領収証（源泉所得税20%控除後の金額である）については、会計処理が行われていない。

［資料Ⅱ］

当座預金取引について、次の事実が判明した。

(1) 買掛金の支払いとして振り出し、仕入先に渡していた小切手¥208,000が、3月31日までに銀行に呈示されていなかった。

(2) 電子債権記録機関より発生記録の通知を受けていた電子記録債権の支払期日が到来し、3月31日に¥156,000が入金されていたが、未処理であった。

(3) 3月31日の売上代金¥56,000を夜間金庫（当座預金）に預け入れたが、銀行の営業時間終了後であったため、翌日の入金処理となっていた。

(4) 当座預金口座に入金処理済みの小切手¥80,000が、実際には銀行に預け入れられていなかった。

問1　答案用紙の当座預金勘定調整表を完成させなさい。また、貸借対照表に計上される当座預金の金額を答えなさい。

問2　［**資料Ⅰ**］ の(1)(4)、および、［**資料Ⅱ**］ の(1)〜(4)に関する決算に必要な整理仕訳を、答案用紙の該当欄に示しなさい。ただし、勘定科目は、次の中から最も適当と思われるものを選び、**記号**で解答すること。また、仕訳が不要な場合は、答案用紙の借方科目欄に「仕訳なし」と記入すること。

　　ア．現　　　　金　　イ．当 座 預 金　　ウ．電 子 記 録 債 権　　エ．仮 払 法 人 税 等
　　オ．電 子 記 録 債 務　　カ．買　　掛　　金　　キ．為 替 差 損 益　　ク．受 取 配 当 金

不許複製・禁無断転載　　　　　　　　　　第1回-3

問1

<u>当座預金勘定調整表</u>
（3月31日現在）　　　　　　　　　　　　　　（単位：円）

当座預金銀行残高　　　　　　　　　　　　　　　　　　（　　　　　　　）

（加算）　　　　　　　[　　　]　　　（　　　　　　　）

　　　　　　　　　　　[　　　]　　　（　　　　　　　）　（　　　　　　　）

（減算）　　　　　　　[　　　]　　　（　　　　　　　）

　　　　　　　　　　　[　　　]　　　（　　　　　　　）　（　　　　　　　）

当座預金帳簿残高　　　　　　　　　　　　　　　　　　（　　　　　　　）

注　[　　　]　には　**[資料Ⅱ]**　の番号(1)から(4)、（　　　）には金額を記入すること。

貸借対照表に計上される当座預金の金額	￥

問2

[資料Ⅰ] に関する仕訳

番号	借　方　科　目	金　　額	貸　方　科　目	金　　額
(1)				
(4)				

[資料Ⅱ] に関する仕訳

番号	借　方　科　目	金　　額	貸　方　科　目	金　　額
(1)				
(2)				
(3)				
(4)				

第3問 （20点）

多摩川商事株式会社は、東京都の本店のほかに、神奈川県に支店を有している。次の [資料Ⅰ] ～ [資料Ⅲ] にもとづいて、第6期（X6年4月1日～X7年3月31日）の**本店の損益勘定**を完成しなさい。ただし、本問では、「法人税、住民税及び事業税」と税効果会計を考慮しないこととする。

[資料Ⅰ] 残高試算表（本店・支店）

残 高 試 算 表
X7年3月31日
（単位：円）

借 方	本 店	支 店	貸 方	本 店	支 店
現 金 預 金	1,360,000	500,000	買 掛 金	555,600	195,200
売 掛 金	1,120,000	360,000	貸 倒 引 当 金	6,800	2,800
繰 越 商 品	286,800	192,000	備品減価償却累計額	72,000	28,000
備 品	180,000	140,000	本 店	—	698,000
満期保有目的債券	792,800	—	資 本 金	2,000,000	—
支 店	696,400	—	利 益 準 備 金	308,000	—
仕 入	1,512,000	564,000	繰 越 利 益 剰 余 金	440,000	—
支 払 家 賃	352,000	220,000	売 上	3,200,000	1,296,000
給 料	292,000	244,000	有 価 証 券 利 息	9,600	—
	6,592,000	2,220,000		6,592,000	2,220,000

[資料Ⅱ] 未処理事項等
1. 本店の売掛金¥40,000が当座預金口座に入金されていたが、銀行からの連絡が本店に届いていなかった。
2. X7年3月1日、本店は営業用の車両¥1,000,000を購入し、代金の支払いを翌月末とする条件にしていたが、取得の会計処理が行われていなかった。
3. 本店が支店へ現金¥28,000を送付していたが、支店は誤って¥29,600と記帳していた。

[資料Ⅲ] 決算整理事項等
1. 商品の期末棚卸高は次のとおりである。売上原価を仕入勘定で計算する。ただし、棚卸減耗損および商品評価損は、損益計算書では売上原価に含めて表示するが、総勘定元帳においては独立の費用として処理する。
　① 本 店
　　原 価：@¥800　　　正味売却価額：@¥750
　　帳簿棚卸数量：400個　　実地棚卸数量：392個
　② 支 店
　　原 価：@¥540　　　正味売却価額：@¥550
　　帳簿棚卸数量：320個　　実地棚卸数量：300個
2. 本店・支店ともに、売上債権残高に対して1％の貸倒引当金を差額補充法により設定する。
3. 有形固定資産の減価償却
　① 備 品：本店・支店ともに、残存価額ゼロ、耐用年数5年の定額法
　② 車両運搬具：総利用可能距離300,000km　当期の利用距離6,000km、残存価額ゼロ
　　　　　　　　生産高比例法
4. 満期保有目的債券は、X5年4月1日に、期間10年の額面¥800,000の国債（利払日：毎年3月および9月末日、利率年1.2％）を発行と同時に¥792,000で取得したものである。額面額と取得価額との差額は金利の調整と認められるため、定額法による償却原価法（月割計算）を適用している。
5. 経過勘定項目（本店・支店）
　① 本 店：給料の未払分 ¥28,000　　支払家賃の前払分 ¥24,000
　② 支 店：給料の未払分 ¥20,000　　支払家賃の未払分 ¥20,000
6. 支店で算出された損益（各自算定）が本店に報告された。

2級

第2回 日商簿記検定試験対策
問題・答案用紙
（制限時間　90分）

出題論点と難易度

設問	出題論点		論点の詳細	難易度
第1問	1.	建設仮勘定	本社の増設工事が完成したときの処理	★★
	2.	剰余金の処分	繰越利益剰余金を財源とする剰余金の処分	★
	3.	株主資本の計数の変動	株主資本の項目間の振替え	★
	4.	売上割戻引当金	売上割戻を実施したときの処理	★
	5.	有価証券の購入	満期保有目的債券の購入時の処理	★★
第2問	商品売買		輸入商品に関する商品売買の処理	★★
第3問	損益計算書		損益計算書の作成	★★
第4問	問1　仕訳		工業簿記の仕訳	★
	問2　個別原価計算		仕掛品勘定および製品勘定の作成	★★
第5問	標準原価計算		標準製造原価差異分析表の作成	★

（難易度　★★★…高い　★★…普通　★…低い）

https://www.net-school.co.jp/

©Net-School

第1問 (20点)

下記の各取引について仕訳しなさい。ただし、勘定科目は、各取引の右の勘定科目から最も適当と思われるものを選び、**記号**で解答すること。なお、消費税については、指示がある取引についてのみ考慮すること。また、各取引は独立している。

1	本社の増設工事（工事代金¥5,280,000は2回分割で銀行振込により支払済み）が完成し、各固定資産等の適切な勘定に振替処理を行った。工事の明細は、建物¥3,200,000、構築物¥1,200,000、修繕費¥400,000、共通工事費¥480,000であり、共通工事費は各勘定の金額比で配賦することとした。				勘 定 科 目 ア. 普 通 預 金 イ. 建 物 ウ. 構 築 物 エ. 建 設 仮 勘 定 オ. ソフトウェア仮勘定 カ. 修 繕 費 キ. 未 払 金

借方科目	金額	貸方科目	金額

2	岐阜商業株式会社（年1回決算 3月31日）の6月25日の株主総会において、繰越利益剰余金¥3,000,000を次の通り処分することを決定した。 　株主配当金：1株につき¥500　　利益準備金：会社法の定める金額 　別途積立金：¥200,000 なお、株主総会時の同社の資本金は¥8,000,000、資本準備金は¥1,600,000、利益準備金は¥160,000であり、発行済株式数は2,000株である。				勘 定 科 目 ア. 当 座 預 金 イ. 未 払 配 当 金 ウ. 資 本 金 エ. 資 本 準 備 金 オ. 利 益 準 備 金 カ. 繰 越 利 益 剰 余 金 キ. 別 途 積 立 金

借方科目	金額	貸方科目	金額

3	株主総会の決議を経て、その他資本剰余金¥800,000および繰越利益剰余金¥600,000をそれぞれ準備金に組み入れることとした。				勘 定 科 目 ア. 資 本 金 イ. 資 本 準 備 金 ウ. その他資本剰余金 エ. 利 益 準 備 金 オ. 繰 越 利 益 剰 余 金 カ. 別 途 積 立 金 キ. その他有価証券評価差額金

借方科目	金額	貸方科目	金額

不許複製・禁無断転載

当社の直近3か月の売上状況を精査した結果、一定額以上の商品を購入した徳島商店と香川商店に対し、それぞれ¥120,000の売上割戻を実施する要件を満たしていることが判明した。そのため、徳島商店については小切手を振り出して支払い、香川商店については同店に対する売掛金から相殺した。ただし、香川商店に関しては、前期末に売上割戻引当金を¥80,000計上している。

勘 定 科 目
ア．現　　　　金
イ．当 座 預 金
ウ．売 掛 金
エ．売上割戻引当金
オ．売 上 割 戻
カ．買 掛 金
キ．売 上 割 引

4

借方科目	金額	貸方科目	金額

X1年6月19日、満期保有目的の有価証券として、他社が発行する額面総額¥800,000の社債（利率は年0.365%、利払日は3月末と9月末）を額面¥100につき¥98.50で購入し、代金は直近の利払日の翌日から売買日当日までの期間にかかわる端数利息とともに小切手を振り出して支払った。なお、端数利息の金額については、1年を365日として日割計算する。

勘 定 科 目
ア．現　　　　金
イ．当 座 預 金
ウ．普 通 預 金
エ．売買目的有価証券
オ．満期保有目的債券
カ．その他有価証券
キ．有価証券利息

5

借方科目	金額	貸方科目	金額

第2問 （20点）
　次の輸入関連取引と商品販売取引（X1年1月1日からX1年12月31日までの会計期間）の［資料1］、［資料2］
および［注意事項］にもとづいて、(1)答案用紙に示された総勘定元帳の買掛金勘定および商品勘定の記入を示
し、(2)当期の①売上総利益、②為替差損の金額を答えなさい。

［資料1］　輸入関連取引

取引日	摘　要	内　　　　　容
1月1日	前 期 繰 越	輸入商品X　数量1,600個　@¥1,000 買掛金（ドル建て）¥1,260,000　前期末の為替相場1ドル¥105
2月28日	買掛金支払	期首の買掛金（ドル建て）を普通預金から全額支払い。 支払時の為替相場1ドル¥106
4月30日	輸　　入	商品X2,000個を@10ドルで、3か月後払いの条件で輸入。 輸入時の為替相場1ドル¥108
7月31日	買掛金支払	4月30日に計上した買掛金（ドル建て）を普通預金から全額支払い。 支払時の為替相場1ドル¥106
11月1日	輸　　入	商品X1,600個を@11ドルで、3か月後払いの条件で輸入。 輸入時の為替相場1ドル¥110
12月31日	決　　算	決算日の為替相場が1ドル¥112となった。
12月31日	決　　算	実地棚卸を行ったところ、商品Xには棚卸減耗損¥19,360が生じている。

［資料2］　商品販売取引

出荷日	検収日	得意先名	数　　量	販売単価
X1年1月31日	X1年2月1日	A商会	800個	@¥1,800
X1年5月15日	X1年5月16日	B商会	1,000	@¥2,000
X1年6月30日	X1年7月1日	C商会	600	@¥2,050
X1年11月15日	X1年11月16日	D商会	1,000	@¥2,200
X1年12月27日	X2年1月5日	E商会	1,000	@¥2,250

［注意事項］
1．当社は、商品の売買はすべて掛けにて行っており、収益の認識は検収基準にもとづいている。また、棚卸資
　産の払出単価の決定方法として先入先出法を採用している。
2．当社は、商品売買の記帳に関して、「販売のつど売上原価に振り替える方法」を採用している。
3．実地棚卸の結果生ずる棚卸減耗損は、独立の項目として表示している。
4．決算にあたり、各勘定を英米式決算法にもとづき、締め切る。

不許複製・禁無断転載

(1)

総 勘 定 元 帳
買　掛　金

年	月	日	摘　　要	借　方	年	月	日	摘　　要	貸　方
X1	2	28	普　通　預　金		X1	1	1	前　期　繰　越	
	7	31	諸　　　　口			4	30	商　　　　品	
	12	31	次　期　繰　越			11	1	商　　　　品	
						12	31	為　替　差　損　益	

商　　品

年	月	日	摘　　要	借　方	年	月	日	摘　　要	貸　方
X1	1	1	前　期　繰　越		X1	2	1	売　上　原　価	
	4	30	買　　掛　　金			5	16	売　上　原　価	
	11	1	買　　掛　　金			7	1	売　上　原　価	
						11	16	売　上　原　価	
						12	31	棚　卸　減　耗　損	
						12	31	次　期　繰　越	

(2)

① 当期の売上総利益　　¥ _____

② 当期の為替差損　　¥ _____

第3問（20点）

次に示した株式会社徳島商会の［**資料Ⅰ**］、［**資料Ⅱ**］および［**資料Ⅲ**］にもとづいて、答案用紙の損益計算書を完成しなさい。なお、会計期間はX1年4月1日からX2年3月31日までの1年間である。

［**資料Ⅰ**］　決算整理前残高試算表

決算整理前残高試算表

X2年3月31日　（単位：円）

借　方	勘定科目	貸　方
470,400	現金預金	
95,200	受取手形	
552,000	売掛金	
768,000	繰越商品	
32,000	仮払法人税等	
80,000	貸付金	
	貸倒引当金	2,800
432,000	建物	
140,000	備品	
	建物減価償却累計額	216,000
157,000	土地	
32,000	その他有価証券	
16,200	繰延税金資産	
	支払手形	127,200
	買掛金	293,600
	借入金	480,000
	退職給付引当金	172,000
	資本金	800,000
	利益準備金	116,000
	繰越利益剰余金	222,400
	売上	4,106,400
	国庫補助金受贈益	20,000
2,520,000	仕入	
1,152,000	給料	
64,000	通信費	
33,600	保険料	
12,000	支払利息	
6,556,400		6,556,400

［**資料Ⅱ**］　未処理事項

1．品質不良による掛売り商品の返品受入れ（売価　¥7,200、原価　¥4,800）が未処理となっている。

2．備品の残高は、当期首に国庫補助金¥20,000と自己資金により取得したものであるが、補助金に相当する額の圧縮記帳（直接控除方式）が未処理となっている。

［**資料Ⅲ**］　決算整理事項

1．受取手形および売掛金の期末残高の合計に対して、過去の貸倒実績率1％にもとづいて、貸倒引当金を設定する。

2．期末商品の帳簿棚卸高は¥716,400、実地棚卸高（原価）は¥724,880であった。棚卸差異の原因を調査したところ、①［**資料Ⅱ**］1．の返品未処理分と、②期末日直前に掛けで仕入れた商品¥5,280の計上もれ分とが、実地棚卸高だけに反映されていたことが判明した。なお、返品分の商品の販売可能価額は原価の50％と見積もられた。

3．固定資産の減価償却を次のとおり行う。

　　建物　定額法　耐用年数30年　残存価額ゼロ

　　備品　200％定率法　耐用年数8年

4．当期に購入した、その他有価証券の期末における時価は¥30,000であった。全部純資産直入法により処理する。ただし、税法では、その他有価証券の評価差額の計上は認められていないので、税効果会計を適用する。法定実効税率は30％とする。

5．従業員に対する退職給付債務を見積もった結果、期末に引当金として計上すべき残高は¥192,000と見積もられた。

6．貸付金は、X1年8月1に取引先に対して、期間1年、利息は年利率4.5％にて返済時に元本とともに受け取る条件で貸し付けたものである。これに対し、1.5％の貸倒引当金を設定する。また、利息を月割計算にて計上する。

7．税効果会計上の一時差異は、次のとおりである。なお、法定実効税率は30％とし、法人税、住民税及び事業税の課税見込額は¥61,080である。また、仮払法人税等の残高は、中間申告したさいに計上したものである。

	期　首	期　末
減価償却費限度超過額	¥54,000	¥57,600

（禁無断転載）

2級

第3回 日商簿記検定試験対策
問題・答案用紙
（制限時間　90分）

出題論点と難易度

設問	出題論点	論点の詳細	難易度
第1問	1．源泉所得税	期末配当金が入金されたときの処理	★
	2．有形固定資産の滅失	営業用の車両が滅失したときの処理	★★
	3．商品保証引当金	決算時の商品保証引当金の処理	★
	4．有形固定資産の割賦購入	事務所用キャビネットを分割払いで購入したときの処理	★
	5．本支店会計	本支店会計の決算時の処理	★
第2問	株主資本等変動計算書	株主資本等変動計算書の作成	★★
第3問	貸借対照表	貸借対照表の作成	★★
第4問	問1　仕訳	工業簿記の仕訳	★
	問2　製造原価報告書	製造原価報告書の作成	★
第5問	直接原価計算	直接原価計算による損益計算書の作成	★★

（難易度　★★★…高い　★★…普通　★…低い）

https://www.net-school.co.jp/
© Net-School

第1問（20点）

　下記の各取引について仕訳しなさい。ただし、勘定科目は、各取引の右の勘定科目から最も適当と思われるものを選び、**記号**で解答すること。なお、消費税については、指示がある取引についてのみ考慮すること。また、各取引は独立している。

1	保有している和歌山物産株式会社の株式に対する期末配当金￥320,000（源泉所得税20％控除後）が当座預金口座に入金された。				
	借方科目	金額	貸方科目	金額	

勘　定　科　目
ア．当　座　預　金
イ．普　通　預　金
ウ．仮払法人税等
エ．未払法人税等
オ．未　払　配　当　金
カ．有価証券利息
キ．受　取　配　当　金

2	営業用の車両（取得原価￥600,000、取得日から前期末までに2年経過、直接法で記帳）が1月20日に発生した火災により使用不能となった。この車両には￥120,000の保険が掛けられており、月割りで当期の減価償却費を計上するとともに、保険会社に対して保険金の支払請求を行った。当社の決算日（会計期間は1年間）は3月31日であり、減価償却は200％定率法（耐用年数：5年）による。				
	借方科目	金額	貸方科目	金額	

勘　定　科　目
ア．未　収　入　金
イ．車　両　運　搬　具
ウ．車両運搬具減価償却累計額
エ．保　険　差　益
オ．減　価　償　却　費
カ．火　災　損　失
キ．未　決　算

3	X2年3月31日、決算にあたり、前年度に販売した商品に付した商品保証期限が経過したため、この保証のために設定した引当金の残高￥11,200を取り崩すとともに、当期に品質保証付きで販売した商品の保証費用を当期の売上高￥6,000,000の1.5％と見積もり、洗替法により引当金を設定する。				
	借方科目	金額	貸方科目	金額	

勘　定　科　目
ア．貸　倒　引　当　金
イ．商品保証引当金
ウ．貸倒引当金戻入
エ．商品保証引当金戻入
オ．貸倒引当金繰入
カ．商品保証引当金繰入
キ．商　品　保　証　費

不許複製・禁無断転載

	X1年5月1日、事務所用キャビネットを分割払いで購入し、代金として毎月末に支払期日が順次到来する額面¥72,000の約束手形6枚を振り出して交付した。なお、事務所用キャビネットの現金購入価額は¥420,000である。

勘 定 科 目
ア．備　　　　品
イ．受　取　手　形
ウ．営業外受取手形
エ．支　払　手　形
オ．営業外支払手形
カ．受　取　利　息
キ．支　払　利　息

4

借方科目	金額	貸方科目	金額

決算にあたり、本店は支店より「当期純損失¥480,000を計上した」との連絡を受けた。なお、当社は支店独立会計制度を導入しているが、支店側の仕訳は答えなくてよい。

勘 定 科 目
ア．資　　本　　金
イ．資　本　準　備　金
ウ．利　益　準　備　金
エ．繰越利益剰余金
オ．損　　　　益
カ．本　　　　店
キ．支　　　　店

5

借方科目	金額	貸方科目	金額

第2問（20点）

　次に示した高知商事株式会社の[**資料**]にもとづいて、答案用紙の株主資本等変動計算書について、（　　　　　）に適切な金額を記入して完成しなさい。金額が負の値のときは、金額の前に△を付して示すこと。なお、会計期間はX1年4月1日からX2年3月31日までの1年間である。

[**資料**]

1．当期首における発行済株式総数は40,000株である。

2．X1年6月25日、定時株主総会を開催し、剰余金の配当および処分を次のように決定した。

　⑴　株主への配当金について、繰越利益剰余金を財源として1株につき¥100、その他資本剰余金を財源として1株につき¥20にて配当を行う。

　⑵　上記の配当に関連して、会社法が定める金額を準備金（利益準備金および資本準備金）として積み立てる。

　⑶　繰越利益剰余金を処分し、修繕積立金¥400,000を積み立てる。

3．X1年10月1日、新株を発行して増資を行い、3,200株を1株につき¥2,500で発行し、払込金は全額、当座預金口座に預け入れた。なお、増資に伴う資本金の計上額は払込金の60％とした。

4．X2年3月31日、決算にあたり、次の処理を行った。

　⑴　当期末に保有しているその他有価証券は次のとおりであり、当期中にその他有価証券の売買はなかった。全部純資産直入法により処理する。ただし、税法では、その他有価証券の評価差額の計上は認められていないので、税効果会計を適用する。法定実効税率は30％とする。

	取 得 原 価	前期末の時価	当期末の時価
A社株式	¥　840,000	¥1,000,000	¥1,040,000
B社株式	¥　880,000	¥　800,000	¥　720,000

　⑵　当期純利益¥4,800,000を計上した。

株主資本等変動計算書
自X1年4月1日　至X2年3月31日　　　　　　（単位：千円）

| | 株　主　資　本 | | | | | |
| | | 資　本　剰　余　金 | | | 利　益　剰　余　金 | |
	資　本　金	資本準備金	その他資本剰余金	資本剰余金合計	利益準備金	その他利益剰余金 修繕積立金
当期首残高	64,000	10,400	4,800	15,200	5,240	800
当期変動額						
剰余金の配当		（　　）	（　　）	（　　）	（　　）	
修繕積立金の積立て						（　　）
新株の発行	（　　）	（　　）		（　　）		
当期純利益						
株主資本以外の項目の当期変動額（純額）						
当期変動額合計	（　　）	（　　）	（　　）	（　　）	（　　）	（　　）
当期末残高	（　　）	（　　）	（　　）	（　　）	（　　）	（　　）

（下段へ続く）

（上段より続く）

| | 株　主　資　本 | | | 株主資本合計 | 評価・換算差額等 | |
| | 利　益　剰　余　金 | | | | その他有価証券評価差額金 | 評価・換算差額等合計 |
	その他利益剰余金 別途積立金	繰越利益剰余金	利益剰余金合計			
当期首残高	1,280	11,200	18,520	97,720	56	56
当期変動額						
剰余金の配当		（　　）	（　　）	（　　）		
修繕積立金の積立て		（　　）	—	—		
新株の発行				（　　）		
当期純利益		（　　）	（　　）	（　　）		
株主資本以外の項目の当期変動額（純額）					（　　）	（　　）
当期変動額合計	0	（　　）	（　　）	（　　）	（　　）	（　　）
当期末残高	1,280	（　　）	（　　）	（　　）	（　　）	（　　）

第３問 （20点）

　次に示した商品売買業を営む千葉商事株式会社の ［**資料Ⅰ**］、［**資料Ⅱ**］ および ［**資料Ⅲ**］ にもとづいて、答案用紙の貸借対照表を完成しなさい。なお、会計期間はX1年４月１日からX2年３月31日までの１年間である。ただし、本問では、税効果会計を考慮しないこととする。

［**資料Ⅰ**］　決算整理前残高試算表

決算整理前残高試算表

X2年３月31日　　　（単位：円）

借　　方	勘　定　科　目	貸　　方
832,640	現 金 預 金	
128,000	電 子 記 録 債 権	
300,000	売 掛 金	
	貸 倒 引 当 金	1,440
110,400	繰 越 商 品	
3,492,000	建 物	
	建物減価償却累計額	582,000
384,000	備 品	
	備品減価償却累計額	168,000
144,000	ソフトウェア	
	電 子 記 録 債 務	145,760
	買 掛 金	252,000
	借 入 金	216,000
	資 本 金	3,360,000
	利 益 準 備 金	224,400
	繰 越 利 益 剰 余 金	351,840
	売 上	3,898,560
2,784,000	仕 入	
864,000	給 料	
94,120	水 道 光 熱 費	
61,440	保 険 料	
5,400	支 払 利 息	
9,200,000		9,200,000

［**資料Ⅱ**］　決算にあたっての修正事項

1．当社では、商品の売買はすべて掛けにて行っており、収益の認識は検収基準にもとづいている。決算作業に取り組んでいたところ、営業部門から商品Ａ（数量120個、原価@￥560、売価@￥800）を得意先乙商店に納品し、先方による検収がX2年３月中に完了していたとの連絡が入った。

2．X2年３月30日に商品の掛け代金 400ドルの送金があり、取引銀行で円貨に両替し当座預金口座に入金していたが、未記帳であった。なお、３月30日の為替相場は１ドル￥106である。また、この売掛金はX2年３月１日（為替相場：１ドル￥110）の輸出取引により生じたものである。

［**資料Ⅲ**］　決算整理事項

1．電子記録債権および売掛金の期末残高に対して、１％の貸倒引当金を差額補充法により設定する。

2．商品の期末帳簿棚卸高は￥120,000（［資料Ⅱ］１．の売上に係る原価を控除済み）であり、実地棚卸高（原価）は￥118,000であった。なお、商品のうち、次の価値の下落しているものが含まれていた。棚卸減耗損と商品評価損は売上原価の内訳科目として処理する。

　　商品Ｂ　実 地 棚 卸 高 　数　　　　量　8個

　　　　　　　　　　　　　　　取 得 原 価 　@￥1,030

　　　　　　　　　　　　　　　正味売却価額 @￥　680

3．次の要領にて有形固定資産の減価償却を行う。

　　建　　　物　定 額 法　耐用年数30年　残存価額ゼロ

　　備　　　品　200％定率法　耐用年数８年

4．ソフトウェアは、当期の10月１日に自社利用目的で購入し、同日より使用開始している。なお、このソフトウェアの利用可能期間は５年と見積もられており、定額法により月割りで償却を行う。

5．保険料は毎年同額を８月１日に向こう１年分（12か月分）として支払っているものであり、前払分の再振替処理は期首に行っている。保険期間の未経過分について必要な処理を行う。

6．法人税、住民税及び事業税に￥4,800を計上する。

不許複製・禁無断転載　　　　　　　　　第３回－5

2級

第4回 日商簿記検定試験対策
問題・答案用紙
（制限時間　90分）

出題論点と難易度

設問	出題論点	論点の詳細	難易度
第1問	1．不渡手形	手形が決済されなかったときの処理	★★
	2．電子記録債権の割引き	電子記録債権の譲渡記録を行ったときの処理	★
	3．有形固定資産の滅失	滅失した建物の保険金額が確定したときの処理	★★
	4．役務収益・役務原価	役務収益の発生にともなう処理	★
	5．ソフトウェア仮勘定	ソフトウェアが完成し、使用開始したときの処理	★
第2問	連結精算表	連結精算表の作成	★★
第3問	損益計算書	サービス業における損益計算書の作成	★★
第4問	問1　仕訳	工業簿記の仕訳	★
	問2　標準原価計算	仕掛品勘定および月次損益計算書の作成	★
第5問	CVP分析	次期の利益計画の作成	★★

（難易度　★★★…高い　★★…普通　★…低い）

https://www.net-school.co.jp/
© Net-School

第1問（20点）

　下記の各取引について仕訳しなさい。ただし、勘定科目は、各取引の右の勘定科目から最も適当と思われるものを選び、**記号**で解答すること。なお、消費税については、指示がある取引についてのみ考慮すること。また、各取引は独立している。

<table>
<tr><td rowspan="4">1</td><td colspan="5">不用になった倉庫を取引先岡山商店に売却した際、代金として同店振出しの約束手形￥312,000を受け取っていたが、支払期日を迎えたにもかかわらず、この手形が決済されていなかった。</td><td colspan="2" rowspan="9"></td></tr>
</table>

	勘　定　科　目
ア．	受　取　手　形
イ．	営業外受取手形
ウ．	建　　　　　物
エ．	備　　　　　品
オ．	不　渡　手　形
カ．	支　払　手　形
キ．	営業外支払手形

1. 不用になった倉庫を取引先岡山商店に売却した際、代金として同店振出しの約束手形￥312,000を受け取っていたが、支払期日を迎えたにもかかわらず、この手形が決済されていなかった。

借方科目	金額	貸方科目	金額

	勘　定　科　目
ア．	当　座　預　金
イ．	電　子　記　録　債　権
ウ．	売　　掛　　金
エ．	普　通　預　金
オ．	電子記録債務
カ．	買　　掛　　金
キ．	電子記録債権売却損

2. 取引銀行を通じて、電子債権記録機関に電子記録債権￥240,000の取引銀行への譲渡記録を行い、取引銀行から割引料￥3,600を差し引かれた残額が当座預金口座に振り込まれた。

借方科目	金額	貸方科目	金額

	勘　定　科　目
ア．	当　座　預　金
イ．	未　収　入　金
ウ．	建　　　　　物
エ．	未　払　金
オ．	保　険　差　益
カ．	火　災　損　失
キ．	未　決　算

3. 当期首に建物（取得原価　￥2,600,000、減価償却累計額　￥1,950,000、間接法で記帳）が火災により全焼したが、保険を付していたため、帳簿価額の全額を未決算勘定に振り替えていた。本日、保険会社から翌月10日に保険金￥600,000が当社の当座預金口座に入金されることが決定したとの連絡が入った。

借方科目	金額	貸方科目	金額

不許複製・禁無断転載　　　　　　　　　　第4回-1

建築物の設計・監理を請け負っている株式会社青森設計事務所は、顧客から依頼のあった案件である建物の設計図が完成したので、これを顧客に提出し、対価として¥716,800が普通預金口座に振り込まれた。役務収益の発生に伴い、対応する役務原価を計上する。なお、以前に支払った給料¥286,720および出張旅費¥86,000は、当該案件のために直接、費やされたものであり、仕掛品勘定に振り替えている。

勘定科目
ア．当 座 預 金
イ．普 通 預 金
ウ．仕 掛 品
エ．役 務 収 益
オ．役 務 原 価
カ．給 料
キ．旅 費 交 通 費

4

借方科目	金額	貸方科目	金額

社内利用目的のソフトウェア（外部に開発依頼　開発費用¥5,040,000は3回分割で銀行振込により全額支払済み）が完成し使用を開始したため、ソフトウェア勘定に振り替えた。なお、開発費用¥5,040,000の中には、今後の3年間のシステム関係の保守費用¥1,440,000が含まれていた。

勘定科目
ア．建 物
イ．ソフトウェア
ウ．建 設 仮 勘 定
エ．ソフトウェア仮勘定
オ．長 期 前 払 費 用
カ．ソフトウェア償却
キ．支 払 リ ー ス 料

5

借方科目	金額	貸方科目	金額

第2問（20点）

次に示した[資料]にもとづいて、答案用紙の連結精算表を作成しなさい。なお、当期はX8年4月1日からX9年3月31日までの1年間であり、（　　　）内の金額は貸方金額を示している。株主資本等変動計算書は、利益剰余金と非支配株主持分の変動のみを記入するものとし、[　　　]内には適切な語を記入しなさい。

[資料]

1．P社はX8年3月31日に、S社の発行済株式（5,000株）の80％を1,800,000千円で取得して支配を獲得し、それ以降S社を連結子会社として連結財務諸表を作成している。なお、P社のS社に対する持分の変動はない。

2．X8年3月31日（支配獲得時）のS社の貸借対照表上、資本金1,200,000千円、資本剰余金240,000千円、および利益剰余金540,000千円が計上されていた。

3．のれんは発生年度の翌年度から10年にわたり定額法により償却する。

4．S社は当期中に、繰越利益剰余金を財源として60,000千円の配当を行っている。

5．当期よりP社はS社に対して商品を掛けで販売しており、その売上高は1,080,000千円であり、売上総利益率は30％である。

6．当期末にS社が保有する商品のうち、P社から仕入れた商品が312,000千円含まれている。

7．P社の売掛金のうち420,000千円はS社に対するものである。P社は売上債権期末残高に対して、4％の貸倒引当金を差額補充法により設定している。

8．P社の貸付金は、当期首にS社に対して期間2年、利率年1％、利払日9月末日と3月末日の条件で貸し付けたものである。

連 結 精 算 表　　　　　　　　　　　　　　　　（単位：千円）

科　　目	個別財務諸表		修正・消去		連結財務諸表
	P　社	S　社	借　方	貸　方	
貸 借 対 照 表					**連結貸借対照表**
諸　　資　　産	672,000	1,060,800			
売　　掛　　金	2,160,000	1,440,000			
貸 倒 引 当 金	(86,400)	(57,600)			( )
商　　　　　品	960,000	720,000			
貸　　付　　金	240,000	－			
S　社　株　式	1,800,000	－			
[　　　　　　]					
資　産　合　計	5,745,600	3,163,200			
諸　　負　　債	(324,000)	(120,000)			( )
買　　掛　　金	(1,341,600)	(643,200)			( )
借　　入　　金	(－)	(240,000)			( )
資　　本　　金	(2,400,000)	(1,200,000)			( )
資 本 剰 余 金	(600,000)	(240,000)			( )
利 益 剰 余 金	(1,080,000)	(720,000)			( )
非 支 配 株 主 持 分					( )
負債・純資産合計	(5,745,600)	(3,163,200)			( )
損 益 計 算 書					**連結損益計算書**
売　　上　　高	(7,440,000)	(4,320,000)			( )
売　上　原　価	5,160,000	3,480,000			
販売費及び一般管理費	1,548,000	516,000			
営 業 外 収 益	(482,400)	(242,400)			( )
営 業 外 費 用	290,400	206,400			
法　人　税　等	324,000	120,000			
当 期 純 利 益	(600,000)	(240,000)			( )
非支配株主に帰属する当期純利益					
親会社株主に帰属する当期純利益					( )
株主資本等変動計算書					**連結株主資本等変動計算書**
利益剰余金当期首残高	(840,000)	(540,000)			( )
剰 余 金 の 配 当	360,000	60,000			
親会社株主に帰属する当期純利益	(600,000)	(240,000)			( )
利益剰余金当期末残高	(1,080,000)	(720,000)			( )
非支配株主持分当期首残高					( )
非支配株主持分当期変動額					( )
非支配株主持分当期末残高					( )

（注）（　　）は貸方金額を示す。連結財務諸表欄に該当数値がない場合は「－」と記入する。

第3問（20点）

次に示した[**事業内容**]、[**資料Ⅰ**]および[**資料Ⅱ**]にもとづいて、答案用紙の損益計算書を完成しなさい。なお、会計期間はX8年4月1日からX9年3月31日までの1年間である。ただし、本問では、税効果会計を考慮しないこととする。

[**事業内容**]

NSサービスは、事務作業を中心とした人材派遣業を営んでいる。顧客への請求と役務収益の計上は、1時間あたりの請求額が契約上定められており、勤務報告書に記入された時間にもとづき請求・計上する。

派遣したスタッフへの給与は、勤務報告書で報告された時間に1時間あたりの給与額を乗じた金額を支払い、役務原価に計上する。1時間あたりの給与額は、顧客への請求額の75%で設定されている。

[**資料Ⅰ**]　決算整理前残高試算表

決算整理前残高試算表

X9年3月31日　（単位：円）

借　　方	勘　定　科　目	貸　　方
971,000	現 金 預 金	
1,400,000	売 　掛 　金	
22,800	前 払 費 用	
	貸 倒 引 当 金	6,000
240,000	備 　　　　品	
	備品減価償却累計額	86,400
82,800	ソ フ ト ウ ェ ア	
246,000	差 入 保 証 金	
	未 　払 　金	124,800
	未 払 法 人 税 等	30,000
	未 　払 　費 　用	9,200
	賞 与 引 当 金	88,000
	長 期 借 入 金	400,000
	退 職 給 付 引 当 金	720,000
	資 　本 　金	1,200,000
	利 益 準 備 金	84,700
	繰 越 利 益 剰 余 金	48,000
	役 　務 　収 　益	3,800,000
	受 　取 　利 　息	500
2,850,000	役 　務 　原 　価	
180,000	給 　　　　料	
60,000	旅 費 交 通 費	
102,400	水 道 光 熱 費	
49,400	通 　信 　費	
264,000	支 払 家 賃	
88,000	賞 与 引 当 金 繰 入	
16,000	支 払 利 息	
	投資有価証券売却益	4,800
30,000	法人税、住民税及び事業税	
6,602,400		6,602,400

[**資料Ⅱ**]　決算整理事項等

1．売掛金の中に前期発生と当期発生で回収が遅延していたものが、それぞれ￥4,000と￥8,000含まれており、回収の可能性がないものと判断して貸倒れ処理することとした。

2．勤務報告書の提出漏れ（勤務総時間48時間、1時間あたり給与￥750）が発見されたため、3月分として請求（売上計上）し、未払いの給与は未払金として処理する。

3．売掛金の残高について、0.5%の貸倒引当金を差額補充法により設定する。

4．決算整理前残高試算表に計上されている前払費用および未払費用は、前期末の決算整理で計上されたものであり、当期の再振替仕訳は行われていない。内容については前払家賃と未払水道光熱費であり、当期末に計上すべき金額は、それぞれ￥25,200と￥10,000であった。

5．有形固定資産の減価償却を次のとおり行う。

　　　備品　200%定率法　耐用年数10年

6．ソフトウェアは5年間の定額法で償却しており、その内訳は、期首残高￥10,800（期首で取得後4年経過）と当期取得（2月1日より稼働開始）の新経理システム￥72,000である。この新経理システムへの切換えに伴い、期首残高のソフトウェアは除却処理することとした。償却は月割りによる。

7．引当金の処理は、次のとおりである。

　⑴　従業員に対する退職給付（退職一時金および退職年金）を見積もった結果、当期の負担に属する金額は￥20,000と計算されたので、引当金に計上する。

　⑵　賞与は年1回決算後に支払われるため、月次決算において2月まで毎月各￥8,000計上してきたが、期末になり支払見込み額が￥100,000と見積もられた。

8．税引前当期純利益に対し、法人税、住民税及び事業税を30%となるように追加計上する。

（禁無断転載）

2級

第5回 日商簿記検定試験対策
問題・答案用紙
（制限時間　90分）

出題論点と難易度

設問	出題論点		論点の詳細	難易度
第1問	1.	外貨建取引	外貨建売掛金の決済時の処理	★
	2.	リース取引	備品を除却し、リース契約を結んだときの処理	★
	3.	電子記録債権の譲渡	電子記録債権の譲渡記録を行ったときの処理	★
	4.	消費税	決算時の消費税の処理	★
	5.	税効果会計	減価償却に係る税効果会計の処理	★
第2問	有価証券		有価証券に係る一連の取引	★★
第3問	本支店会計		本支店合併後の損益計算書および貸借対照表の作成	★★
第4問	問1　仕訳		工業簿記の仕訳	★
	問2　単純総合原価計算		総合原価計算表の作成	★
第5問	CVP分析		原価分解の結果を利用したCVP分析	★★

（難易度　★★★…高い　★★…普通　★…低い）

https://www.net-school.co.jp/
©Net-School

第1問（20点）

　下記の各取引について仕訳しなさい。ただし、勘定科目は、各取引の右の勘定科目から最も適当と思われるものを選び、**記号**で解答すること。なお、消費税については、指示がある取引についてのみ考慮すること。また、各取引は独立している。

1	アメリカの得意先に商品4,800ドルを輸出し代金は掛けとしていたが、本日、商品代金4,800ドルの送金があり、取引銀行で円貨に両替し普通預金口座に入金した。なお、輸出時の為替相場は1ドル¥100であり、決済時の為替相場は1ドル¥105であった。	勘　定　科　目 ア．普　通　預　金 イ．売　　掛　　金 ウ．買　　掛　　金 エ．売　　　　　上 オ．仕　　　　　入 カ．支　払　手　数　料 キ．為　替　差　損　益

借方科目	金額	貸方科目	金額

2	当期首に、使用中の備品（帳簿価額¥720,000、直接法で記帳、処分価額¥480,000）を除却し、下記の条件によりNSリース株式会社と備品のリース契約を結んだ。なお、このリース取引はファイナンス・リース取引に該当し、利子込み法により処理する。また、決算日は3月31日で、リース契約した備品はリース資産勘定を用いること。 　　リース期間　　5年 　　リース料　　　年額　¥1,152,000（毎年3月末日払い） 　　リース資産　　見積現金購入価額　¥4,800,000	勘　定　科　目 ア．貯　　蔵　　品 イ．備　　　　　品 ウ．備品減価償却累計額 エ．リ　ー　ス　資　産 オ．リ　ー　ス　債　務 カ．固　定　資　産　圧　縮　損 キ．固　定　資　産　除　却　損

借方科目	金額	貸方科目	金額

3	株式会社青森通商に対する買掛金¥240,000の支払いにつき、取引銀行を通じて電子債権記録機関に、岩手商会株式会社に対する電子記録債権の譲渡記録を行った。	勘　定　科　目 ア．当　座　預　金 イ．電　子　記　録　債　権 ウ．売　　掛　　金 エ．電　子　記　録　債　務 オ．買　　掛　　金 カ．売　　　　　上 キ．仕　　　　　入

借方科目	金額	貸方科目	金額

第5回-1

		勘 定 科 目
秋田物産株式会社は決算にあたり、商品売買取引に係る消費税の納付額を計算し、これを確定した。なお、消費税の仮払額は¥67,200、仮受額は¥96,000であり、消費税の記帳方法として税抜方式を採用している。

勘 定 科 目

ア．仮 払 消 費 税
イ．仮 払 法 人 税 等
ウ．未 収 還 付 消 費 税
エ．仮 受 消 費 税
オ．未 払 法 人 税 等
カ．未 払 消 費 税
キ．租 税 公 課

4

借方科目	金額	貸方科目	金額

決算（会計期間は1年）にあたり、当期首に取得した備品（取得原価¥192,000、残存価額ゼロ、耐用年数6年、間接法で記帳）について、定額法により減価償却を行った。ただし、税法で認められている耐用年数は8年であるため、税効果会計を適用する。なお、当期の法人税、住民税及び事業税の法定実効税率は30％とする。

勘 定 科 目

ア．備 品
イ．備品減価償却累計額
ウ．繰 延 税 金 資 産
エ．繰 延 税 金 負 債
オ．減 価 償 却 費
カ．法 人 税 等 調 整 額
キ．租 税 公 課

5

借方科目	金額	貸方科目	金額

第2問（20点）
　次の有価証券に係る一連の取引についての [資料] および [注意事項] にもとづいて、下記の問に答えなさい。

[資料]

日　付	取　引　の　内　容
X1年度 3月31日	本日決算日を迎えた。 長期利殖目的で、Ａ社株式（取得原価@¥640、株式数480株）を保有している。 Ａ社株式の時価は@¥700であった。
X2年度 5月16日	Ａ社株式を@¥720にて400株購入し、購入代価と購入手数料¥3,200の合計額は、後日支払うこととした。
12月14日	Ａ社株式を@¥820にて600株購入し、購入代価と購入手数料¥4,800の合計額は、後日支払うこととした。
12月22日	満期まで保有する目的で、Ｂ社社債（利率：年0.73％、利払日：毎年1月31日および7月31日の年2回、満期日：X6年1月31日）を額面@¥100あたり@¥100（裸相場）で総額¥2,000,000を購入する約定を行い、端数利息を含む代金の支払いと社債の受け渡しは4日後に行うこととした。なお、端数利息の計算期間は、受渡日までとし、1年を365日とする日割計算による。
1月31日	Ｂ社社債の半年分の利息が当社の普通預金口座へ振り込まれた。
3月31日	本日決算日を迎えた。 Ａ社株式の時価は@¥840であった。 Ｂ社社債の時価は@¥99であった。また、X3年7月31日の利払いに適用される利率は年0.75％である。
X3年度 6月5日	Ａ社株式を@¥900にて1,000株売却し、売却手数料¥7,200を差し引かれた残額は、後日受け取ることとした。

[注意事項]
1．利息を計算するにあたり、端数利息以外の利息は月割計算による。
2．その他有価証券については、全部純資産直入法により処理する。ただし、税法では、その他有価証券の評価差額の計上は認められていないので、税効果会計を適用する。法定実効税率は30％とする。
3．会計期間は4月1日から翌年3月31日までの1年間であり、上記の [資料] 以外に有価証券に関連する取引は存在しない。また、有価証券の売却手数料は独立した費用とせず、売却損益に含める。

問1　X2年度（X2年4月1日～X3年3月31日）の貸借対照表における、その他有価証券評価差額金の金額を答えなさい。なお、評価損相当と評価益相当のいずれかに○をつけて答えること。

問2　X2年度（X2年4月1日～X3年3月31日）の損益計算書における有価証券利息の金額を答えなさい。

問3　X2年度（X2年4月1日～X3年3月31日）の貸借対照表における投資有価証券の金額を答えなさい。

問4　X3年6月5日におけるＡ社株式の売却損益の金額を答えなさい。なお、売却損と売却益のいずれかに○をつけて答えること。

問5　期末時に保有している、その他有価証券は、決算時の時価で評価されることになるが、時価が取得原価を上回っている場合、「その他有価証券評価差額金」は借方側と貸方側のどちらに残高が生じるのか、借方側と貸方側のいずれかに○をつけて答えること。

問1	￥	評価損相当 ・ 評価益相当

問2	￥

問3	￥

問4	￥	売 却 損 ・ 売 却 益

問5	借 方 側 ・ 貸 方 側

第3問（20点）

次の［資料Ⅰ］～［資料Ⅲ］にもとづいて、下記の⑴および⑵に答えなさい。なお、会計期間は1年、決算日は3月31日である。また、本店から支店に商品を発送するさいには、仕入勘定に仕入価額で記帳する方法を用いている。なお、本問では、「法人税、住民税及び事業税」と税効果会計は考慮しないものとする。

⑴　答案用紙の本支店合併後の損益計算書および貸借対照表を作成しなさい。
⑵　支店における本店勘定の次期繰越額を求めなさい。

［資料Ⅰ］　本店および支店の決算整理前残高試算表

残 高 試 算 表
X7年3月31日

借　　方	本　店	支　店	貸　　方	本　店	支　店
現 金 預 金	420,160	144,640	買 掛 金	280,000	82,320
売 掛 金	336,000	144,000	借 入 金	480,240	95,760
繰 越 商 品	188,000	50,640	本 店	—	396,800
支 店	414,800	—	貸 倒 引 当 金	1,200	640
建 物	720,000	360,000	建物減価償却累計額	192,000	60,000
その他有価証券	87,200	—	資 本 金	960,000	—
仕 入	1,320,000	601,920	利 益 準 備 金	51,360	—
営 業 費	248,240	100,400	繰越利益剰余金	96,000	—
支 払 利 息	10,800	2,160	売 上	1,683,760	768,240
			受 取 配 当 金	640	—
	3,745,200	1,403,760		3,745,200	1,403,760

［資料Ⅱ］　未処理事項等

1．支店が本店へ現金¥130,000を送付していたが、本店は誤って¥112,000と記帳していた。
2．本店が支店へ商品¥11,200（仕入価額）を移送したにもかかわらず、商品管理部から本店と支店の経理部への連絡漏れがあったため、本店・支店ともにその会計処理が行われていなかった。
3．支店は、支店の売掛金¥24,000が当座預金口座に入金されていたが未処理であった。
4．本店は、仕入先に対する買掛金¥32,000を現金で決済していたが未処理であった。

［資料Ⅲ］　決算整理事項

1．売掛金の期末残高に対し、本支店とも2％の貸倒れを見積もる。貸倒引当金の設定は差額補充法による。
2．商品の期末棚卸高は次のとおりである。なお、本店および支店の期末帳簿棚卸高は、［資料Ⅱ］2．の取引を処理する前の金額であるが、実地棚卸高は、当該商品が支店に到着済みのため適切な金額である。棚卸減耗損は売上原価の内訳科目として処理する。
　　　本店の期末帳簿棚卸高　¥219,200（実地棚卸高 ¥206,400）
　　　支店の期末帳簿棚卸高　¥ 53,600（実地棚卸高 ¥ 60,800）
3．本支店とも建物の減価償却を、耐用年数は30年、残存価額はゼロとして、定額法により行う。
4．その他有価証券の期末時価は¥87,840である。
5．営業費の前払額が、本店に¥800、支店に¥640ある。また、本店が支払った営業費のうち、¥20,000を支店が負担することとなった。
6．利息の未払額が、本店に¥3,600、支店に¥720ある。

2級

第6回 日商簿記検定試験対策
問題・答案用紙

（制限時間　90分）

出題論点と難易度

設問	出題論点	論点の詳細	難易度
第1問	1．有形固定資産の売却	備品を売却したときの処理	★★
	2．合併・買収	事業の一部を譲り受けたときの処理	★
	3．株式の発行	株式会社の設立時の処理	★
	4．クレジット売掛金	クレジット払いの条件で販売したときの処理、税込方式	★★
	5．研究開発費	研究開発に関する処理	★
第2問	固定資産	固定資産に関する一連の処理	★★
第3問	損益計算書	損益計算書の作成	★★
第4問	問1　仕訳	工業簿記の仕訳	★
	問2　組別総合原価計算	組製品に関する原価計算	★
第5問	標準原価計算	製造間接費の差異分析	★★

（難易度　★★★…高い　★★…普通　★…低い）

https://www.net-school.co.jp/
© Net-School

第1問（20点）

下記の各取引について仕訳しなさい。ただし、勘定科目は、各取引の右の勘定科目から最も適当と思われるものを選び、**記号**で解答すること。なお、消費税については、指示がある取引についてのみ考慮すること。また、各取引は独立している。

1	X3年4月1日に¥480,000で取得した備品（耐用年数10年）を、X7年1月31日に¥220,000で売却し、代金は相手先振出しの約束手形を受け取った。当社の決算日は3月末日（年1回）であり、減価償却は200％定率法、記帳は間接法によっている。売却した年度の減価償却費は月割計算で算定すること。 	勘　定　科　目

勘　定　科　目
ア．受　取　手　形
イ．営業外受取手形
ウ．備　　　　　品
エ．備品減価償却累計額
オ．固定資産売却益
カ．減　価　償　却　費
キ．固定資産売却損

借方科目	金額	貸方科目	金額

2　同業者の事業の一部を譲り受けることになり、譲渡代金¥5,000,000を普通預金口座から相手先口座に振り込んだ。この取引により譲り受けた資産の評価額は、商品¥720,000、建物¥3,120,000、備品¥640,000であり、引き受けた負債はなかった。

勘　定　科　目
ア．当　座　預　金
イ．普　通　預　金
ウ．商　　　　　品
エ．建　　　　　物
オ．備　　　　　品
カ．の　れ　ん
キ．負ののれん発生益

借方科目	金額	貸方科目	金額

3　福井物産株式会社は、その設立にあたって発行可能株式総数2,800株のうち700株を1株当たり¥12,000で発行することとし、全株について引受け・払込みを受け、払込金については当座預金口座に入金した。ただし、資本金は会社法で認められている最低限度額を計上することにした。なお、設立に伴う登記費用等¥16,800と株式発行に伴う諸費用¥92,400は現金で支払った。

勘　定　科　目
ア．現　　　　　金
イ．当　座　預　金
ウ．資　　本　　金
エ．資　本　準　備　金
オ．繰越利益剰余金
カ．創　　立　　費
キ．株　式　交　付　費

借方科目	金額	貸方科目	金額

不許複製・禁無断転載　　　　　　　第6回-1

商品￥240,000をクレジット払いの条件で顧客に販売し、信販会社へのクレジット手数料（販売代金の5％）を販売時に認識した。なお、消費税の税率は販売代金に対して10％とし、税込方式で処理するが、クレジット手数料には消費税は課税されない。			勘定科目 ア．現　金 イ．クレジット売掛金 ウ．仮払消費税 エ．仮受消費税 オ．売　上 カ．支払手数料 キ．仕　入	

4

借方科目	金額	貸方科目	金額

研究開発部門において、実験専用の機械装置を購入し、代金￥312,000は小切手を振り出して支払った。また、研究開発のみの目的で使用するためにソフトウェア￥156,000も購入し、代金は翌月末払いとした。

勘定科目
ア．当座預金
イ．機械装置
ウ．ソフトウェア
エ．ソフトウェア仮勘定
オ．未払金
カ．研究開発費
キ．消耗品費

5

借方科目	金額	貸方科目	金額

第2問 （20点）

次の固定資産に関する [資料] にもとづいて、下記の [設問] に答えなさい。なお、会計期間はX8年4月1日からX9年3月31日までの1年間である。

[資料]

(1) 前期末の固定資産管理台帳の内容（取得原価の部分まで）

固 定 資 産 管 理 台 帳　　X8年3月31日現在

取得年月日	用　途	期末数量	耐用年数	取得原価
建物				
X2. 4. 1	事務所	1	15年	¥4,800,000
備品				
X6. 4. 1	備品A	1	8年	¥1,120,000
車両運搬具				
X6. 10. 1	営業車	1	—	¥ 960,000
ソフトウェア				
X4. 4. 1	システムA	1	5年	¥1,920,000

(2) 当期の取引

① X8年6月1日に建設中の倉庫（耐用年数10年）の完成に伴い、工事代金の残額¥800,000を小切手を振り出して支払い、倉庫の引渡しを受けた。この倉庫に対しては工事代金としてすでに¥1,600,000の支出を行っている。

② X8年10月1日に備品B（現金販売価額¥720,000、耐用年数5年）を割賦契約で購入した。代金は毎月末に支払期限の到来する額面¥151,200の約束手形5枚を振り出して交付した。なお、利息の処理方法は取得時に前払費用勘定で処理し、手形の決済時に定額法により費用計上する方法による。

③ X9年2月1日から新システムBが稼働し、ソフトウェアの代金（翌月末払い）は¥2,280,000であった。システムB（耐用年数5年）の稼働に伴い、システムAが不要となったため、除却処理を行った。

(3) 減価償却の方法

	減価償却方法	残存価額	備　　　考
建　　物	定額法	残存価額ゼロ	期中取得分は年間の償却費を月割で計算 間接法による
備　　品	200%定率法	—	期中取得分は年間の償却費を月割で計算 間接法による
車両運搬具	生産高比例法	取得原価の10%	総走行可能距離　180,000km 当期の走行距離　　45,000km 間接法による
ソフトウェア	定額法	残存価額ゼロ	期中除却・取得分は年間の償却費を月割で計算 直接法による

耐用年数に対応する償却率は、下表のとおりである（計算にあたってはこの表の数値を用いること）。

耐用年数	定額法	200%定率法
5年	0.200	0.400
8年	0.125	0.250
10年	0.100	0.200
15年	0.067	0.133

[設問]

問1　当期における建物の減価償却費の総額を答えなさい。

問2　当期における車両運搬具の減価償却費の総額を答えなさい。

問3　答案用紙に示された当期の諸勘定（一部）に必要な記入を行い、締め切りなさい。

問1

建 物 の 減 価 償 却 費 の 総 額	¥

問2

車両運搬具の減価償却費の総額	¥

問3

備　　　　　品

年	月	日	摘　　　要	借　　　方	年	月	日	摘　　　要	貸　　　方
X8	4	1	前 期 繰 越	(　　　　　)	X9	3	31	次 期 繰 越	(　　　　　)
X8	10	1	(　　　　　)	(　　　　　)					
				(　　　　　)					(　　　　　)

備品減価償却累計額

年	月	日	摘　　　要	借　　　方	年	月	日	摘　　　要	貸　　　方
X9	3	31	次 期 繰 越	(　　　　　)	X8	4	1	前 期 繰 越	(　　　　　)
					X9	3	31	(　　　　　)	(　　　　　)
				(　　　　　)					(　　　　　)

ソ フ ト ウ ェ ア

年	月	日	摘　　　要	借　　　方	年	月	日	摘　　　要	貸　　　方
X8	4	1	前 期 繰 越	(　　　　　)	X9	2	1	(　　　　　)	(　　　　　)
X9	2	1	(　　　　　)	(　　　　　)	X9	3	31	(　　　　　)	(　　　　　)
					X9	3	31	次 期 繰 越	(　　　　　)
				(　　　　　)					(　　　　　)

第6回-4

不許複製・禁無断転載

第3問 (20点)

次に示した商品売買業を営む岩手商事株式会社の [資料1] および [資料2] にもとづいて、答案用紙の損益計算書を完成しなさい。なお、会計期間はX8年4月1日からX9年3月31日までの1年間である。

[資料1] 決算整理前残高試算表

決算整理前残高試算表
X9年3月31日 (単位：円)

借 方	勘 定 科 目	貸 方
675,920	現 金 預 金	
72,000	電 子 記 録 債 権	
216,000	売 掛 金	
	貸 倒 引 当 金	1,200
74,400	繰 越 商 品	
132,000	仮 払 法 人 税 等	
160,000	短 期 貸 付 金	
2,400,000	建 物	
	建物減価償却累計額	560,000
1,440,000	備 品	
	備品減価償却累計額	300,000
42,720	繰 延 税 金 資 産	
	電 子 記 録 債 務	66,800
	買 掛 金	185,640
	退 職 給 付 引 当 金	272,000
	資 本 金	2,400,000
	繰 越 利 益 剰 余 金	230,400
	売 上	3,472,000
	国 庫 補 助 金 受 贈 益	160,000
1,728,000	仕 入	
482,200	給 料	
64,800	保 険 料	
160,000	固 定 資 産 圧 縮 損	
7,648,040		7,648,040

[資料2] 決算整理事項等

1. 当座預金の帳簿残高と銀行の残高証明書の金額は一致していなかったため、不一致の原因を調べたところ、次の事実が判明した。

   ① リース取引 (オペレーティング・リース取引に該当) に係るリース料¥15,200が当座預金口座から引き落とされていたが未処理のままとなっていた。

   ② 電子債権記録機関に発生記録した債権¥8,000の支払期日が到来し、当座預金口座に振り込まれていたが未処理のままとなっていた。

2. 電子記録債権および売掛金の期末残高に対して、2%の貸倒引当金を差額補充法により設定する。

3. 商品の期末における帳簿棚卸高は¥68,000であり、実地棚卸高は¥58,400であった。

4. 有形固定資産の減価償却を次のとおり行う。

   建物　定　額　法　耐用年数30年　残存価額ゼロ
   備品　200%定率法　耐用年数8年

   なお、備品には、受け取った国庫補助金¥160,000と自己資金¥240,000により、X8年6月1日に取得し、ただちに事業の用に供されたものが含まれている。

   この備品については、当該国庫補助金を返還しないことが確定したため、国庫補助金に相当する額の圧縮記帳 (直接控除方式) の処理を行っている。他の備品と同一の要領により月割りで減価償却を行う。

5. 従業員に対する退職給付の見積りを行った結果、期末に引当金として計上すべき残高は¥352,000と見積もられた。

6. 短期貸付金は、X8年12月1日に期間1年、利率年4.5%、利息は回収時に元本とともに受け取る条件で、取引先に貸し付けたものである。これに対し、3%の貸倒引当金を設定する。また、利息を月割計算にて計上する。

7. 税効果会計上の一時差異は、次のとおりである。法定実効税率は前期・当期ともに30%であり、将来においても税率は変わらないと見込まれている。

   繰延税金資産は全額回収可能性があるものとする。法人税、住民税及び事業税の課税見込額は¥224,280である。

   なお、仮払法人税等の残高は、中間申告したさいに計上したものである。

	期　首	期　末
貸倒引当金損金算入限度超過額	¥ 2,400	¥ 6,000
減価償却費限度超過額	¥140,000	¥160,000

2級

第7回 日商簿記検定試験対策
問題・答案用紙
（制限時間　90分）

出題論点と難易度

設問	出題論点	論点の詳細	難易度
第1問	1．有価証券の売却	売買目的有価証券の売却時の処理	★★
	2．追徴法人税等	法人税の追徴を受けたときの処理	★
	3．本支店会計	支店を開設したときの処理	★
	4．有形固定資産の割賦購入	割賦購入したときの手形代金の決済時の処理	★
	5．株式の発行	増資したときの処理	★
第2問	連結財務諸表	連結財務諸表の作成	★★
第3問	貸借対照表	貸借対照表の作成	★★
第4問	問1　仕訳	工業簿記の仕訳	★
	問2　等級別総合原価計算	等級別製品の原価計算	★
第5問	直接原価計算	直接原価計算による損益計算書の作成	★★

（難易度　★★★…高い　★★…普通　★…低い）

https://www.net-school.co.jp/

第1問（20点）

　下記の各取引について仕訳しなさい。ただし、勘定科目は、各取引の右の勘定科目から最も適当と思われるものを選び、**記号**で解答すること。なお、消費税については、指示がある取引についてのみ考慮すること。また、各取引は独立している。

1	売買目的の有価証券として購入していた愛知工業株式会社の社債（額面¥100につき取得原価¥96.00、額面総額¥1,200,000）を、本日8月24日、額面¥100につき¥96.60の裸相場で証券会社に売却した。売却代金は端数利息とともに当座預金口座に振り込まれた。この社債の利払い日は毎年3月末と9月末であり、社債の額面利率は年1.825%である。なお、端数利息は1年を365日とする日割計算によることとするが、売却の当日を含めて求めること。			勘定科目 ア．当座預金 イ．売買目的有価証券 ウ．満期保有目的債券 エ．有価証券利息 オ．有価証券売却益 カ．有価証券評価益 キ．有価証券売却損

借方科目	金額	貸方科目	金額

2	過年度に納付した法人税に関して、税務当局から追徴の指摘を受け、追加で¥212,000を支払うようにとの通知が届いたため、負債の計上を行った。			勘定科目 ア．仮払法人税等 イ．未払法人税等 ウ．繰延税金負債 エ．還付法人税等 オ．法人税、住民税及び事業税 カ．追徴法人税等 キ．法人税等調整額

借方科目	金額	貸方科目	金額

3	札幌に支店を開設することになり、本店より現金¥3,680,000、商品（原価：¥2,800,000、売価：¥3,920,000）、およびトラック（取得価額：¥2,320,000、減価償却累計額：¥464,000）が移管された。支店独立会計制度を導入したときの支店側の仕訳を答えなさい。ただし、当社は商品売買の記帳を「販売のつど売上原価に振り替える方法」、有形固定資産の減価償却に係る記帳を間接法によっている。			勘定科目 ア．支店 イ．車両運搬具 ウ．商品 エ．車両運搬具減価償却累計額 オ．仕入 カ．現金 キ．本店

借方科目	金額	貸方科目	金額

不許複製・禁無断転載

4	X9年９月１日に営業用の車両（現金販売価額￥3,440,000）を割賦契約で購入し、代金は毎月末に支払期限の到来する額面￥722,400の約束手形５枚を振り出して交付している。本日９月30日、約束手形のうち、期日の到来したものが当座預金口座より引き落とされた。なお、車両の現金販売価額と約束手形の総額との差額は購入時に前払利息勘定に計上し、手形の決済時に定額法により費用計上する方法とする。		勘　定　科　目	
			ア．当　座　預　金	
			イ．前　払　利　息	
			ウ．車　両　運　搬　具	
			エ．支　払　手　形	
			オ．未　払　利　息	
			カ．営　業　外　支　払　手　形	
			キ．支　払　利　息	

借方科目	金額	貸方科目	金額

5	新株700株（１株の払込金額は￥16,000）を発行して増資を行うことになり、払い込まれた700株分の申込証拠金は別段預金に預け入れていたが、株式の払込期日となったので、申込証拠金を資本金に充当し、別段預金を当座預金に預け替えた。なお、資本金には会社法が規定する最低額を組み入れることとする。	勘　定　科　目	
		ア．当　座　預　金	
		イ．別　段　預　金	
		ウ．預　り　金	
		エ．資　本　金	
		オ．株式申込証拠金	
		カ．資　本　準　備　金	
		キ．その他資本剰余金	

借方科目	金額	貸方科目	金額

第2問（20点）

次に示した［資料］にもとづいて、答案用紙の連結損益計算書および連結貸借対照表を作成しなさい。なお、当期はX8年4月1日からX9年3月31日までの1年間である。

［資料］

1．P社は、X7年3月31日にS社の発行済株式総数（5,000株）の60%の株式を180,000千円で取得して支配を獲得し、それ以降S社を連結子会社として連結財務諸表を作成している。なお、P社のS社に対する持分の変動はない。のれんは発生年度の翌年度から10年にわたり定額法により償却を行っている。

2．支配獲得時（X7年3月31日）におけるS社の純資産項目は、資本金162,000千円、資本剰余金43,200千円、および利益剰余金10,800千円であった。

3．前期（X7年4月1日からX8年3月31日まで）において、S社は当期純利益43,200千円を計上したが、配当は行っていない。

4．P社およびS社の当期の個別損益計算書および当期末の個別貸借対照表は、次のとおりである。

損 益 計 算 書
自 X8年4月1日 至 X9年3月31日 （単位：千円）

	P 社	S 社
売 上 高	1,296,000	972,000
売 上 原 価	972,000	777,600
売 上 総 利 益	324,000	194,400
販売費及び一般管理費	216,000	118,800
営 業 利 益	108,000	75,600
営 業 外 収 益	75,600	54,000
営 業 外 費 用	64,800	32,400
当 期 純 利 益	118,800	97,200

貸 借 対 照 表
X9年3月31日 （単位：千円）

資 産	P 社	S 社	負債・純資産	P 社	S 社
現 金 預 金	649,800	302,600	支 払 手 形	216,000	97,200
売 掛 金	180,000	108,000	買 掛 金	86,400	91,800
貸 倒 引 当 金	△ 1,800	△ 1,080	固 定 負 債	99,000	66,600
商 品	252,000	112,480	資 本 金	810,000	162,000
固 定 資 産	135,000	63,000	資 本 剰 余 金	54,000	43,200
S 社 株 式	180,000	－	利 益 剰 余 金	129,600	124,200
合 計	1,395,000	585,000	合 計	1,395,000	585,000

5．当期において、S社は利益剰余金を財源として27,000千円の配当を行っている。

6．当期より、S社はP社に対して商品を販売しており、その売上高は356,400千円である。

7．S社は、売掛金の期末残高108,000千円に対して1%の貸倒引当金を設定しており、売掛金の期末残高のうち54,000千円がP社に対するものである。

8．当期末において、P社が保有する商品のうち、S社から仕入れた金額は21,600千円である。S社がP社に対して販売する商品の売上総利益率は25%であった。

9．P社は、S社に対して当期首に資金45,000千円の貸付け（貸付期間：5年）を行っており、利率は年2%である。当期末に利息の受け払いが現金で行われている。ただし、P社は、この貸付けに対して貸倒引当金を設定していない。

連 結 損 益 計 算 書

自 X8年4月1日 至 X9年3月31日 （単位：千円）

Ⅰ 売 上 高	（	）
Ⅱ 売 上 原 価	（	）
売 上 総 利 益	（	）
Ⅲ 販 売 費 及 び 一 般 管 理 費	（	）
営 業 利 益	（	）
営 業 外 収 益	（	）
営 業 外 費 用	（	）
当 期 純 利 益	（	）
非支配株主に帰属する当期純利益	（	）
親会社株主に帰属する当期純利益	（	）

連 結 貸 借 対 照 表

X9年3月31日 （単位：千円）

資 産	金 額	負債・純資産	金 額
現 金 預 金	（　　　）	支 払 手 形	（　　　）
売 掛 金	（　　　）	買 掛 金	（　　　）
貸 倒 引 当 金	（△　　）	固 定 負 債	（　　　）
商 品	（　　　）	資 本 金	（　　　）
固 定 資 産	（　　　）	資 本 剰 余 金	（　　　）
の れ ん	（　　　）	利 益 剰 余 金	（　　　）
		非 支 配 株 主 持 分	（　　　）
合 計	（　　　）	合 計	（　　　）

第3問（20点）

次に示した商品売買業を営む埼玉商事株式会社の［**資料Ⅰ**］および［**資料Ⅱ**］にもとづいて、答案用紙の貸借対照表を完成しなさい。なお、会計期間はX7年4月1日からX8年3月31日までの1年間である。

［**資料Ⅰ**］　決算整理前残高試算表

決算整理前残高試算表

X8年3月31日　　（単位：円）

借　　方	勘 定 科 目	貸　　方
642,080	現 金 預 金	
128,000	受 取 手 形	
352,000	売 　掛 　金	
	貸 倒 引 当 金	1,440
40,320	売買目的有価証券	
110,400	繰 越 商 品	
3,492,000	建 　　　　物	
	建物減価償却累計額	582,000
384,000	備 　　　　品	
	備品減価償却累計額	168,000
144,000	ソ フ ト ウ ェ ア	
33,840	満期保有目的債券	
46,080	その他有価証券	
	支 払 手 形	132,720
	買 　掛 　金	252,000
	借 　入 　金	216,000
	資 　本 　金	3,360,000
	利 益 準 備 金	203,760
	繰越利益剰余金	264,800
	売 　　　　上	4,080,000
	有 価 証 券 利 息	720
2,784,000	仕 　　　　入	
936,000	給 　　　　料	
95,680	水 道 光 熱 費	
61,440	保 　険 　料	
11,600	支 払 利 息	
9,261,440		9,261,440

［**資料Ⅱ**］　決算整理事項

1. 受取手形および売掛金の期末残高に対して、1％の貸倒引当金を差額補充法により設定する。
2. 期末における商品の帳簿棚卸高は¥120,000であり、実地棚卸高は¥116,400であった。棚卸減耗損は売上原価の内訳科目として処理する。
3. 有価証券の内訳は次のとおりである。

	帳簿価額	期末時価	保有目的	備考
N社株式	¥40,320	¥41,480	売 買 目 的	－
E社株式	¥46,080	¥48,080	業務提携目的	①
T社社債	¥33,840	¥33,120	満期保有目的	②

① その他有価証券については、全部純資産直入法により処理する。ただし、税法では、その他有価証券の評価差額の計上は認められていないので、税効果会計を適用する。法定実効税率は30％とする。

② T社社債（額面総額¥36,000、利率年2％、利払日3月31日、償還日までの残りの期間は当期を含めて3年間）については、償却原価法（定額法）により評価しており、前期末まで適切に行われている。

4. 現金預金には、以下の定期預金が含まれており、利息を月割計算にて計上する。

　　残高¥144,000　　期間2年　満期日X9年10月31日

　　利率年1.2%　　利払日10月31日

5. 次の要領にて有形固定資産の減価償却を行う。

　　建物　定　額　法　耐用年数30年　残存価額ゼロ

　　備品　200％定率法　耐用年数8年

6. ソフトウェアは、当期の10月1日に自社利用目的で購入し、同日より使用開始している。なお、このソフトウェアの利用可能期間は5年と見積もられており、定額法により月割りで償却を行う。

7. 保険料は、かねてより毎年同額を8月1日に向こう1年分をまとめて支払っている。保険料の前払分の計算は月割にて行う。

8. 支払利息のうち¥3,600は借入金の利息であるが、当期分の未計上額が¥1,800ある。なお、借入金はすべて返済期日がX9年4月1日以降に到来する。

9. 税引前当期純利益の30％を法人税、住民税及び事業税に計上する。

（禁無断転載）

2級

第8回 日商簿記検定試験対策
問題・答案用紙
（制限時間　90分）

出題論点と難易度

設　問	出　題　論　点	論　点　の　詳　細	難易度
第1問	1．圧縮記帳	圧縮記帳を行ったときの処理	★
	2．リース取引	リース取引を開始したときの処理	★
	3．為替予約	為替予約を契約したときの処理	★★
	4．税効果会計	決算時のその他有価証券の評価替えの処理	★
	5．合併・買収	吸収合併したときの処理	★
第2問	連結精算表	連結精算表の作成	★★
第3問	貸借対照表	貸借対照表の作成	★★
第4問	問1　仕訳	工業簿記の仕訳	★
	問2　工程別総合原価計算	工程別総合原価計算の製品原価の算定	★
第5問	標準原価計算	製造間接費の差異分析、月次損益計算書の作成	★★

（難易度　★★★…高い　★★…普通　★…低い）

https://www.net-school.co.jp/
©Net-School

第1問（20点）

　下記の各取引について仕訳しなさい。ただし、勘定科目は、各取引の右の勘定科目から最も適当と思われるものを選び、**記号**で解答すること。なお、消費税については、指示がある取引についてのみ考慮すること。また、各取引は独立している。

1	国より交付された補助金￥300,000と自己資金により、国庫助成対象の機械装置（取得原価￥1,440,000）を取得していたが、本日、国庫補助金を返還しないことが確定したので、補助金相当額の圧縮記帳（直接控除方式）を行った。 	勘　定　科　目 ア．当 座 預 金 イ．機 械 装 置 ウ．国庫補助金受贈益 エ．減 価 償 却 費 オ．固定資産除却損 カ．固定資産圧縮損 キ．固定資産売却損

借方科目	金額	貸方科目	金額

2	X1年4月1日、リース会社からコピー機をリースする契約を結び、リース取引を開始した。リース期間は5年、リース料は年間￥28,000（毎年3月末払い）、リースするコピー機の見積現金購入価額は￥120,000である。なお、決算日は3月31日（1年決算）である。また、このリース取引はファイナンス・リース取引であり、利子抜き法で会計処理を行う。	勘　定　科　目 ア．現　　　　金 イ．当 座 預 金 ウ．リ ー ス 資 産 エ．リ ー ス 債 務 オ．受 取 利 息 カ．支 払 利 息 キ．支 払 リ ー ス 料

借方科目	金額	貸方科目	金額

3	X1年8月1日、1か月前の7月1日の輸出取引によって生じた外貨建ての売掛金16,000ドル（決済日はX1年9月30日）について、1ドル￥108で16,000ドルを売却する為替予約を取引銀行と契約し、振当処理を行うこととし、為替予約による円換算額との差額はすべて当期の損益として処理する。なお、輸出取引が行われたX1年7月1日の為替相場（直物為替相場）は1ドル￥110であり、また本日（X1年8月1日）の為替相場（直物為替相場）は1ドル￥109である。	勘　定　科　目 ア．現　　　　金 イ．当 座 預 金 ウ．売　　掛　　金 エ．売　　　　上 オ．支 払 手 数 料 カ．為 替 差 損 益 キ．買　　掛　　金

借方科目	金額	貸方科目	金額

不許複製・禁無断転載

4	決算にさいして、長期投資目的で1株あたり￥1,100にて取得していた山陰重工業株式会社の株式4,000株を時価評価（決算時の時価：1株あたり￥950）し、全部純資産直入法で処理した。ただし、法定実効税率30％とする税効果会計を適用する。なお、山陰重工業株式会社は当社の子会社にも関連会社にも該当しない。			

			勘　定　科　目
			ア．満期保有目的債券
			イ．その他有価証券
			ウ．繰延税金資産
			エ．繰延税金負債
			オ．その他有価証券評価差額金
			カ．有価証券評価益
			キ．有価証券評価損

借方科目	金額	貸方科目	金額

5	関東に拠点を築くために千葉商会株式会社を吸収合併し、新たに当社の株式1,200株（合併時点の時価@￥8,250）を発行し、これを千葉商会の株主に交付した。また、合併にあたっては、取得の対価のうち60％を資本金、残り40％を資本準備金として計上することとした。千葉商会から承継した資産および負債は、次のとおりである。

　　現　　金（帳簿価額￥5,232,000、時価￥5,232,000）
　　売掛金（帳簿価額￥8,928,000、時価￥8,928,000）
　　土　　地（帳簿価額￥3,648,000、時価￥3,840,000）
　　買掛金（帳簿価額￥7,920,000、時価￥7,920,000）

			勘　定　科　目
			ア．現　　　　　金
			イ．負ののれん発生益
			ウ．土　　　　　地
			エ．資　本　準　備　金
			オ．買　　掛　　金
			カ．売　　掛　　金
			キ．資　　本　　金
			ク．の　　れ　　ん

借方科目	金額	貸方科目	金額

第２問（20点）

　次に示した［**資料**］にもとづいて、答案用紙の連結第２年度（X8年４月１日からX9年３月31日）における連結精算表を作成しなさい。ただし、株主資本等変動計算書は、利益剰余金と非支配株主持分の変動のみを記入するものとする。また、（　　　　）内の金額は貸方金額を示しており、［　　　　］内には適切な語を記入しなさい。なお、Ｐ社およびＳ社の決算日は３月31日である。

［**資料**］

１．Ｐ社は、X7年４月１日にＳ社の発行済株式総数（5,000株）の60％の株式を162,000千円で取得して支配を獲得し、それ以降Ｓ社を連結子会社として連結財務諸表を作成している。なお、Ｐ社のＳ社に対する持分の変動はない。のれんは10年にわたり定額法により償却を行っている。

２．X7年４月１日（支配獲得時）におけるＳ社の純資産項目は、資本金180,000千円、資本剰余金25,200千円、および利益剰余金10,800千円であった。

３．連結第１年度（X7年４月１日からX8年３月31日）において、Ｓ社は当期純利益43,200千円を計上した。ただし、配当は行っていない。

４．連結第２年度において、Ｓ社は当期純利益97,200千円を計上し、利益剰余金を財源として27,000千円の配当を行った。

５．連結第２年度より、Ｓ社はＰ社に対して商品を販売しており、その売上高は356,400千円である。また、Ｐ社のＳ社からの商品仕入高は356,400千円である。

６．連結第２年度末において、Ｓ社の売掛金の残高のうち54,000千円がＰ社に対するものである。なお、Ｓ社はＰ社の売掛金に対して貸倒引当金を設定していない。

７．連結第２年度末において、Ｐ社が保有する商品のうち、Ｓ社から仕入れた金額は21,600千円である。Ｓ社がＰ社に対して販売する商品の売上総利益率は25％であった。

８．連結第２年度において、Ｓ社はＰ社に土地（帳簿価額16,200千円）を18,000千円で売却しており、代金は現金で受け取っている。Ｐ社は連結第２年度末において、この土地を保有している。

不許複製・禁無断転載

連結精算表　　　　　　　　　　　　　　　（単位：千円）

科　目	個別財務諸表 P　社	S　社	修正・消去 借　方	貸　方	連結財務諸表
貸借対照表					
諸　資　産	586,800	273,600			
売　掛　金	180,000	120,000			
貸倒引当金	（ 1,800 ）	（ 1,200 ）			（　　　　）
商　　品	270,000	108,000			
S　社　株　式	162,000				
土　　地	45,000	18,000			
［　　　　　　　］					
資　産　合　計	1,242,000	518,400			
諸　負　債	（ 216,000 ）	（ 97,200 ）			（　　　　）
買　掛　金	（ 86,400 ）	（ 91,800 ）			（　　　　）
資　本　金	（ 756,000 ）	（ 180,000 ）			（　　　　）
資　本　剰　余　金	（ 54,000 ）	（ 25,200 ）			（　　　　）
利　益　剰　余　金	（ 129,600 ）	（ 124,200 ）			（　　　　）
非支配株主持分					（　　　　）
負債・純資産合計	（ 1,242,000 ）	（ 518,400 ）			（　　　　）
損益計算書					
売　上　高	（ 1,296,000 ）	（ 972,000 ）			（　　　　）
売　上　原　価	973,800	777,600			
販売費及び一般管理費	270,000	145,800			
営　業　外　収　益	（ 75,600 ）	（ 54,000 ）			（　　　　）
営　業　外　費　用	9,000	7,200			
特　別　利　益		（ 1,800 ）			
［　　　　　］償却					
当　期　純　利　益	（ 118,800 ）	（ 97,200 ）			（　　　　）
非支配株主に帰属する当期純利益					
親会社株主に帰属する当期純利益					（　　　　）
株主資本等変動計算書					
利益剰余金当期首残高	（ 82,800 ）	（ 54,000 ）			（　　　　）
配　当　金	72,000	27,000			
親会社株主に帰属する当期純利益	（ 118,800 ）	（ 97,200 ）			（　　　　）
利益剰余金当期末残高	（ 129,600 ）	（ 124,200 ）			（　　　　）
非支配株主持分当期首残高					（　　　　）
非支配株主持分当期変動額					（　　　　）
非支配株主持分当期末残高					（　　　　）

第３問 （20点）

受注生産・販売を行っている群馬製作所の［資料Ⅰ］および［資料Ⅱ］にもとづいて、答案用紙の貸借対照表を完成しなさい。なお、会計期間はX1年４月１日からX2年３月31日までの１年間である。ただし、本問では、税効果会計を考慮しないこととする。

［資料Ⅰ］　X2年２月末現在の残高試算表

残 高 試 算 表
X2年２月28日　　　　　（単位：円）

借　　方	勘 定 科 目	貸　　方
4,450,000	現 金 預 金	
800,000	受 取 手 形	
540,000	売 掛 金	
	貸 倒 引 当 金	10,800
6,000	製 品	
12,000	仕 掛 品	
11,600	材 料	
24,000	短 期 貸 付 金	
33,600	仮 払 法 人 税 等	
360,000	建 物	
	建物減価償却累計額	47,000
240,000	機 械 装 置	
	機械装置減価償却累計額	114,560
	支 払 手 形	128,000
	買 掛 金	206,400
	製品保証引当金	1,600
	長 期 借 入 金	200,000
	退職給付引当金	350,400
	資 本 金	3,200,000
	利 益 準 備 金	640,000
	繰越利益剰余金	1,395,240
	売 上	840,000
	固定資産売却益	6,000
543,200	売 上 原 価	
114,800	販売費及び一般管理費	
4,000	支 払 利 息	
800	手 形 売 却 損	
7,140,000		7,140,000

［資料Ⅱ］　３月の取引・決算整理事項等に関する事項

1．３月の取引等に関する事項は次のとおりであった。
　① 材料仕入高（すべて掛買い）￥21,600
　② 直接材料費 ￥16,800
　③ 直接工直接作業賃金支払高
　　　（現金払い、月初・月末未払なし）￥19,200
　④ 製造間接費予定配賦額 ￥21,200
　⑤ 間接材料費実際発生額 ￥4,800
　⑥ 製造間接費実際発生額（すべて現金支出を伴う）￥7,800＊
　　　＊ 間接材料費および以下の事項のものを除く
　⑦ 当月完成品総合原価 ￥55,200
　⑧ 当月売上原価 ￥52,800
　⑨ 当月売上高（すべて掛売り）￥80,000

　年度末に生じた原価差異は、以下に示されている事項のみである。なお、原価差異は、いずれも比較的少額であり、正常な原因によるものであった。

　また、X1年４月１日からX2年２月までの各月の月次決算で生じた原価差異は、それぞれの月で売上原価に賦課されているものとする。

2．決算にあたり、実地棚卸を行ったところ、材料の実際有高は￥11,520、製品の実際有高は￥7,920であった。減耗は、材料・製品とも正常な理由により生じたものであり、製品の棚卸減耗については売上原価に賦課する。

3．固定資産の減価償却費については、期首に年間発生額を見積もり、次の月割額を毎月計上し、決算月も同様の処理を行った。
　① 建物：￥1,000
　　　（製造活動用￥600、販売・一般管理活動用￥400）
　② 機械装置（すべて製造活動用）：￥2,560

4．過去の実績をもとに、売上債権の期末残高に対して１％、短期貸付金の期末残高について２％の貸倒れを見積もり、差額補充法により貸倒引当金を設定する。なお、営業外債権に対する貸倒引当金の決算整理前の期末残高はない。

5．退職給付引当金については、年度見積額の12分の１を毎月計上しており、決算月も同様の処理を行った。製造活動に携わる従業員に関わるものは、月間￥5,760、それ以外の従業員に関わるものは月間￥3,840である。年度末に繰入額を確定したところ、年度見積額に比べ、製造活動に携わる従業員に関わるものは￥320多かった。それ以外の従業員に関わるものは、年度初めの見積もりどおりであった。

6．過去の経験率にもとづき￥1,200の製品保証引当金を設定した。決算整理前残高試算表に計上されている製品保証引当金に関する特約期間は終了した。なお、製品保証引当金戻入については、製品保証引当金繰入と相殺し、それを超えた額については、営業外収益の区分に計上する。

7．税引前当期純利益の30％を「法人税、住民税及び事業税」に計上する。なお、法人税、住民税及び事業税の算出額については、税法の規定により￥100未満は切り捨てとする。

貸 借 対 照 表

X2年3月31日

（単位：円）

資　産　の　部			負　債　の　部		
I 流 動 資 産			I 流 動 負 債		
現 金 預 金		（　　　　）	支 払 手 形		128,000
受 取 手 形	（　　　　）		買 掛 金		（　　　　）
貸 倒 引 当 金	（　　　　）	（　　　　）	未 払 法 人 税 等		（　　　　）
売 掛 金	（　　　　）		製 品 保 証 引 当 金		（　　　　）
貸 倒 引 当 金	（　　　　）	（　　　　）	流 動 負 債 合 計		（　　　　）
製 品		（　　　　）	II 固 定 負 債		
仕 掛 品		（　　　　）	長 期 借 入 金		（　　　　）
材 料		（　　　　）	退 職 給 付 引 当 金		（　　　　）
短 期 貸 付 金	（　　　　）		固 定 負 債 合 計		（　　　　）
貸 倒 引 当 金	（　　　　）	（　　　　）	負 債 合 計		（　　　　）
流 動 資 産 合 計		（　　　　）	純　資　産　の　部		
II 固 定 資 産			I 株 主 資 本		
建 物	（　　　　）		資 本 金		3,200,000
減 価 償 却 累 計 額	（　　　　）	（　　　　）	利 益 準 備 金		640,000
機 械 装 置	（　　　　）		繰 越 利 益 剰 余 金		（　　　　）
減 価 償 却 累 計 額	（　　　　）	（　　　　）	株 主 資 本 合 計		（　　　　）
固 定 資 産 合 計		（　　　　）	純 資 産 合 計		（　　　　）
資 産 合 計		（　　　　）	負債及び純資産合計		（　　　　）

第４問（28点）

問１（12点）

下記の各取引について仕訳しなさい。ただし、勘定科目は、各取引の右の勘定科目から最も適当と思われるものを選び、**記号**で解答すること。仕訳の金額はすべて円単位とする。

(1)

熊本製作所の素材に関する資料は次のとおりであった。よって、予定価格による消費高と実際価格による消費高との差額について、適切に処理する。ただし、素材の予定価格は@￥530であり、実際消費単価の計算は総平均法によっている。

前月繰越高	120個	@500円	60,000円
当月仕入高	480個	@550円	264,000円
当月消費数量	400個		

勘定科目
ア．売上原価
イ．賃率差異
ウ．消費数量差異
エ．消費価格差異
オ．作業時間差異
カ．材料
キ．製品

借方科目	金額	貸方科目	金額

(2)

等級別総合原価計算を採用している宮崎工業株式会社は、月末に等級別総合原価計算表を次のとおり作成し、等級別に製造原価を計上した。？の数値は各自で推定のこと。

等級別総合原価計算表

X1年１月分

等級製品	重量	等価係数	完成品数量	積数	完成品総合原価	完成品単位原価
X製品	240 g	1.2	800個	？	？	1,920円
Y製品	200 g	1.0	1,000個	？	？	1,600円
Z製品	160 g	0.8	600個	？	？	1,280円
				？	3,904,000円	

勘定科目
ア．Z製品
イ．仕掛品
ウ．X製品
エ．売上原価
オ．Y製品
カ．製造間接費
キ．仕損品

借方科目	金額	貸方科目	金額

(3)

個別原価計算を採用している福岡製作所は、補修指図書＃３－１に集計された製造原価￥3,600を仕損費勘定に計上していたが、本日、これを製造指図書＃３に賦課した。

勘定科目
ア．材料
イ．仕掛品
ウ．仕損費
エ．製造間接費配賦差異
オ．製造間接費
カ．外注加工賃
キ．賃金・給料

借方科目	金額	貸方科目	金額

問2 （16点）

当社は製品Ｘを量産し、製品原価の計算は、累加法による工程別総合原価計算を採用している。次の [資料] にもとづいて、第1工程月末仕掛品の原料費と加工費、第2工程月末仕掛品の前工程費と加工費、第2工程完成品総合原価を計算しなさい。ただし、原価投入額合計を完成品総合原価と月末仕掛品原価に配分する方法は、第1工程、第2工程とも平均法を用いること。

[資料]
[生産データ]

	第 1 工 程	第 2 工 程
月 初 仕 掛 品	200 個 (40%)	400 個 (30%)
当 月 投 入 量	2,200	2,000
合　　　計	2,400 個	2,400 個
正 常 仕 損 品	100	—
月 末 仕 掛 品	300 (50%)	100 (40%)
完 　 成 　 品	2,000 個	2,300 個

（注）第1工程の始点でA原料を投入し、第2工程を通じて平均的にB原料を投入している。当月の第1工程完成品はすべて当月に第2工程に投入される。なお、正常仕損は第1工程の終点で発生し、その処分価額は6,400円である。正常仕損費はすべて完成品に負担させる。また、（　　）内は加工費の進捗度を示している。

[原価データ]

	第 1 工 程	第 2 工 程
月初仕掛品原価		
原 　料 　費	129,600 円	80,880 円
前 工 程 費	—	472,000
加 　工 　費	48,680	71,280
小　　　計	178,280 円	624,160 円
当 月 製 造 費 用		
原 　料 　費	1,320,000 円	1,323,120 円
加 　工 　費	1,076,320	1,145,520
小　　　計	2,396,320 円	2,468,640 円
投 入 額 合 計	2,574,600 円	3,092,800 円

第 1 工程月末仕掛品の原料費 ＝ [　　　　　　] 円

第 1 工程月末仕掛品の加工費 ＝ [　　　　　　] 円

第 2 工程月末仕掛品の前工程費 ＝ [　　　　　　] 円

第 2 工程月末仕掛品の加工費 ＝ [　　　　　　] 円

第 2 工 程 完 成 品 総 合 原 価 ＝ [　　　　　　] 円

第8回-8

第5問（12点）

　製品Pを製造・販売する当社では、標準原価計算制度を採用している。次の[**資料**]にもとづいて、各問いに答えなさい。なお、当月の実際直接作業時間は7,800時間、製品Pの当月の販売単価は@7,200円であった。

[**資料**]

1．製品Pの1個当たりの標準原価

直接材料費	標準単価	100 円/kg	標準消費量	18kg		1,800円
直接労務費	標準賃率	780 円/時間	標準直接作業時間	2時間		1,560円
製造間接費	標準配賦率	1,200 円/時間	標準直接作業時間	2時間		2,400円
						5,760円

　※　製造間接費は直接作業時間を配賦基準として配賦される。月間製造間接費予算は変動費4,480,000円と固定費5,120,000円の合計9,600,000円で、月間正常直接作業時間は8,000時間である。

2．当月の生産・販売データ

月初仕掛品	0 個		月初製品	350 個	
当月着手	3,850		完成品	3,850	
合計	3,850 個		合計	4,200 個	
月末仕掛品	0		月末製品	700	
完成品	3,850 個		当月販売	3,500 個	

3．当月の実際製造費用

直接材料費：7,084,000円

直接労務費：6,009,600円

製造間接費：9,520,000円

問1　当月の製造間接費の差異分析を行いなさい。ただし、公式法変動予算を用いて予算差異、能率差異、操業度差異に分析するものとし、能率差異は変動費のみで計算すること。なお、不利な差異には数値の前に「△」印を付すこと。

問2　当月の月次損益計算書を完成しなさい。なお、標準原価差異は月ごとに損益計算に反映させており、その全額を売上原価に賦課する。

問1

製造間接費総差異	円
予　算　差　異	円
能　率　差　異	円
操　業　度　差　異	円

問2

月次損益計算書(一部)　　　　　(単位：円)

Ⅰ　売　　　上　　　高　　　　　　　　　(　　　　　　　)

Ⅱ　売　　上　　原　　価

　　　月 初 製 品 棚 卸 高　　(　　　　　　)

　　　当 月 製 品 製 造 原 価　(　　　　　　)

　　　合　　　　計　　　(　　　　　　)

　　　月 末 製 品 棚 卸 高　　(　　　　　　)

　　　差　　　　引　　　(　　　　　　)

　　　標 準 原 価 差 異　　(　　　　　　)　(　　　　　　)

　　　売　上　総　利　益　　　　　　　(　　　　　　)

貸 借 対 照 表
X8年3月31日
（単位：円）

資 産 の 部				負 債 の 部		
I 流 動 資 産				I 流 動 負 債		
現 金 預 金		（	）	支 払 手 形		132,720
受 取 手 形	（	）		買 掛 金		252,000
貸 倒 引 当 金	（	）（	）	未 払 法 人 税 等	（	）
売 掛 金	（	）		未 払 費 用	（	）
貸 倒 引 当 金	（	）（	）	流 動 負 債 合 計	（	）
有 価 証 券		（	）			
商 品		（	）	II 固 定 負 債		
前 払 費 用		（	）	長 期 借 入 金		216,000
未 収 収 益		（	）	繰 延 税 金 負 債	（	）
流 動 資 産 合 計		（	）	固 定 負 債 合 計	（	）
II 固 定 資 産				負 債 合 計	（	）
有 形 固 定 資 産						
建 物	（	）		純 資 産 の 部		
減価償却累計額	（	）（	）	I 株 主 資 本		
備 品	（	）		資 本 金		3,360,000
減価償却累計額	（	）（	）	利 益 準 備 金		203,760
有形固定資産合計		（	）	繰 越 利 益 剰 余 金	（	）
無 形 固 定 資 産				株 主 資 本 合 計	（	）
ソフトウェア		（	）	II 評 価・換 算 差 額 等		
無形固定資産合計		（	）	その他有価証券評価差額金	（	）
投資その他の資産				評価・換算差額等合計	（	）
投 資 有 価 証 券		（	）	純 資 産 合 計	（	）
長 期 性 預 金		（	）			
投資その他の資産合計		（	）			
固 定 資 産 合 計		（	）			
資 産 合 計		（	）	負債及び純資産合計	（	）

第4問（28点）

問1（12点）

下記の各取引について仕訳しなさい。ただし、勘定科目は、各取引の右の勘定科目から最も適当と思われるものを選び、**記号**で解答すること。仕訳の金額はすべて円単位とする。

(1)	和歌山産業株式会社は、会計期末にあたり、賃率差異勘定の残高を売上原価勘定に振り替えた。なお，賃率差異勘定の前月繰越高は¥2,400（貸方）であり、当月の賃金の実際消費高は予定消費高より少なく、この差額の¥800は賃率差異勘定に振り替えられている。 	勘定科目 ア. 売上原価 イ. 作業時間差異 ウ. 仕掛品 エ. 賃率差異 オ. 製造間接費 カ. 賃金・給料 キ. 製品

借方科目	金額	貸方科目	金額

(2)	個別原価計算を採用している三重製作所の6月末における素材の実地棚卸数量は240kgであった。よって、次の素材に関する6月の資料にもとづいて、材料勘定の残高を修正した。なお，消費単価の計算は先入先出法によっている。

6月1日	前月繰越	500kg	1kgにつき 980円	490,000円
10日	受入	700kg	1kgにつき 960円	672,000円
12日	払出	800kg		
20日	受入	600kg	1kgにつき1,000円	600,000円
24日	払出	740kg		

勘定科目
ア. 製造間接費
イ. 仕掛品
ウ. 製品
エ. 材料
オ. 売上原価
カ. 買掛金
キ. 賃金・給料

借方科目	金額	貸方科目	金額

(3)	組別総合原価計算を採用している佐賀工業株式会社は組間接費を各組の組直接費を基準として配賦率を求め、A組とB組に配賦した。なお、当月の製造費用は次のとおりである。組間接費は全額、製造間接費とする。

	A組直接費	B組直接費	組間接費
材料費	1,548,000円	456,000円	152,000円
労務費	2,168,000円	892,000円	380,000円
経費	624,000円	512,000円	708,000円

勘定科目
ア. 製造間接費
イ. 仕掛品－A組
ウ. 製品
エ. 製造間接費配賦差異
オ. 仕掛品－B組
カ. 材料
キ. 賃金

借方科目	金額	貸方科目	金額

問2 （16点）

　当工場では、同一工程で等級製品Ｎ、Ｓを連続生産している。原価計算の方法は、等価係数を各等級製品の1か月間における完成品数量に乗じた積数の比をもって、1か月間の完成品の総合原価を一括的に各等級製品に按分して製品原価を計算する方法による。次の資料にもとづいて、当月の月末仕掛品原価、等級製品Ｎ、Ｓの完成品総合原価および完成品単位原価を計算しなさい。なお、原価投入額合計を完成品総合原価と月末仕掛品原価に配分する方法として先入先出法を用いること。

［生産データ］

月初仕掛品	240個	（50%）
当月投入	2,760	
合計	3,000個	
正常仕損品	120	
月末仕掛品	480	（50%）
完成品	2,400個	

（注1）　完成品は、等級製品Ｎが1,600個、等級製品Ｓが800個である。

（注2）　（　）内は加工費の進捗度である。Ａ原料は工程の始点で投入している。Ｂ原料は工程の60%の点で投入しており、Ｂ原料費はすべて完成品に負担させる。正常仕損は工程の終点で発生し、それらはすべて当月作業分から生じた。正常仕損費はすべて完成品に負担させ、仕損品の処分価額は25,200円である。

［原価データ］

月初仕掛品原価

Ａ原料費	331,200円
加工費	240,000
小計	571,200円

当月製造費用

Ａ原料費	3,864,000円
Ｂ原料費	1,758,000
加工費	5,412,000
小計	11,034,000円
合計	11,605,200円

［等価係数］

等級製品Ｎ：1　　等級製品Ｓ：0.8

月末仕掛品原価		円
等級製品Ｎの完成品総合原価		円
等級製品Ｎの完成品単位原価		円/個
等級製品Ｓの完成品総合原価		円
等級製品Ｓの完成品単位原価		円/個

第5問 (12点)

次の [資料] にもとづいて、答案用紙の直接原価計算による損益計算書を作成しなさい。

[資料]

1. 棚卸資産有高

	期 首 有 高	期 末 有 高
原　　　　　　料	192,000円	166,000円
仕掛品（変動製造原価）	234,000円	256,000円
仕掛品（固定製造原価）	140,400円	102,400円
製　品（変動製造原価）	284,000円	250,000円
製　品（固定製造原価）	198,800円	150,000円

2. 賃金・給料未払高

	期 首 未 払 高	期 末 未 払 高
直 接 工 賃 金	88,000円	82,000円
間 接 工 賃 金	22,000円	19,200円
工 場 従 業 員 給 料	34,000円	32,000円

3. 原料当期仕入高　　　　　1,552,000円

4. 賃金・給料当期支払高

直 接 工 賃 金	656,000円
間 接 工 賃 金	204,000円
工 場 従 業 員 給 料	288,000円

5. 製造経費当期発生高

電 　 力 　 料	74,800円
保 　 険 　 料	84,000円
減 価 償 却 費	105,600円
そ 　 の 　 他	74,000円

6. その他
   ⑴ 原料はすべて変動費である。
   ⑵ 直接工は直接作業のみに従事している。
   ⑶ 間接工賃金は変動費、工場従業員給料は固定費である。
   ⑷ 製造経費はすべて製造間接費であり、電力料のみが変動費である。

直接原価計算による損益計算書

（単位：円）

I	売　　上　　高		4,028,000
II	変　動　売　上　原　価		
	1　期　首　製　品　棚　卸　高	284,000	
	2　当期製品変動製造原価	（　　　　　）	
	合　　　計	（　　　　　）	
	3　期　末　製　品　棚　卸　高	（　　　　　）	（　　　　　）
	変　動　製　造　マ　ー　ジ　ン		（　　　　　）
III	変　動　販　売　費		262,000
	貢　　献　　利　　益		（　　　　　）
IV	固　　　　　定　　　　　費		
	1　製　造　固　定　費	（　　　　　）	
	2　固定販売費・一般管理費	352,400	（　　　　　）
	営　　業　　利　　益		（　　　　　）

不許複製・禁無断転載

損 益 計 算 書

自X8年4月1日　至X9年3月31日　　　　（単位：円）

I　売　　上　　高		（　　　　　　　）
II　売　上　原　価		
1　期首商品棚卸高	（　　　　　　）	
2　当期商品仕入高	（　　　　　　）	
合　　　計	（　　　　　　）	
3　期末商品棚卸高	（　　　　　　）	
差　　　引	（　　　　　　）	
4　棚卸減耗損	（　　　　　　）	（　　　　　　　）
（　　　　　　）		（　　　　　　　）
III　販売費及び一般管理費		
1　給　　　　料	482,200	
2　保　　険　　料	64,800	
3　退職給付費用	（　　　　　　）	
4　減価償却費	（　　　　　　）	
5　支払リース料	（　　　　　　）	
6　貸倒引当金繰入	（　　　　　　）	（　　　　　　　）
（　　　　　　）		（　　　　　　　）
IV　営業外収益		
1　受取利息		（　　　　　　　）
V　営業外費用		
1　貸倒引当金繰入		（　　　　　　　）
（　　　　　　）		（　　　　　　　）
VI　特別利益		
1　国庫補助金受贈益		（　　　　　　　）
VII　特別損失		
1　固定資産圧縮損		（　　　　　　　）
税引前当期純利益		（　　　　　　　）
法人税、住民税及び事業税	（　　　　　　）	
法人税等調整額	（△　　　　　）	（　　　　　　　）
（　　　　　　）		（　　　　　　　）

第4問 （28点）

問1 （12点）

　X社は本社会計から工場会計を独立させている。材料と製品の倉庫は工場に置き、材料購入を含めて支払い関係は本社が行っている。下記の各取引について、工場または本社で行われる仕訳を示しなさい。ただし、勘定科目は、各取引の右の勘定科目から最も適当と思われるものを選び、**記号**で解答すること。仕訳の金額はすべて円単位とする。

	材料560,000円を掛けにて購入し、工場の倉庫に搬入された。工場で行われる仕訳を示しなさい。					勘 定 科 目
(1)	借方科目	金額	貸方科目	金額		ア．材　　料
						イ．仕　掛　品
						ウ．工　　場
						エ．買　掛　金
						オ．製 造 間 接 費
						カ．本　　社
						キ．製　　品

	工場は、本社から工場の従業員に対する健康保険料344,000円を支払ったとの通知を受けた。このうち半額は事業主負担分であり、半分は従業員負担分である。なお、社会保険料預り金勘定は本社のみに設けてある。工場で行われる仕訳を示しなさい。					勘 定 科 目
(2)	借方科目	金額	貸方科目	金額		ア．現　　金
						イ．本　　社
						ウ．法 定 福 利 費
						エ．賃 金・給 料
						オ．社会保険料預り金
						カ．工　　場
						キ．租 税 公 課

	本社は、さきに得意先山口商店に売り渡した製品について、月末に製造原価は2,920,000円であったと工場から報告を受け、売上製品の原価を計上した。ただし、売上原価勘定は本社に、製品に関する勘定は工場に設けてある。本社で行われる仕訳を示しなさい。					勘 定 科 目
(3)	借方科目	金額	貸方科目	金額		ア．工　　場
						イ．売　　上
						ウ．製　　品
						エ．本　　社
						オ．売　掛　金
						カ．売 上 原 価
						キ．仕　掛　品

不許複製・禁無断転載

問2 （16点）

　当社は組製品XとYを製造しており、原価計算方法として組別総合原価計算を採用している。原料費は各組製品に直課し、加工費は直接作業時間により各組製品に予定配賦している。原価投入額合計を完成品総合原価と月末仕掛品に配分するためには先入先出法を用いている。次の［資料］にもとづいて、下記の問に答えなさい。

［資料］

１．生産データ

	X 製 品	Y 製 品
月初仕掛品	100 個 （50%）	300 個 （50%）
当月投入	2,100	2,950
合　計	2,200 個	3,250 個
正常仕損	100	150
月末仕掛品	200 　（50%）	500 個 （40%）
完成品	1,900 個	2,600 個

　（注）　原料は工程の始点で投入しており、（　　）内は加工費の進捗度である。

２．正常仕損（すべて当月作業分から発生）

　　X製品：正常仕損は工程の途中で発生したので、度外視法によること。処分価額はゼロである。

　　Y製品：正常仕損は終点で発生し、処分価額は11,000円である。正常仕損費はすべて完成品に負担させる。

３．原価データ

　　月初仕掛品原価

　　　原料費　　273,800円（内訳：X製品　　74,800円、Y製品　　199,000円）

　　　加工費　　112,400円（内訳：X製品　　25,400円、Y製品　　87,000円）

　　当月製造費用

　　　原料費　3,758,000円（内訳：X製品　1,280,000円、Y製品　2,478,000円）

４．加工費の予算

　　加工費予算額（年間）　32,760,000円

　　予定直接作業時間（年間）　　　7,200時間

５．当月の直接作業時間

　　X製品　180時間　　　　Y製品　320時間

問１　加工費の予定配賦率を計算しなさい。

問２　X製品の月末仕掛品原価を計算しなさい。

問３　X製品の完成品総合原価を計算しなさい。

問４　Y製品の月末仕掛品原価を計算しなさい。

問５　Y製品の完成品総合原価を計算しなさい。

問１	加工費の予定配賦率		円/時間
問２	X製品の月末仕掛品原価		円
問３	X製品の完成品総合原価		円
問４	Y製品の月末仕掛品原価		円
問５	Y製品の完成品総合原価		円

第5問　（12点）
　当製作所は製品Xを量産しており、パーシャル・プランの標準原価計算を採用している。次の資料にもとづいて、下記の問に答えなさい。

[資料]
１．当月実際製造間接費　552,000円
　　　　内訳：変動費　192,000円
　　　　　　　固定費　360,000円
２．当月の実際直接作業時間は1,960時間であった。
３．当月生産データ
　　月初仕掛品　　220個　（進捗度50%）
　　当月完成品　1,000個
　　月末仕掛品　　200個　（進捗度40%）
４．製品Xの１個あたりの標準直接作業時間は２時間である。
５．年間製造間接費予算　6,720,000円
　　　　内訳：変動費　2,400,000円
　　　　　　　固定費　4,320,000円
６．年間の正常直接作業時間は24,000時間である。
　（注）製造間接費は変動予算が設定されており、直接作業時間を基準として、製品に標準配賦される。

問１　製造間接費の当月標準配賦額を計算しなさい。
問２　製造間接費総差異を計算しなさい。
問３　問２で計算した製造間接費総差異を予算差異、能率差異、操業度差異に分析しなさい。ただし、能率差異は変動費と固定費からなるものとして計算する。
問４　問２で計算した製造間接費総差異を予算差異、能率差異、操業度差異に分析しなさい。ただし、能率差異は変動費のみで計算するものとする。

問 1

製造間接費当月標準配賦額		円

問 2

製 造 間 接 費 総 差 異		円	(	)

問 3

予　算　差　異		円	(	)
能　率　差　異		円	(	)
操　業　度　差　異		円	(	)

問 4

予　算　差　異		円	(	)
能　率　差　異		円	(	)
操　業　度　差　異		円	(	)

（注）（　　　）内には、借方差異ならば「借」、貸方差異ならば「貸」と記入すること。

(1)

損　益　計　算　書
自X6年4月1日　至X7年3月31日　　　　　（単位：円）

Ⅰ　売　　　上　　　高　　　　　　　　　　　　　　　　　2,452,000

Ⅱ　売　　上　　原　　価

　　1　期首商品棚卸高　（　　　　　　　　）

　　2　当期商品仕入高　（　　　　　　　　）

　　　　　合　　　計　　（　　　　　　　　）

　　3　期末商品棚卸高　（　　　　　　　　）

　　　　　差　　　引　　（　　　　　　　　）

　　4　棚卸減耗損　　　（　　　　　　　　）　（　　　　　　　　）

　　　　売上総利益　　　　　　　　　　　　　（　　　　　　　　）

Ⅲ　販売費及び一般管理費

　　1　営　　業　　費　（　　　　　　　　）

　　2　貸倒引当金繰入　（　　　　　　　　）

　　3　減　価　償　却　費　（　　　　　　　）　（　　　　　　　　）

　　　　営　業　利　益　　　　　　　　　　　（　　　　　　　　）

Ⅳ　営　業　外　収　益

　　1　受　取　配　当　金　　　　　　　　　　　　　　　　　640

Ⅴ　営　業　外　費　用

　　1　支　払　利　息　　　　　　　　　　　　　　（　　　　　　　　）

　　　　当　期　純　利　益　　　　　　　　　　（　　　　　　　　）

貸　借　対　照　表
X7年3月31日

資　産	金　額	負債・純資産	金　額
現 金 預 金	（　　　　　）	買　掛　金	（　　　　　）
売　掛　金	（　　　　　）	借　入　金	576,000
貸 倒 引 当 金	△（　　　　）	未　払　費　用	（　　　　　）
商　　　品	（　　　　　）	資　本　金	960,000
前　払　費　用	（　　　　　）	利 益 準 備 金	51,360
建　　　物	1,080,000	繰越利益剰余金	（　　　　　）
減価償却累計額	△（　　　　）	その他有価証券評価差額金	（　　　　　）
投 資 有 価 証 券	（　　　　　）		
	（　　　　　）		（　　　　　）

(2)

本店勘定の次期繰越額　　￥

第4問 （28点）

問1 （12点）

　下記の一連の取引について仕訳しなさい。ただし、勘定科目は、各取引の右の勘定科目から最も適当と思われるものを選び、**記号**で解答すること。仕訳の金額はすべて円単位とする。

	材料について、今月、1,600kgは製品製造に使用し、80kgは修繕のために使用したので、これを計上した。なお、月初における材料有高はゼロであった。また、当月購入した材料は2,000kg（購入代価600円/kg、引取運賃80,000円）である。				勘定科目
(1)	借方科目	金額	貸方科目	金額	ア．材　　　料 イ．仕　掛　品 ウ．製　　　品 エ．買　掛　金 オ．製造間接費 カ．賃金・給料 キ．売　上　原　価

	今月、直接工および間接工による賃金・給料の消費額を計上する。直接工の作業時間について、総就業時間は1,760時間であり、その内訳は、加工時間1,440時間、段取時間160時間、間接作業時間120時間、手待時間40時間であった。当工場において適用する予定平均賃率は1,000円/時間である。また、間接工については、前月賃金未払高240,000円、当月賃金支払高880,000円、当月賃金未払高200,000円であった。				勘定科目
(2)	借方科目	金額	貸方科目	金額	ア．現　　　金 イ．仕　掛　品 ウ．製　　　品 エ．賃金・給料 オ．製造間接費 カ．外注加工賃 キ．売　上　原　価

	直接作業時間を配賦基準として製造間接費を各製造指図書に予定配賦した。なお、年間の製造間接費予算は20,900,000円、年間の予定総直接作業時間は22,000時間である。				勘定科目
(3)	借方科目	金額	貸方科目	金額	ア．現　　　金 イ．仕　掛　品 ウ．製　　　品 エ．製造間接費配賦差異 オ．製造間接費 カ．外注加工賃 キ．売　上　原　価

問2 （16点）

　当社は製品Aを量産し、製品原価の計算は、単純総合原価計算を採用している。次の［資料］にもとづいて、原価投入額を完成品総合原価と月末仕掛品原価に配分する方法として、⑴平均法を用いた場合、⑵先入先出法を用いた場合の総合原価計算表を完成しなさい。

［資料］

1．生産データ

月初仕掛品	300 個	（40%）
当月投入	2,200	
合計	2,500 個	
正常仕損	100	
月末仕掛品	400	（50%）
完成品	2,000 個	

2．原価データ

月初仕掛品原価	
原料費	380,000 円
加工費	129,200
小計	509,200 円
当月製造費用	
原料費	2,640,000 円
加工費	2,180,000
小計	4,820,000 円
投入額合計	5,329,200 円

　（注）原料は工程の始点で投入しており、（　）内は加工費の進捗度である。なお、正常仕損は工程の終点で発生し、処分価額はない。正常仕損費はすべて完成品に負担させる。

⑴平均法を用いた場合

総 合 原 価 計 算 表　　　　　（単位：円）

	原 料 費	加 工 費	合 計
月 初 仕 掛 品 原 価	380,000	129,200	509,200
当 月 製 造 費 用	2,640,000	2,180,000	4,820,000
合 計	3,020,000	2,309,200	5,329,200
差引：月末仕掛品原価	（　　　　　）	（　　　　　）	（　　　　　）
完 成 品 総 合 原 価	（　　　　　）	（　　　　　）	（　　　　　）

⑵先入先出法を用いた場合

総 合 原 価 計 算 表　　　　　（単位：円）

	原 料 費	加 工 費	合 計
月 初 仕 掛 品 原 価	380,000	129,200	509,200
当 月 製 造 費 用	2,640,000	2,180,000	4,820,000
合 計	3,020,000	2,309,200	5,329,200
差引：月末仕掛品原価	（　　　　　）	（　　　　　）	（　　　　　）
完 成 品 総 合 原 価	（　　　　　）	（　　　　　）	（　　　　　）

第5問（12点）

　当社は、当月から製品Mの製造を開始し、そのすべてを完成し販売した。当社の直接工は直接作業にのみ従事している。そこで、当月の売上高25,584,000円に対して、総原価の各費目を変動費と固定費に原価分解したところ、次のとおりであった。原価分解の結果を利用して、下記の問に答えなさい。

（単位：円）

	変　動　費	固　定　費
製　造　原　価		
主　要　材　料　費	1,872,000	
補　助　材　料　費	416,000	
買　入　部　品　費	728,000	
直　接　工　賃　金	3,640,000	
間　接　工　賃　金	1,300,000	998,400
従　業　員　賞　与　手　当		83,200
減　価　償　却　費		3,068,000
その他の間接経費	197,600	384,800
販　　売　　費	2,080,000	2,870,400
一　般　管　理　費		6,448,000

問1　当月の直接材料費総額はいくらか。

問2　当月の製造間接費総額はいくらか。

問3　当月の損益分岐点の売上高はいくらか。

問4　仮に、当月の売上高が320,000円増加したとすると、営業利益はいくら増加するか。

問5　当月の損益分岐点の売上高を416,000円引き下げるためには、固定費をいくら引き下げる必要があったか。

問1 □□□□□□□□ 円

問2 □□□□□□□□ 円

問3 □□□□□□□□ 円

問4 □□□□□□□□ 円

問5 □□□□□□□□ 円

損　益　計　算　書
自X8年4月1日　至X9年3月31日　　　（単位：円）

Ⅰ　役　務　収　益		（　　　　　　　　）
Ⅱ　役　務　原　価		（　　　　　　　　）
（　　　　　　　　　）		（　　　　　　　　）
Ⅲ　販売費及び一般管理費		
1．給　　　　　料	（　　　　　　）	
2．旅　費　交　通　費	（　　　　　　）	
3．水　道　光　熱　費	（　　　　　　）	
4．通　　信　　費	（　　　　　　）	
5．支　払　家　賃	（　　　　　　）	
6．賞与引当金繰入	（　　　　　　）	
7．貸　倒　損　失	（　　　　　　）	
8．貸倒引当金繰入	（　　　　　　）	
9．減　価　償　却　費	（　　　　　　）	
10．ソフトウェア償却	（　　　　　　）	
11．退　職　給　付　費　用	（　　　　　　）	（　　　　　　　　）
（　　　　　　　　　）		（　　　　　　　　）
Ⅳ　営　業　外　収　益		
1．受　取　利　息		（　　　　　　　　）
Ⅴ　営　業　外　費　用		
1．支　払　利　息		（　　　　　　　　）
（　　　　　　　　　）		（　　　　　　　　）
Ⅵ　特　別　利　益		
1．投資有価証券売却益		（　　　　　　　　）
Ⅶ　特　別　損　失		
1．固　定　資　産　除　却　損		（　　　　　　　　）
税引前当期純利益		（　　　　　　　　）
法人税、住民税及び事業税		（　　　　　　　　）
（　　　　　　　　　）		（　　　　　　　　）

第4問 （28点）

問1 （12点）

当社は実際個別原価計算制度を採用している。また、製造間接費については部門別計算を行い、各製造指図書には実際配賦を行っている。下記の一連の取引について仕訳しなさい。ただし、勘定科目は、各取引の右の勘定科目から最も適当と思われるものを選び、**記号**で解答すること。仕訳の金額はすべて円単位とする。

(1) 製造間接費の部門個別費の金額および部門共通費の各部門への配賦割合は、次のとおりである。部門共通費の実際発生額200,000円を各部門に実際配賦した。

部門個別費

甲製造部	乙製造部	動 力 部	修 繕 部
340,000円	220,000円	70,000円	50,000円

部門共通費の各部門への配賦割合

甲製造部	乙製造部	動 力 部	修 繕 部
40%	30%	25%	5%

勘　定　科　目
ア．製 造 間 接 費
イ．甲 製 造 部 費
ウ．乙 製 造 部 費
エ．動 力 部 費
オ．修 繕 部 費
カ．仕 　掛 　品
キ．製 　　　　品

借方科目	金額	貸方科目	金額

(2) 第1次集計後の補助部門費を、各製造部門に次の割合で直接配賦法によって実際配賦した。

	甲製造部	乙製造部
動力部費	55%	45%
修繕部費	70%	30%

勘　定　科　目
ア．製 造 間 接 費
イ．甲 製 造 部 費
ウ．乙 製 造 部 費
エ．動 力 部 費
オ．修 繕 部 費
カ．仕 　掛 　品
キ．製 　　　　品

借方科目	金額	貸方科目	金額

(3) 第2次集計後の甲製造部費および乙製造部費の全額を、作業時間を配賦基準として各製造指図書に実際配賦した。製品Aに集計された金額を振り替えなさい。

	製品A	製品B	作業時間合計
甲製造部費	100時間	100時間	200時間
乙製造部費	60時間	40時間	100時間

勘　定　科　目
ア．製 造 間 接 費
イ．甲 製 造 部 費
ウ．乙 製 造 部 費
エ．動 力 部 費
オ．修 繕 部 費
カ．仕 　掛 　品
キ．製 　　　　品

借方科目	金額	貸方科目	金額

不許複製・禁無断転載

問2 （16点）

　X社は、材料を仕入れて製品Aに加工し、直営の店舗で販売する製造・小売チェーンを展開している。原価計算方式としては、パーシャル・プランの標準原価計算を採用している。次の [資料] にもとづいて、当月の仕掛品勘定および月次損益計算書を完成しなさい。

[資料]
１．製品Aの１個当たりの標準原価

直接材料費	標準単価	800円/kg	標準消費量	0.35 kg	280円
加工費	標準賃率	320円/時間	標準直接作業時間	0.5 時間	160円
					440円

２．当月の生産・販売データ

月初仕掛品	1,200 個 (40%)	月初製品	300 個
当月着手	4,800	完成品	4,700
合計	6,000 個	合計	5,000 個
月末仕掛品	1,300 (60%)	月末製品	500
完成品	4,700 個	当月販売	4,500 個

　（注）材料はすべて工程の始点で投入している。（ ）内は加工進捗度を示す。

３．当月の原価データ

製造費用		販売費及び一般管理費	
直接材料費：1,400,000円		販売員給料：1,680,000円	
加工費： 900,000円		地代家賃： 480,000円	
		水道光熱費： 320,000円	
		その他： 140,000円	

４．その他の条件
⑴　製品Aの販売単価は1,200円である。
⑵　標準原価差異は月ごとに損益計算に反映されており、その全額を売上原価に賦課する。

仕　掛　品

月初有高（ ）	完成高（ ）
直接材料費（ ）	月末有高（ ）
加工費（ ）	標準原価差異（ ）
（ ）	（ ）

月次損益計算書（一部）　　　　　（単位：円）

Ⅰ 売上高		（ ）
Ⅱ 売上原価		
月初製品棚卸高	（ ）	
当月製品製造原価	（ ）	
合計	（ ）	
月末製品棚卸高	（ ）	
差引	（ ）	
標準原価差異	（ ）	（ ）
売上総利益		（ ）
Ⅲ 販売費及び一般管理費		（ ）
営業利益		（ ）

第5問 （12点）

　NS社は製品Xを製造・販売している。現在、次期の利益計画を作成している。次の [資料] にもとづいて、下記の**問**に答えなさい。なお、期首と期末に仕掛品及び製品の在庫は存在しないものとする。

[資料]

1. 製品Xに関する当期のデータ

販　売　量	販売価格	変動製造原価	変動販売費	固定加工費	固定販売費及び一般管理費
1,400個	@3,600円	@1,920円	@240円	864,000円	547,200円

　（注）　変動製造原価の内訳は、原料費が@1,000円、変動加工費が@920円である。

2. 当期のデータにもとづいて、下記の3つの次期の利益計画を用意している。なお、他の条件は当期のデータと同様とする。

　　次期の利益計画A：製品Xの販売価格を10％引き上げる。販売価格の引き上げにより、販売量が20％減少することが見込まれる。

　　次期の利益計画B：固定加工費を336,000円増額することにより、原料費20％と変動加工費10％を削減する。

　　次期の利益計画C：製品Xの販売価格を5％引き下げ、さらに固定販売費を52,800円増額することにより、販売量が15％増加することが見込まれる。

問1　当期のデータにもとづいて、損益分岐点における販売数量を計算しなさい。

問2　当期のデータにもとづいて、売上高が何％落ち込むと損益分岐点の売上高に達するか計算しなさい。

問3　次期の利益計画A〜Cにもとづいて、それぞれの営業利益を計算しなさい。

問1　　　　　　　　　　　　　個

問2　　　　　　　　　　　　　％

問3

次期の利益計画Ａ	円
次期の利益計画Ｂ	円
次期の利益計画Ｃ	円

不許複製・禁無断転載

貸 借 対 照 表

X2年 3 月31日　　　　　　　　　　　　　　　　（単位：円）

資 産 の 部				負 債 の 部		
I 流 動 資 産				I 流 動 負 債		
現 金 預 金		（　　　　）		電 子 記 録 債 務		145,760
電 子 記 録 債 権	（　　　）			買 　掛 　金		252,000
売 　掛 　金	（　　　）			未 払 法 人 税 等		（　　　　）
貸 倒 引 当 金	（　　　）	（　　　　）		流 動 負 債 合 計		（　　　　）
商 　　品		（　　　　）		II 固 定 負 債		
前 払 費 用		（　　　　）		長 期 借 入 金		（　　　　）
流 動 資 産 合 計		（　　　　）		固 定 負 債 合 計		（　　　　）
II 固 定 資 産				負 債 合 計		（　　　　）
有 形 固 定 資 産				純 資 産 の 部		
建 　　物	（　　　）			I 株 主 資 本		
減価償却累計額	（　　　）	（　　　　）		資 　本 　金		3,360,000
備 　　品	（　　　）			利 益 準 備 金		224,400
減価償却累計額	（　　　）	（　　　　）		繰越利益剰余金		（　　　　）
有形固定資産合計		（　　　　）		株主資本合計		（　　　　）
無 形 固 定 資 産				純 資 産 合 計		（　　　　）
ソ フ ト ウ ェ ア		（　　　　）				
無形固定資産合計		（　　　　）				
固 定 資 産 合 計		（　　　　）				
資 産 合 計		（　　　　）		負債及び純資産合計		（　　　　）

第4問（28点）

問1（12点）

下記の一連の取引について仕訳しなさい。ただし、勘定科目は、各取引の右の勘定科目から最も適当と思われるものを選び、**記号**で解答すること。仕訳の金額はすべて円単位とする。

(1)

素材400kg（購入代価 2,000円／kg）、買入部品1,600個（購入代価 300円／個）、工場消耗品32,000円（購入代価）を掛けで購入した。なお、材料関連の引取運賃は、運送会社より月末にまとめて請求書が到着し、現金で支払いをしている。そのため引取費用については、購入代価の10％を材料副費として予定配賦している。当社の当月の材料関連の購入は以上であった。

借方科目	金額	貸方科目	金額

勘 定 科 目
ア．現　　　　金
イ．材　　　　料
ウ．仕　掛　品
エ．買　掛　金
オ．材　料　副　費
カ．製　造　間　接　費
キ．材料副費配賦差異

(2)

運送会社より当月の引取運賃132,000円の請求書が到着し、ただちに現金で支払った。

借方科目	金額	貸方科目	金額

勘 定 科 目
ア．現　　　　金
イ．材　　　　料
ウ．仕　掛　品
エ．買　掛　金
オ．材　料　副　費
カ．製　造　間　接　費
キ．材料副費配賦差異

(3)

材料副費配賦差異勘定への振替えを行った。

借方科目	金額	貸方科目	金額

勘 定 科 目
ア．現　　　　金
イ．材　　　　料
ウ．仕　掛　品
エ．買　掛　金
オ．材　料　副　費
カ．製　造　間　接　費
キ．材料副費配賦差異

不許複製・禁無断転載　　　　　　　　第3回−7

問2 （16点）

当工場では、実際個別原価計算を採用している。次の［資料］にもとづいて、４月の製造原価報告書を作成しなさい。

［資料］

1．製造指図書（一部）

製造指図書番号	直接材料費	直接作業時間	備　考
＃201	120,000円	40時間	3/18 製造着手 3/30 完成 3/31 在庫 4/ 3 販売
＃202	40,000円（３月分） 100,000円（４月分）	28時間（３月分） 20時間（４月分）	3/15 製造着手 4/12 一部仕損 4/16 完成 4/20 販売
＃202-2	20,000円	4時間	4/13 補修開始 4/14 補修完了
＃203	60,000円	32時間	4/18 製造着手 4/23 完成 4/30 在庫
＃204	88,000円	16時間	4/21 製造着手 4/30 仕掛

2．＃202-2は、仕損が生じた＃202の一部を補修して合格品とするために発行した指図書であり、仕損は正常なものであった。

3．直接労務費は、予定平均賃率を使用して計算しており、予定平均賃率は1,200円／時間である。

4．製造間接費は、直接作業時間を配賦基準として各製造指図書に予定配賦している。年間の製造間接費予算額は7,200,000円、年間の正常直接作業時間は960時間である。

5．４月の製造間接費実際発生額の内訳は、次のとおりであった。

　　間接材料費 ：　60,000円
　　間接労務費 ：160,000円
　　間接経費 ：360,000円

製 造 原 価 報 告 書　　　　　　　　　（単位：円）

Ⅰ　直　接　材　料　費		（　　　　　　　）	
Ⅱ　直　接　労　務　費		（　　　　　　　）	
Ⅲ　製　造　間　接　費			
間　接　材　料　費	（　　　　　　　）		
間　接　労　務　費	（　　　　　　　）		
間　接　経　費	（　　　　　　　）		
合　　　計	（　　　　　　　）		
製造間接費配賦差異	（　　　　　　　）	（　　　　　　　）	
当　月　総　製　造　費　用		（　　　　　　　）	
月　初　仕　掛　品　原　価		（　　　　　　　）	
合　　　計		（　　　　　　　）	
月　末　仕　掛　品　原　価		（　　　　　　　）	
当　月　製　品　製　造　原　価		（　　　　　　　）	

第3回-8　　　　　　　　不許複製・禁無断転載

第5問（12点）

　X社では、製品Aを製造・販売している。これまで全部原価計算による損益計算書を作成してきたが、販売量と営業利益の関係がわかりにくいため、過去2期分のデータをもとに直接原価計算による損益計算書に作り替えることとした。次の[**資料**]にもとづいて、答案用紙の直接原価計算による損益計算書を完成しなさい。

[**資料**]

1．製品A1個あたりの全部製造原価

	前々期	前　期
直接材料費	600 円	640 円
変動加工費	120 円	110 円
固定加工費	？ 円	？ 円
	？ 円	？ 円

2．固定加工費は、各期の実際生産量にもとづいて実際配賦している。

3．販売費および一般管理費（前々期・前期で変化なし）
　　変動販売費　200円/個　　　固定販売費および一般管理費　300,000円

4．生産・販売状況（期首・期末の仕掛品は存在しない）

	前々期	前　期
期首製品在庫量	0 個	0 個
当期製品生産量	1,200 個	1,440 個
当期製品販売量	1,200 個	1,200 個
期末製品在庫量	0 個	240 個

5．全部原価計算による損益計算書（単位：円）

	前々期	前　期
売　　上　　高	2,160,000	2,160,000
売　　上　　原　　価	1,440,000	1,404,000
売　上　総　利　益	720,000	756,000
販売費および一般管理費	540,000	540,000
営　業　利　益	180,000	216,000

直接原価計算による損益計算書 （単位：円）

	前々期	前期
売 上 高	（　　　　　）	（　　　　　）
変 動 費	（　　　　　）	（　　　　　）
貢 献 利 益	（　　　　　）	（　　　　　）
固 定 費	（　　　　　）	（　　　　　）
営 業 利 益	（　　　　　）	（　　　　　）

損　益　計　算　書

自 X1年 4 月 1 日　至 X2年 3 月 31 日　　　　　（単位：円）

Ⅰ	売　　　　　上　　　　　高		（　　　　　　　　）
Ⅱ	売　　　上　　　原　　　価		
	1　期　首　商　品　棚　卸　高	（　　　　　　　）	
	2　当　期　商　品　仕　入　高	（　　　　　　　）	
	合　　　　計	（　　　　　　　）	
	3　期　末　商　品　棚　卸　高	（　　　　　　　）	
	差　　　　引	（　　　　　　　）	
	4　棚　卸　減　耗　損	（　　　　　　　）	
	5　商　品　評　価　損	（　　　　　　　）	（　　　　　　　　）
	（　　　　　　　）		（　　　　　　　　）
Ⅲ	販　売　費　及　び　一　般　管　理　費		
	1　給　　　　　　　　料	1,152,000	
	2　通　　　信　　　費	64,000	
	3　保　　　険　　　料	33,600	
	4　減　価　償　却　費	（　　　　　　　）	
	5　貸　倒　引　当　金　繰　入	（　　　　　　　）	
	6　退　職　給　付　費　用	（　　　　　　　）	（　　　　　　　　）
	（　　　　　　　）		（　　　　　　　　）
Ⅳ	営　　業　　外　　収　　益		
	1　受　　取　　利　　息		（　　　　　　　　）
Ⅴ	営　　業　　外　　費　　用		
	1　支　　払　　利　　息	12,000	
	2　貸　倒　引　当　金　繰　入	（　　　　　　　）	（　　　　　　　　）
	（　　　　　　　）		（　　　　　　　　）
Ⅵ	特　　　別　　　利　　　益		
	1　国　庫　補　助　金　受　贈　益		20,000
Ⅶ	特　　　別　　　損　　　失		
	1　固　定　資　産　圧　縮　損		（　　　　　　　　）
	税　引　前　当　期　純　利　益		（　　　　　　　　）
	法人税、住民税及び事業税	（　　　　　　　）	
	法　人　税　等　調　整　額	（△　　　　　　）	（　　　　　　　　）
	（　　　　　　　）		（　　　　　　　　）

第4問（28点）

問1（12点）

当社は本社と工場が離れていることから、工場会計を独立させている。材料と製品の倉庫は工場に置き、材料購入を含めて支払い関係はすべて本社が行っている。下記の各取引について、工場での仕訳を示しなさい。ただし、勘定科目は、各取引の右の勘定科目から最も適当と思われるものを選び、**記号**で解答すること。仕訳の金額はすべて円単位とする。

---

(1) 当月、工場での賃金の消費額を計上する。直接工の作業時間の記録によれば、直接工は直接作業のみ1,600時間行った。当工場で適用する予定総平均賃率は1時間あたり2,000円である。また、間接工については、前月賃金未払高160,000円、当月賃金支払高1,300,000円、当月賃金未払高110,000円であった。

借方科目	金額	貸方科目	金額

勘 定 科 目
ア．材 料
イ．賃 金
ウ．製 造 間 接 費
エ．仕 掛 品
オ．原 価 差 異
カ．製 品
キ．本 社

---

(2) 本社で支払った光熱費などの当月の間接経費200,000円を計上した。

借方科目	金額	貸方科目	金額

勘 定 科 目
ア．材 料
イ．賃 金
ウ．製 造 間 接 費
エ．仕 掛 品
オ．原 価 差 異
カ．製 品
キ．本 社

---

(3) 当月の製造間接費予定配賦額は2,560,000円、当月の実際発生額合計は2,440,000円であった。当月の製造間接費の配賦差異を原価差異勘定に振り替えた。

借方科目	金額	貸方科目	金額

勘 定 科 目
ア．材 料
イ．賃 金
ウ．製 造 間 接 費
エ．仕 掛 品
オ．原 価 差 異
カ．製 品
キ．本 社

不許複製・禁無断転載

問2 (16点)

千葉製作所では、実際個別原価計算を行っている。下記の[資料]にもとづいて、答案用紙の5月末の仕掛品勘定および製品勘定を作成しなさい。

[資料]
1. 各製造指図書に関するデータは、次のとおりである。

製造指図書番号	No.201	No.202		No.203	No.204
製造着手日	4/4	4/18		5/2	5/16
完成日	4/27	5/10		5/29	6/14予定
引渡日	5/5	5/19		6/10予定	6/17予定
		4月	5月		
直接作業時間	52時間	24時間	16時間	44時間	28時間
製造原価:					
直接材料費	668,000円	368,800円	229,600円	? 円	375,600円
直接労務費	? 円	? 円	? 円	? 円	? 円
製造間接費	? 円	? 円	? 円	? 円	? 円
合計	? 円	? 円	? 円	? 円	? 円

2. 当月における直接材料の増減は、次のとおりであった。( )内は購入単価である。

月初在庫量	640 kg	(@410円)
当月購入量	3,120	(@405円)
計	3,760 kg	
月末在庫量	720	
当月出庫量	3,040 kg	

3. 直接材料の消費高の計算には、先入先出法を用いている。
4. 直接労務費は予定消費賃率を用いており、予定消費賃率は1時間あたり1,200円である。
5. 製造間接費は、直接労務費の75％を予定配賦している。

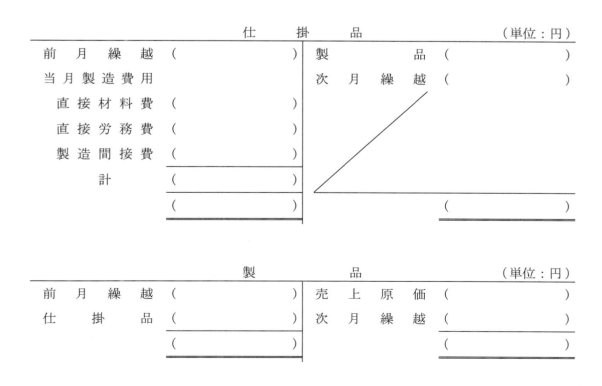

第5問（12点）

　当社の大阪工場では、直接材料を工程の始点で投入し、単一の製品甲をロット生産している。標準原価計算制度を採用し、勘定記入の方法はパーシャル・プランによる。次の［**資料**］にもとづいて、答案用紙の標準製造原価差異分析表を完成しなさい。なお、差異分析では変動予算を用い、能率差異は変動費のみで計算するものとする。また、月初に仕掛品の在庫は存在しなかった。

［資料］

1．製品甲の原価標準

直 接 材 料 費	標 準 単 価	600円／kg	標 準 消 費 量	5 kg／個	3,000円
直 接 労 務 費	標 準 賃 率	480円／時間	標準直接作業時間	2時間／個	960円
製 造 間 接 費	標 準 配 賦 率	720円／時間	標準直接作業時間	2時間／個	1,440円
					5,400円

　　（注）　月間製造間接費予算　　720,000円（内訳：変動費320,000円、固定費400,000円）
　　　　　　月 間 基 準 操 業 度　　1,000時間（直接作業時間）

2．当月の生産実績データ

　　完　成　品　　　　480個
　　月 末 仕 掛 品　　　20個（進捗度50%）

3．当月の実際原価データ

　　直 接 材 料 費　　総額　　1,568,000円　　実 際 消 費 量　　2,450kg
　　直 接 労 務 費　　総額　　　435,600円　　実際直接作業時間　　　990時間
　　製 造 間 接 費　　総額　　　740,000円

標準製造原価差異分析表　　　　　（単位：円）

直接材料費総差異		（　　　　　　　　）
価　格　差　異	（　　　　　　）	
数　量　差　異	（　　　　　　）	
直接労務費総差異		（　　　　　　　　）
賃　率　差　異	（　　　　　　）	
作 業 時 間 差 異	（　　　　　　）	
製造間接費総差異		（　　　　　　　　）
予　算　差　異	（　　　　　　）	
能　率　差　異	（　　　　　　）	
操 業 度 差 異	（　　　　　　）	

（注）　不利な差異には△を付けること。

不許複製・禁無断転載

損　　　　益

日	付	摘　　　要	金　額	日	付	摘　　　要	金　額
3	31	仕　　　　入		3	31	売　　　　上	
3	31	棚 卸 減 耗 損		3	31	有 価 証 券 利 息	
3	31	商 品 評 価 損		3	31	支　　　店	
3	31	支 払 家 賃					
3	31	給　　　料					
3	31	減 価 償 却 費					
3	31	貸 倒 引 当 金 繰 入					
3	31	(　　　　　　　)					

第4問（28点）
問1（12点）
次の一連の取引について仕訳しなさい。ただし、勘定科目は、各取引の右の勘定科目から最も適当と思われるものを選び、**記号**で解答すること。仕訳の金額はすべて円単位とする。

(1) 当月、素材3,200個を消費した。なお、月初の素材有高は240,000円（＠200円 1,200個）、当月購入した素材は480,000円（＠160円　3,000個）であり、材料消費高は先入先出法で計算している。

勘　定　科　目
ア．材　　　　料
イ．仕　掛　品
ウ．製　　　　品
エ．買　掛　金
オ．製　造　間　接　費
カ．賃　金・給　料
キ．売　上　原　価

借方科目	金額	貸方科目	金額

(2) 当月の直接工による労務費の消費高を計上する。直接工について、作業時間票によれば、当月の実際直接作業時間は500時間、実際間接作業時間は12時間であった。当工場において適用する予定賃率は1時間あたり1,120円である。

勘　定　科　目
ア．現　　　　金
イ．仕　掛　品
ウ．製　　　　品
エ．賃　金・給　料
オ．製　造　間　接　費
カ．外　注　加　工　賃
キ．売　上　原　価

借方科目	金額	貸方科目	金額

(3) 作業時間票の直接作業時間を配賦基準として、製造間接費を各製造指図書に予定配賦する。なお、年間の製造間接費予算は9,240,000円（うち変動費3,960,000円、固定費5,280,000円）、年間の予定総直接作業時間は6,600時間である。

勘　定　科　目
ア．現　　　　金
イ．仕　掛　品
ウ．製　　　　品
エ．製造間接費配賦差異
オ．製　造　間　接　費
カ．外　注　加　工　賃
キ．売　上　原　価

借方科目	金額	貸方科目	金額

問2 （16点）

群馬製作所は実際個別原価計算を採用し、直接作業時間を基準として、製造間接費を部門別に予定配賦している。製造部門として第1製造部および第2製造部があり、補助部門として材料倉庫部、修繕部および工場事務部がある。次の [資料] にもとづいて、下記の(1)および(2)に答えなさい。

[資料]

1. 当製作所の部門別製造間接費予算（年間）

第1製造部	第2製造部	材料倉庫部	修　繕　部	工場事務部
23,280,000円	19,200,000円	3,200,000円	2,400,000円	2,800,000円

2. 当製作所の予定直接作業時間（年間）

第1製造部：5,760時間　　第2製造部：4,800時間

3. 補助部門費の配賦資料

	配賦基準	合　　計	第1製造部	第2製造部	材料倉庫部	修　繕　部	工場事務部
材料倉庫部費	材料出庫量	1,800kg	1,200kg	400kg	—	200kg	—
修　繕　部　費	修繕時間	820時間	480時間	320時間	20時間	—	—
工場事務部費	従業員数	60人	24人	16人	8人	8人	4人

4. 当月の実際直接作業時間

第1製造部：440時間　　第2製造部：420時間

(1) 予算部門別配賦表を完成しなさい。なお、補助部門費の配賦は**直接配賦法**による。

予算部門別配賦表 （単位：円）

費　　目	合　　計	製　造　部　門		補　助　部　門		
		第1製造部	第2製造部	材料倉庫部	修　繕　部	工場事務部
部　　門　　費	50,880,000	23,280,000	19,200,000	3,200,000	2,400,000	2,800,000
材料倉庫部費						
修　繕　部　費						
工場事務部費						
製　造　部　門　費						

(2) 第1製造部および第2製造部の部門別予定配賦率を計算しなさい。

第1製造部の予定配賦率　＝ [　　　　　　　] 円/時間

第2製造部の予定配賦率　＝ [　　　　　　　] 円/時間

第5問 （12点）
　当社は製品Xを製造・販売している。製品Xの販売単価は1,200円/個であった（当期中は同一の単価が維持された）。当期の直接原価計算による損益計算書は下記のとおりであり、売上高営業利益率は12%であった。なお、期首と期末に仕掛品および製品の在庫は存在しないものとする。

<u>　　　直接原価計算方式の損益計算書　　</u>
（単位：円）

売　上　高	4,200,000
変動売上原価	2,240,000
変動製造マージン	1,960,000
変動販売費	280,000
貢　献　利　益	1,680,000
製　造　固　定　費	（　　？　　）
固定販売費及び一般管理費	456,000
営　業　利　益	（　　？　　）

問1　損益分岐点における販売数量を計算しなさい。

問2　営業利益648,000円を達成するために必要であった売上高を計算しなさい。

問3　売上高が何%落ち込むと損益分岐点の売上高に達するか計算しなさい。

問4　売上高が1,080,000円減少するとき営業利益はいくら減少するか計算しなさい。

問 1		個
問 2		円
問 3		％
問 4		円

不許複製・禁無断転載

ネットスクール

2021年度版　模擬試験問題集2級　出題論点一覧

		第1回	第2回	第3回	第4回
第1問	1	有形固定資産の購入	建設仮勘定	源泉所得税	不渡手形
	2	退職給付引当金	剰余金の処分	有形固定資産の滅失	電子記録債権の割引き
	3	仕入割引	株主資本の計数の変動	商品保証引当金	有形固定資産の滅失
	4	売上割戻	売上割戻引当金	有形固定資産の割賦購入	役務収益・役務原価
	5	本支店会計	有価証券の購入	本支店会計	ソフトウェア仮勘定
第2問		現金預金	商品売買	株主資本等変動計算書	連結精算表
第3問		本支店会計	損益計算書	貸借対照表	損益計算書
第4問	問1	仕訳	仕訳	仕訳	仕訳
	問2	部門別計算	個別原価計算	製造原価報告書	標準原価計算
第5問		ＣＶＰ分析	標準原価計算	直接原価計算	ＣＶＰ分析

		第5回	第6回	第7回	第8回
第1問	1	外貨建取引	有形固定資産の売却	有価証券の売却	圧縮記帳
	2	リース取引	合併・買収	追徴法人税等	リース取引
	3	電子記録債権の譲渡	株式の発行	本支店会計	為替予約
	4	消費税	クレジット売掛金	有形固定資産の割賦購入	税効果会計
	5	税効果会計	研究開発費	株式の発行	合併・買収
第2問		有価証券	固定資産	連結財務諸表	連結精算表
第3問		本支店会計	損益計算書	貸借対照表	貸借対照表
第4問	問1	仕訳	仕訳	仕訳	仕訳
	問2	単純総合原価計算	組別総合原価計算	等級別総合原価計算	工程別総合原価計算
第5問		ＣＶＰ分析	標準原価計算	直接原価計算	標準原価計算

Net-School が運営する資格取得応援情報サイト

GAINS!
（ゲインズ）

Goukaku **A**ssist **I**nformations from **N**et-**S**chool

～開設にあたって～

ネットスクール株式会社は、これまで書籍とWEB講座、そして各種イベントなどを通じて様々な情報を発信して参りましたが、誰でも閲覧ができ、様々な情報を蓄積・発信できる場を設けようと、このサイトを開設する運びとなりました。

～サイト名について～

上記英単語の頭文字を繋げたものでもありますが、そもそも英語の"gain"という単語には「何かを得る」という意味があるほか、簿記分野では「収益」や「利得」という意味でも使われることから、サイトを訪れる皆様が何かを得て、見てよかったと思って頂けるような想いを込め、"gain"という単語に複数形のsを付けたサイト名といたしました。

資格試験にまつわる情報を順次更新中！

閲覧にあたって、料金・会員登録は不要です。お手持ちのパソコン・スマートフォン・タブレット等でご覧下さい

▼スマホの方はこちら

アクセスはこちらから
http://gains.net-school.co.jp/

| GAINS ネットスクール | 検索 |